JN438709

# 에세이로 인문학을 읽다

# 에세이로 인문학을 읽다

송명희 평론집

수필과비평사

## 머리말

최근 국가의 행복 순위를 높여야 한다는 목소리가 높아지고 있다. 한국은 GDP 11위의 경제 강국이 되었지만 UN의 '2015년 세계행복보고서'에서 한국은 158개국 중 47위에 불과하다는 기사를 읽었다. 우리나라는 소망하던 경제부국을 이루었지만 행복하지 않은 한국인의 숫자가 많아진 것이다. 즉 물질적 풍요가 내면적 행복을 보장해 주지 않은 것이다.

어디 그뿐이랴. 자살률은 수년째 OECD 국가 중 1위를 차지한다. OECD 국가들의 자살률 평균이 인구 10만 명당 12.1명인데, 우리나라는 인구 10만 명당 28.5명에 달한다. 두 배가 훨씬 넘는 수치다. 청소년은 입시스트레스로 자살하고, 노인은 경제적 빈곤 때문에 자살한다. 그리고 3포세대가 된 젊은이들은 헬(hell)조선을 외친다. GDP의 총량은 증가했지만 개인들은 여전히 경제적 빈곤으로부터 자유롭지 못하고, 젊은이들은 일자리를 찾지 못한다. 무엇 때문에 우리는 이처럼 행복하지 못한가?

이 책은 크게 두 부분으로 이루어져 있다. 제1부는 한국문학사에서 정전으로 여겨질 만한 대표적 에세이를 통해서 작가가 말하는 인간다운 삶, 행복한 삶이란 무엇인가에 대해서 살펴보았다. 제2부는 현재 활발히 활동하고 있는 수필가들의 문제작을 통해서 최근의 인문학적 화두들을 사색해 보았다.

법정 스님은 행복이란 소유의 집착을 끊고 자유를 얻는 데 있다고 무소유를 역설한다. 이해인 수녀는 차이를 인정하는 관용을 통해 갈등을 해소해 나가라고 권고한다. 피천득은 마음속에 꽁꽁 숨겨놓았던 첫사랑의 기억을 풀어 놓음으로써, 나혜석은 긴 세월이 지났어도 잊지 못하는 첫사랑에 대한 그리움을 통해서 에로스의 심연을 보여주고 있다.

이상은 자신의 삶에 아무런 의욕도 느끼지 못하는 권태에 절망했다. 하지만 김진섭은 현대인들을 압박하고 있는 수많은 스트레스는 달콤한 권태를 즐길 수 있는 정신적 교양이 부재하는 데서 발생한다고 진단한다. 그에 의하면 권태야말로 교양 있는 사람만이 느낄 수 있는, 자아의 정신적 우월성을 나타내는 지표이다. 요즘의 표현대로라면 권태는 게으름이 아니라 느림의 미학이라고 할 수 있을 것 같다.

이양하는 나무를 예찬한다. 그에 의하면 인간은 주머니의 돈을 세고, 지위를 생각하고, 명예를 생각하는 데 여념이 없어 머리 위에 푸른 하늘이 빛나는 것을 알지 못하는 어리석은 존재다. 그는 나무라는 대상에서 평화와 조화가 있는 신성한 세계를 발견하며, 그 자신도 바로 나무와 같은 삶을 지향했다. 죽어서 나무가 되고 싶다고 했던 그는 나무가 우거진 숲을 자주 찾았다. 그 속에서 세속을 벗어나 평정과 위안, 아니 그 이상의 기쁨과 평화를 느끼기 위해서였다.

난초를 평생의 도반처럼 가까이 두고 사랑하였던 이병기는 행복이란 대단한 것이 아니라고 말한다. 두실와옥斗室蝸屋이라도 고서 몇 권, 난 두어 분, 그 사이에서 술이나 한 병 즐길 수 있다면 족하다는 것이다. 〈승무〉를 쓴 시인이자 수필가인 조지훈은 한국적 미의식과 불교와 유교를 통합한 전통적 정신세계를 집요하게 추구했다. 그리고 선비정신을 통해 지조 없이 변절을 일삼는 정치현실을 비판했다. 총선을 앞둔 요즘 이해관계에 따라 탈당을 하고 신념을 저버리는 철새 정치인들이 많아졌다. 그들이야말로 지훈이 말한 선비정신을 되새겨 보아야 할 것이다.

현대에 활동하고 있는 수필가들은 인간다운 삶과 행복을 방해하는 사회적 요인들에 대해서 보다 큰 관심을 기울인다. 즉 젠더 갈등이나 노년복지 문제에 대해 성찰하며 유연하고도 전향적인 대안을 제시한다. 그들은 우리 사회가 산업화를 추진하면서 환경을 파괴해온 사실을 반성하며 인간과 자연이 상생하는 생태주의적 사유를 보여주기도 한다. 세월호 사건 같은 사회적 현안에 대해서는 국민의 안전을 지켜내지 못한 정부를 거침없이 질타하기도 한다. 그리고 개인이 개성과 상상력을 충분히 발휘할 수 있는 사회가 행복한 사회라고 말한다.

제1부와 제2부에서 작가들이 말하는 인간답고 행복한 삶의 대안은 사뭇 달라 보인다. 제1부에서 작가들은 인간답고 행복한 삶이란 욕망의 적극적 추구보다는 욕망의 집착에서 벗어남으로써 행복과 자유를 얻을 수 있다고 한 공통점이 있다. 그들은 개인의 마음가짐을 바꾸는 주관적이고 도덕적인 삶을 지향했다. 하지만 제2부의 현대 작가들은 개인의 인간다운 삶과 행복의 실현을 방해하는 사회적인 요인들에 보다 관심을 가진다. 현대는 사회적 환

경이 개인의 행·불행을 좌우하는 더 강력한 요인임에 분명하다고 판단하여 인간다운 삶을 위해서 사회를 바꿔야 한다고 생각하는 것 같다.

인문학이 시장경쟁의 논리에 의해 대학에서 퇴출당하는 시대지만 한편에서는 인문학이 행복지수가 낮아진 현대사회, 각종 범죄와 불안지수가 높아진 위험사회(risk society)에 적절한 처방을 내놓아야 한다는 요구가 높다. 오늘날 인문학은 실용적 지식과 융합하여 돈을 만들어내라는 요구에도 부응하여야 하고, 현대사회가 안고 있는 현안에 대한 대안 제시도 그때그때 해내야만 살아남을 수 있는 시대가 되었다.

독일의 사회학자 울리히 벡(Ulrich Beck)이 그의 저서 ≪위험사회≫에서 말한 위험사회란 성찰과 반성이 없이 근대화를 이룬 현대사회를 지칭한다. 그에 따르면 산업화와 근대화를 통한 과학기술의 발전이 현대인들에게 물질적 풍요를 가져다 주었지만 동시에 새로운 위험을 몰고 왔다는 것이다. 근대화 초기 단계에는 물질적 풍요를 확보하는 것이 중요했지만, 근대화 후기로 갈수록 위험 요소는 더욱 커지게 됐다는 것이다. 즉 위험은 성공적 근대화가 초래한 딜레마이다.

2014년의 세월호 사건이나 멀리는 삼풍백화점 붕괴사건에서 보듯이 우리는 일상 속에서 위험을 경험하는 위험사회에서 살아가고 있다. 현재 11위의 경제 선진국이 된 우리나라가 직면하고 있는 위험은 성찰과 반성이 없는 압축적 근대화가 초래한 당연한 결과이다.

울리히 벡은 위험사회의 불안과 불확실성은 국가정책에 의해서 감소될 수 있다고 했다. 하지만 일부 논자들은 우리나라에서 일어나고 있는 위험사회의 불안은 인문학이 역할을 제대로 못 했기 때문이라고 진단한다. 그 결과 교육부는 시민인문학에 예산을 쏟아붓는다. 대학에서는 인문학을 말살한 채 길거리 인문학을 통해서 이를 해결하려고 하는 아이러니한 정책을 펴는 것이다. 인문학적 처방에 있어서도 근본적 처방이 아니라 미시적 단방 약으로 가시적 효과를 얻으려고 한다.

대학에서부터 인문학의 뿌리를 튼튼히 하고 난 후, 즉 인간을 중시하는 인문학이 학문적으로 융성해야만 위험사회의 불안과 불확실성이 감소하는 낙수효과를 기대할 수 있을 것이다. 그런데 어리석게도 뿌리를 잘라놓고 꽃이 피기를 기다리는 방식으로 접근한다. 하지만 길거리 인문학을 통해서 강좌 한두 개를 듣는다고 해서 갑자기 그 사람이 인문학적 마인드를 갖게 될 리 만무하고, 그 사회가 위험이 사라진 사회로 변화될 리 없다.

몇 해 전 정치인 손학규는 '저녁이 있는 삶'이 가능한 사회를 만들겠다고 했다. 개인이 저녁을 즐길 수 있는 여유는 결코 개인적으로 만들어질 수 없기 때문에 정치를 통해서 그것이 가능한 사회를 만들겠다고 했던 것이다.

인문학자들이 현실사회나 우리 시대의 현안에 대한 인문학적 대안 제시의 책무에 소홀했다는 비판이 있을 수 있다. 하지만 도저한 신자유주의의 무한경쟁 속에서 인문학자들이 인간다운 본연의 삶으로 돌아가라고 외친들 그것은 공허한 메아리가 되고 말 것이다. 아니 인문학이 학문으로서의 위상을 찾지 못하고 인문학자들이 학자로서의 자리마저 위태로운 상황에서 사회적 발언이나마 제대로 할 수 있을 것인가. 결과만능과 성과위주의 사회를 그대로 둔 채 개인의 변화를 기대하는 것도 무리지만 사회가 변하지 않는 상태에서 변화된 개인은 사회의 부적응자가 되고 말 것이다.

근대화가 초래한 결과만능과 성과위주의 사고방식이 우리 사회를 위험사회에 빠뜨렸을 뿐만 아니라 개인들에게 스트레스를 가중시키는 피로사회를 만들고 있다. 스트레스가 많아진 개인들은 행복하다고 느끼지 못하고, 심한 경우 스트레스의 하중을 견디지 못하고 자살로 내몰린다.

플라톤은 행복의 조건으로 재물, 용모, 명예, 체력, 언변의 다섯 가지 요소를 들었지만 그가 생각하는 행복의 조건은 완벽하고 만족할 만한 상태가 아니라 조금은 미흡하고 모자란 상태다.

개인에게는 인간답고 행복한 삶이란 무엇인가에 대한 인문학적 자아성찰이 필요하지만 국가 역시 '성찰적 근대화'를 통해서 사회적 피로와 위험요인을 줄여나가는 국가정책을 펼쳐야 한다. 즉 성찰적 태도는 개인에게나 국가 모두에게 필요하다. 이 책에서 살펴본 작가들의 고독한 발언들이 그러한 성찰에 조금이나마 도움이 되기를 바란다.

이 책의 글들은 ≪수필과비평≫의 청탁에 의해서 썼다. ≪수필과비평≫의 서정환 발행인과 유인실 주간께 감사드린다.

2016년 봄날에

송 명 희 씀

차례

## 제1부 우리나라 대표 에세이로 읽는 인문학

제1부

# 우리나라 대표 에세이로 읽는 인문학

# 자유와 관용

# 소유는 집착을 낳고 집착은 자유를 구속한다
## – 법정의 〈무소유〉

내가 법정 스님의 수필 〈무소유〉를 처음으로 읽은 것은 1970년대 중반쯤이라고 기억된다. 이 뛰어난 수필 때문에 나는 법정이란 이름을 확실하게 기억하게 되었고, 그때부터 나는 그의 독자가 되어 한동안은 신간이 나올 때마다 열심히 그의 책을 사서 읽곤 했다.

법정의 첫 수필집 《무소유》는 1976년 4월에 처음 출간된 후 지금까지 34년간 약 180쇄를 찍은, 우리 시대의 대표적인 베스트셀러다. 수십 권이나 되는 법정 스님의 책은 나올 때마다 베스트셀러가 되었고, 동시에 스테디셀러가 되었다. 그는 가장 많은 고정 독자층을 가진 수필가였다. 수필은 시나 소설에 비해 대중들의 관심과 사랑을 덜 받는 장르지만 법정 스님이나 이해인 수녀님과 같은 종교인들의 수필은 이런 고정관념을 언제나 깨뜨리며 독자들의 꾸준한 애호를 받아왔다. 문학작품으로서의 탁월함만이 아니라 그분들의 글에는 일반 작가들이 갖지 못한 종교인으로서의 맑은 영성이 흘러넘쳐 그것이 독자들의 마음에 평화와 위안을 주고, 때로는 깨달음도 주기 때문일 것이다.

법정은 지난해(2010)에 열반에 드셨다. "내 이름으로 출판한 모든 출판물을 더 이상 출간하지 말아주기를 간곡히 부탁한다."라는 유언을 남기고……. 온라인 서점에 들어가 확인해보니 "현재 본 도서를 온라인상에서 판매하고 있는 제휴 서점몰이 없습니다."라고 뜬다. 정말 그의 유언은 엄정히 지켜지고 있는 것 같다.

법정 스님이 유언으로 자신의 책을 더 이상 출간하지 말아주길 당부한 것도 일종의 무소유의 실천일 것이다. 그의 무소유의 삶은 당연히 불교정신의 실천이지만 구체적인 사표師表는 마하트마 간디이다. 인도 민족운동의 지도자이자, 건국의 아버지요, 영적 지도자였던 간디, 법정에게 무소유를 가장 엄격하게 실천한 인물로 각인된 간디야말로 그가 본받고 싶었던 영적 스승이었다.

1932년 전라남도 해남에서 태어난 법정(속명 박재철)은 1956년 전남대학교 상과대학 3년을 수료한 뒤, 같은 해 당대의 고승인 효봉曉峰 스님의 문하로 출가한다. 그는 1970년대 후반에는 송광사 뒷산에 직접 작은 암자 불일암佛日庵을 짓고 홀로 살았다. 1996년 고급요정이던 성북동의 대원각을 불심이 깊은 김영한 여사로부터 아무 조건 없이 기부받아 길상사를 창건한 법정은 정기 법문을 통해 대중들과 소통했다. 시민운동 단체인 '맑고 향기롭게'를 만들었던 것도 그즈음의 일이었다.

젊은 시절 기생이었던 김영한은 천재 시인 백석의 연인이었음을 자처한 인물이다. 그녀는 ≪내 사랑 백석≫이라는 책을 펴내기도 했고, 1997년에는 2억을 출연하여 '백석문학상'을 제정하기도 했다. 이 상은 창작과비평사에서 운영한다. 백석의 〈나와 나타샤와 흰 당나귀〉란 시는 바로 김영한에게 바치는 헌시였다는 일설이 있다. "가난한 내가/ 아름다운 나타샤를 사랑해서/ 오늘밤은 푹푹 눈이 내린다"로 시작되는 이 아름다운 시의 여주인공 '나타샤'가 바로 길상화라는 법명의 김영한이라는 것이다. 길상사라는 절의 이름은 그녀의 법명을 따서 지은 것이다. 백석은 그녀에게 '자야子夜'라는 별호를 붙여 주었다.

법정은 2003년부터는 길상사에서도 물러나서 해발 800미터의 강원도 산골로 들어갔다. 오두막을 짓고 직접 땔감을 구하고, 밭을 일구면서 그야말로 무소유의 삶을 살았다. 그러던 중 폐암이 발병하여 몇 년 간 투병생활을 하다 2010년 3월 11일 길상사에서 78세를 일기로 입적하였다.

그 어디에도 매이지 않는 자유인이 되고 싶어 출가를 결심했던 법정은 소유에 대해서 간디만큼이나 엄격했다. "사실, 이 세상에 처음 태어날 때 나는 아무것도 갖고 오지 않았었다. 살 만큼 살다가 이 지상의 적籍에서 사라져 갈 때에도 빈손으로 갈 것이다."라고 〈무소유〉에서 언명했듯이 법정은 살아 있을 때는 물론이거니와 죽는 순간까지도 비우고 또 비우는 무소유를 몸소 실현해 보였다. 그는 죽음을 앞두고 절대로 다비식 같은 것을 하지 말 것, 이 몸뚱이 하나를 처리하기 위해 소나무도 베지 말 것, 수의도 만들지 말 것을 부탁했다. 즉 죽는 순간까지도 무소유의 철저한 실천을 통해서 소유에 대한 끝없는 욕망과 집착으로 고통받는 현대인들에게 소유에 대한 욕망과 집착에서 벗어나 자유를 얻을 것을 촉구했던 것이다.

자신의 죽음을 위해서 한 그루의 나무도 베지 말 것을 당부한 유언에서 우리는 무소유의 한 정점을 보지 않을 수 없다. 그의 유언과는 달리, 그가 오랫동안 수행했던 송광사에서 불교의 전통 다비식에 의해 그의 장례는 치러졌다. 하지만 그의 유언대로 사리 수습 같은 것은 하지 않았다.

그의 수필은 불교적 사유에 기초해 있으면서도 그 글이 관념적이지 않고 쉽게 독자들을 사로잡는다. 그의 글에는 어려운 불교용어나 화려한 수사가 등장하지도 않는다. 자연과 일체가 되어 교감하고 있는 그의 글을 읽고 있으면 마치 피톤치드가 풍부하게 나오는 편백나무 숲을 걷는 듯 향기롭고 정신이 맑아진다.

〈무소유〉는 한 편의 수필로서도 아주 잘 구성된 작품이다. 우선 작품은 마하트마 간디의 "나는 가난한 탁발승이오. 내가 가진 거라고는 물레와 교도소에서 쓰던 밥그릇과 염소 젖 한 깡통, 허름한 요포 여섯 장, 수건 그리고 대단치도 않은 평판 이것뿐이오."라는 일화로부터 시작된다. 그리고 작품은 "내게는 소유가 범죄처럼 생각된다……."라는 간디의 말로 마무리된다. 처음과 끝이 균형을 이루어 안정감을 주는 수미상관의 구조이다.

이 작품은 소유라고 이름 짓기에도 전혀 어울리지 않는 '난초 기르기'의 집착에 대해서 말하고 있다. 선물로 받은 난초를 애지중지 기르던 것, 햇볕 속에 내놓고 외출을 하였다가 뒤늦게 허둥지둥 돌아왔던 일들을 돌이켜보며 "난초에게 너무 집념해 버린 것이다. 이 집착에서 벗어나야겠다고 결심"하고 친구에게 주어 버렸다는 이야기이다. 그러고 나서 서운하고 허전한 마음이 아니라 홀가분한 마음이 앞섰으니, 그의 무소유에 대한 철두철미한 실천은 도가 지나쳐 소유혐오증이라고 부를 만하다.

그러면 그는 왜 소유로부터 그처럼 벗어나고자 했을까? 그 이유를 "무엇인가를 갖는다는 것은 다른 한편 무엇인가에 얽매인다는 것이다."라는 구절에서 찾아볼 수 있다. 그가 그처럼 소유를 혐오하고 무소유를 향해 정진한 것은 그의 출가 목적 자체가 아무 데도 매이지 않는, 즉 자유자재의 삶을 살기 위해서였기 때문이다. 사실 소유는 집착을 낳고, 집착은 자유를 구속한다. 그는 큰 자유를 얻기 위해서 작은 소유를 버렸던 것이다. 그는 "크게 버리는 사람만이 크게 얻을 수 있다."라고 말했다. 또는 "아무것도 갖지 않을 때 비로소 온 세상을 갖게 된다."라고도 했다. 그가 무소유, 즉 아무것도 갖지 않음으로써 얻고 싶었던 것은 참된 자유이다. 이 자유는 바로 윤회의 고통에서 영원히 벗어나는 해탈을 의미한다. 그리고 이것은 불교 수행의 구경의 목적이다.

'무소유', '텅 빈 충만', '버리고 떠나기' 등은 그의 수필집의 제목들이다. 이 같은 제목들은 수행자로서 그가 걸어갔던 길의 지향점이 어디에 있었던가를 잘 보여준다. 즉 그의 수행은 무소유를 향한 일관성 있는 정진이었고, 자유를 향한 대장정이었다. 법정이 설파한 '무소유' 철학은 말할 필요도 없이 불교라는 종교에 바탕을 두고 있다. 그런데 그것은 오늘날 지구를 위기로 몰아넣고 있는 생태 파괴에 대응하기 위해서 대두한 생태주의 사상과 서로 통한다.

법정이 아끼던 난초 화분을 친구에게 주어 버린 것은 물질적 집착으로부터의 초월을 보여준 것이지만 자신의 책을 더 이상 출판하지 말라고 한 유언은 문필가로서의 명성이나 정신적 지도자로서의 명예마저도 다 버리고 떠나겠다는 의지의 표현이라고 하겠다. 그는 이 모든 것을 버림으로써 가장 자유롭고 충만한 삶을 살 수 있었다. 이것이 바로 무소유의 역설이다.

(2011. 11.)

# 차이를 초월한 사랑과 관용

## – 이해인의 수필 〈꽃이 지고 나면 잎이 보이듯이〉

이해인 수녀님이 지난해(2011)에 새로운 산문집 ≪꽃이 지고 나면 잎이 보이듯이≫를 출간했다. 1945년 이 땅에 태어나서 현재 부산 성 베네딕도수녀회의 수녀로 봉직 중인 수녀님은 1976년 첫 시집 ≪민들레의 영토≫를 펴낸 이래 8권의 시집, 7권의 산문집, 7권의 번역집을 출판했다. 수녀님의 책은 종교를 초월하여 수많은 독자들의 사랑을 받고 있다. 법정 스님의 책이 베스트셀러이자 스테디셀러로 온 국민의 사랑을 받아왔듯이 수녀님의 저서도 많은 독자들로부터 꾸준한 사랑을 받고 있다.

법정과 해인 이 두 수도자는 종교인으로서보다는 문필가로서 더 알려져 있다. 두 분은 단순한 작가가 아니라 수도자 신분으로서 문학이라는 친숙한 매체를 통하여 대중들에게 종교정신의 진

수를 친근하고도 감동적인 언어로 전달해온 분들이다.

더욱이 이해인 수녀님의 쉽고도 평이한 시나 수필은 그 스스로 표현하였듯이 "일상과 자연을 소재로 하는 친근한 시적 주제와 모태 신앙이 낳아준 순결한 동심과 소박한 언어"로 독자들을 사로잡아왔다. 정말로 수녀님의 작품들은 "내용이 명확하고, 누구나 기도하는 심정으로 읽으면 가슴에 와 닿아서 이해가 쉽고 감동"이 크다는 시인이자 평론가인 손희락 님의 평가에 그대로 부합된다. 특히 시에 있어서 고도의 상징성과 난해성을 추구하다가 독자로부터 멀어져 간 이 시대의 시인들은 이해인 수녀님의 시가 왜 대중들로부터 선호되는지에 대해서 겸허한 자세로 숙고해 보아야 할 것이다.

이번 산문집 표제가 된 〈꽃이 지고 나면 잎이 보이듯이〉라는 수필은 수녀님의 사랑과 관용 정신이 단연 돋보이는 작품이다. "꽃이 지고 나면 잎이 더 잘 보이듯이 누군가 내 곁을 떠나고 나면 그 사람의 빈자리가 더 크게 다가온다. 평소에 별로 친하지 않던 사람이라도 단점보다는 장점이 더 크게 보인다."라고 적고 있는데, 이번 산문집에는 수녀님이 지극히 존경하고 사랑했지만 이미 떠나보낸 분들을 추모하는 글이 여러 편 실려 있다. 그들은 살아생전에 수녀님과 서로 사랑과 존경으로 교류하던 분들이다.

수필가 피천득, 김수환 추기경, 화가 김점선, 수필가 장영희, 십대들의 쪽지 발행인 김형모, 법정 스님, 이태석 신부, 소설가 박완서 등은 수녀님에게뿐만 아니라 대중들로부터 사랑과 존경을 받다가 타계하신 분들이다. 그러고 보면 근래 몇 년 사이에 우리는 온 국민의 사표가 되거나 소중한 분들을 여러 명 잃었다는 것을 수녀님의 추모 글을 읽으면서 새삼 느끼게 된다. 산문집 ≪꽃이 지고 나면 잎이 보이듯이≫의 제6장 〈그리움은 꽃이 되어〉에서는 그 자신 암 투병의 고통 속에서도 사랑하는 지인들을 잇달아 잃으며, 꽃이 지고 나서 비로소 잎이 보이는 것처럼, 그들이 타계한 이후에 그들의 인간성의 아름다움이 더욱 돋보이고 그리워졌다는 것을 절절한 언어로 추모하고 있다. 그 글을 읽는 동안 우리는 지금 바로 여기에서 사랑하는 사람들과의 인연을 더욱 소중하게 여기며 한순간 한순간을 살아가야 한다는 것을 깨닫지 않을 수 없다.

수녀님은 "우리가 한세상을 살면서 수없이 경험하는 만남과 이별을 잘 관리하는 지혜만 있다면 사람이 좀 더 행복해지지 않을까?"라고 말한다. 그에 대한 해답으로 "웬만한 일은 사랑으로 참아 넘기고, 잘못한 일이 있더라도 마침내는 이해와 용서로 받아안는 노력을 멈추지 않으면서 말이다. 서로의 다름을 비방하고 불평하기보다는 '이렇게 다를 수도 있음이 놀랍고 신기하네?!' 하고 오히려 감사하고 감탄하면서 말이다."라는 자세를 제시한다. 그것은 다름 아니라 우리가 다른 사람들과 더불어 사는 지혜를 알려준 것이다. 사랑, 이해, 용서, 노력, 차이를 인정하는 관용, 감사, 감탄과 같은 자세를 가지고 사람들을 대하라고 수녀님은 가르치고 있다. 아니 가르친다는 말은 수녀님과 어울리지 않는다. 그 자신이 수녀원에서 얼굴과 말씨, 표정과 웃음, 걸음걸이와 취미, 생활습관과 인생관 그리고 살아온 환경이 서로 다른 사람들과 더불어서 어떻게 살아가고 있는가를 통해서 그의 독자들도 어떻게 살아야 할 것인가를 묵묵히 암시한다고나 할까.

> 얼굴과 말씨, 표정과 웃음, 걸음걸이와 취미, 생활습관과 인생관 그리고 살아온 환경이 서로 다른 사람들이 서로를 맞추며 사는 수도원이라는 숲에서 나는 오늘도 다양한 나무들로 걸어오는 동료들을 새롭게 만나고 새롭게 적응하며 살고 있다. 나의 우유부단함은 동료의 맺고 끊는 성품으로 길들이고, 나의 덜렁댐은 동료의 빈틈없는 섬세함으로 길들인다. 나의 날카롭고 경직된 부분들은 동료의 부드러운 친절과 유머로 길들이고, 나의 감정이 넘쳐서 곤란할 적엔 이성적인 동료의 도움을 받는다. 나의 나태함은 동료의 부지런함에 자극을 받고, 나의 얕은 믿음은 동료의 깊은 믿음에 영향을 받으면서 나는 조금씩 더 착해지고 넓어지는 나를 발견하는 기쁨에 감사한다.

이해인 수녀님은 이미 칠순을 바라보는 연세이고 수도자이지만 언제나 자신을 낮추며 겸손하다. 그의 글이 수많은 이들에게 감동적인 호소력을 갖는 이유는 바로 탈권위적인 자세에 있다고 생각한다. 그의 글은 단지 쉽고 평이한 것이 아니라 탈종교적이고 탈권위적인 데서 오히려 종교를 초월하여 모든 이들의 가슴에 감동을 불러일으킨다. 그의 나이를 초월한 친구들은 제6장에서 보여주듯이 추모의 글을 적어야 할 만큼 가까웠던 유명인사만이 아니다. 일례로 무기수 신창원도 그의 친구다. 수많은 사람들이 수녀님의 사랑과 위로를 원하고 있다. 수녀님이야말로 '국민 수녀님'이다. 수녀님은 이 한국 땅에 태어난 마더 테레사이다. 수녀님은 그가 살인자든 누구든 가리지 않고 그의 사랑과 위로를 원하는 모든 이들에게 사랑과 위로의 답장을 보낸다.

그의 시집명이 ≪작은 위로≫, ≪작은 기쁨≫, ≪작은 기도≫인 것은 결코 우연이 아니다. 이 '작은'이라는 관형어는 크고 거창한 것이 아니라 작고 사소한 것들의 가치를 발견하는 저자의 시각뿐만 아니라 바로 그의 겸손하고 순수하며 탈권위적인 자세와 관련되어 있다. 그의 글은 그것이 시이든 산문이든 독자들에게 보내는 작은 위로요, 기쁨이요, 기도이다. 그가 이 세상의 외롭고 고통받는 이들을 위해 수도자로서의 순수한 마음으로 기도하듯 써내려 간 글들은 독자에게 가 닿는 순간 깊은 위로가 되고 기쁨이 되고, 치유의 기적을 일으킨다.

암 투병으로 인해 사람들과의 만남을 삼가고 계시지만 어쩌다 광안리의 수녀원으로 찾아뵐 때면 수녀님은 작은 선물 하나라도 반드시 챙겨 주시려고 한다. 이런 수녀님을 보면 사람을 만나면 무언가를 주어야 한다는 강박관념을 지니고 계신 것은 아닌가 하는 생각마저 든다. 이번 산문집을 읽으면서 그것이 수녀님의 어머님으로부터 물려받은 훌륭한 DNA라는 것을 알 수 있었다. 오래전 수녀님으로부터 대학에 강의를 가실 때마다 사탕을 사가지고 가서 학생들에게 나눠 주신다는 말씀을 듣고 나도 몇 번 시도한 적이 있다. 뜻밖에도 학생들은 사탕 하나씩을 받고 매우 즐거워했다.

우리가 한 편의 시에서 얻고자 하는 것은 무엇일까? 그것은 결코

> 거창한 것이 아니다. 나는 그것이 마음의 작은 위안, 작은 기쁨, 작은 휴식, 작은 평화 같은 것이라고 생각한다. 이해인 수녀님의 시는 우리가 세상사에 지치고, 인간관계에 상처받고, 욕망에 마음이 혼란스러울 때 읽고 싶어지는 시이다. 시집 ≪작은 위로≫에 이어 새로 엮여져 나온 ≪작은 기쁨≫은 평이하고 잔잔한 목소리로 우리에게 작은 위안과 기쁨과 휴식과 평화를 속삭여 줄 것이다. 수녀님의 시는 단순한 문학적 감성으로 쓴 시가 아니다. 평생을 죄지은 자, 상처받은 자들을 감싸 안아 성모 마리아의 마음으로 사랑해 온 수녀님의 순결한 영성이 뒷받침되지 않았다면 그와 같은 시는 결코 나올 수 없었을 것이다. 수녀님의 시에서 우리는 지친 영혼을 어루만져 주는 따뜻한 손길을 느낄 수 있고, 코끝을 스치는 사랑의 향기를 맡을 수 있다.

나는 2008년 3월에 발간한 시집 ≪작은 기쁨≫의 뒤표지 단평에서 위와 같이 적은 적이 있다. 이것은 단지 그의 시집에 관해서만이 아니라 그의 산문에 대해서도 마찬가지라고 생각한다.

(2012. 1.)

# 에로스의 심연

## 마음속에 꽁꽁 숨겨두었던 첫사랑

### – 피천득의 〈인연〉

허버트 리드는 수필을 정의하여 마음속에 표현되지 않은 채 숨어 있는 관념 · 기분 · 정서를 표현하는 하나의 시도라고 했다. 한국수필문학사에서 개인적이고 주관적이며 서정적인 경수필을 쓴 대표적 작가로는 피천득을 꼽을 수 있다.

금아琴兒 피천득(1910~2007)은 1950년대부터 약 30여 년 동안 100여 편에 달하는 수필을 발표했다. 그는 1930년에 시인으로 등단하여 여러 권의 시집을 발간했음에도 시인으로서보다는 수필가로 세상에 더 알려져 있다.

그의 수필은 일상적이고 평범한 소재를 서정적이고 섬세하면서도 시적 간결성을 지닌 문체로 담아냈지만 양적인 면에서는 과작이었다. 김우창은 〈작은 것들의 세계–피천득론〉에서 그의 작품

세계를 '나날의 세계'로 지칭했다. 나날의 세계란 작고, 일상적이고, 평범한 세계를 말한다. 그의 수필을 읽어보면 큰 것, 거창한 것, 야단스러운 것은 결코 그의 관심의 대상이 되지 않는다. 그의 수필은 사회적인 것이 소재로 등장한 적이 없을 만큼 철저히 경수필의 세계를 보여준다.

사실 일상적인 것이란 보잘것없고, 진부하고, 지루하고, 되풀이된다. 그런데 피천득은 그러한 일상적 삶의 미세한 결을 파고들며 삶의 기쁨과 즐거움과 행복을 발견한다. 오히려 진리는 거창한 것, 훌륭한 것, 위대한 것 속에 있는 것이 아니라 작고, 사소하고, 일상적인 것 속에 존재한다고 그는 믿었던 것 같다. 사소하고, 평범하며, 일상적인 것이야말로 고귀한 것이라고 여기지 않고서야 그토록 일관되게 일상적 세계를 작품으로 형상화했을 리 없다.

결코 많지 않은 작품을 썼던 그는 가히 국민수필가라 불러도 무색하지 않을 만큼 온 국민들의 사랑을 받은 수필가였다고 할 수 있다. 내가 고등학교를 다녔을 적에 그의 〈수필〉이라는 수필로 쓴 수필론이 국어교과서에 실려 있었다. 따라서 그 시절 고등학교를 다닌 사람이면 누구나 그의 〈수필〉을 배웠다.

> 수필隨筆은 청자연적靑瓷硯滴이다. 수필은 난蘭이요, 학鶴이요, 청초淸楚하고 몸맵시 날렵한 여인女人이다. 수필은 그 여인이 걸어가는, 숲 속으로 난 평탄平坦하고 고요한 길이다. 수필은 가로수 늘어진 포도鋪道가 될 수도 있다. 그러나 그 길은 깨끗하고, 사람이 적게 다니는 주택가住宅街에 있다.

수필은 청춘靑春의 글은 아니요, 서른여섯 살 중년中年 고개를 넘어선 사람의 글이며, 정열情熱이나 심오한 지성知性을 내포한 문학이 아니요, 그저 수필가隨筆家가 쓴 단순한 글이다.

수필은 흥미는 주지마는, 읽는 사람을 흥분시키지는 아니한다. 수필은 마음의 산책散策이다. 그 속에는 인생의 향기와 여운餘韻이 숨어 있다.

– 〈수필〉의 서두 부분

그의 〈수필〉에 따르면 수필은 숲 속으로 난 평탄하고 고요한 길이며, 가로수 늘어진 페이브먼트가 될 수도 있지만 그 길은 깨끗하고, 사람이 적게 다니는 주택가에 있는 한적한 길이다. 길에 대한 은유를 통해 피천득의 수필관을 잘 짐작할 수 있으며, 그가 평생에 걸쳐 어떤 수필세계를 지향했는지도 유추할 수 있다. 즉 그는 수필을 평탄하고 고요한 세계, 번잡하지 않고 조용한 일상의 세계를 추구하는 문학으로 파악했으며, 자신도 그러한 문학세계를 구축해 나갔다.

일본 여성 아사코와의 세 번의 만남을 그린 〈인연〉도 한때 중학교 국어교과서에 실린 적이 있어 모르는 사람이 없을 만큼 널리 읽힌 수필이다. 그야말로 이 수필은 허버트 리드가 말했듯이 '마음속에 표현되지 않은 채 숨겨 놓았던' 한 여인과의 세 번의 만남과 헤어짐에 관한 기억을 토대로 하여 쓴 작품이다. 옷깃만 스쳐도 인연이라는 옛말이 있듯이 무심코 스치는 한 번의 만남도 소중한데, 하물며 십대의 청년으로부터 사십대의 중년에 이르기까지 세 차례에 걸친 국경을 초월한 만남이라면 결코 단순한 인연, 스쳐 지나가는 인연은 아니었던 것이 분명하다. 무엇이 그로 하여금 오랜 세월을 두고 그녀를 다시 찾게 했던 것일까?

〈인연〉은 일종의 서사수필이다. 어쩌면 이 수필을 쓰기 전까지는 마음속에 품은 채 한 번도 표출해 본 적이 없었던 피천득의 첫사랑에 관한 숨겨진 이야기라고 할 수 있다. 열일곱 나이에 처음 만났을 때 어린 소녀였던 아사코, 다시 만났을 때는 영문학을 전공하는 청순하고 세련된 대학생이 되어 있던 그녀, 그 후 십 년이 지나 다시 만났을 때에는 결혼하여 백합꽃처럼 시들어 가는 중년 여성이 된 그녀와의 세 번의 만남을 작가는 회고하고 있다. 처음 만났을 때는 우연이라고 하더라도 이십 년이 넘는 세월을 두고 두 번씩이나 일부러 그녀를 찾아가 만난 것은 마음속에 오랫동안 품고 있던 그리움이 아니었다면 결코 할 수 없는 행동이었다고 생각한다. 더구나 작품 중에 다음과 같은 대목은 그런 개연성을 더욱 분명하게 갖게 한다.

> 뾰족 지붕에 뾰족 창문들이 있는 작은 집이었다. 이십여 년 전 내가 아사코에게 준 동화책 겉장에 있는 집도 이런 집이었다.
>
> "아! 이쁜 집! 우리, 이담에 이런 집에서 같이 살아요."
>
> 아사코의 어린 목소리가 지금도 들린다.
>
> 십 년쯤 미리 전쟁이 나고 그만큼 일찍 한국이 독립되었더라면, 아사코의 말대로 우리는 같은 집에서 살 수 있게 되었을지도 모른다. 뾰족 창문들이 있는 집이 아니라도. 이런 부질없는 생각이 스치고 지나갔다.
>
> — 〈인연〉에서

"뾰족 지붕에 뾰족 창문들이 있는 작은 집"은 아사코가 일본인 2세와 결혼하여 살고 있던 집이다. 피천득은 한일 간의 식민통치의 역사가 좀 더 일찍 풀렸더라면, 둘은 결혼하여 동화 같은 집의 주인공이 되었을지도 모른다는 생각을 잠시 하게 된다. 그는 "부질없는 생각이 스치고 지나갔다."라고 했지만 그것이 어찌 부질없는 생각일까?

아사코야말로 그녀가 어린 소녀였을 적부터 그의 마음속에 영원한 연인으로 살아 있는 아니마적 여성이었던 것이다. 그런 그녀가 그의 눈에 탐탁지 않아 보이는 남자와 결혼하여 시들어가고 있는 모습을 보았을 때, 긴 세월 동안 품어온 그녀에 대한 동경과 환상은 한순간의 물거품처럼 스러지고 만다. 스위트피꽃같이 어리고 귀여웠던 아사코는, 목련꽃같이 청순하고 세련된 처녀로 성장했고, 마침내 시들어가는 백합꽃(백합꽃의 시들어가는 색깔과 모습은 추하다.)으로 변하고 말았던 것이다.

피천득은 그녀와의 만남을 "그리워하는데도 한 번 만나고는 못 만나게 되기도 하고, 일생을 못 잊으면서도 아니 만나고 살기도 한다. 아사코와 나는 세 번을 만났다. 세 번째는 아니 만났어야 좋았을 것이다."라고 담담하게 회고할 뿐 그는 자신의 감정을 드러내지도 과장하지도 않고 지극히 절제하고 있다.

〈인연〉이란 수필은 피천득의 마음속 저 깊은 곳에 꽁꽁 감춰두었던 첫사랑에 관한 이야기이다. 초등학교 1학년 또래의 어린 소녀를 보면 늘 아사코를 생각했다는 것, 〈쉘부르의 우산〉이란 영화를 좋아하고, 여자 우산을 보면 연두색이 고왔던 그녀의 우산을 생각했다는 것은 바로 그리움이라는 감정이다. 제2차 세계대전 때에 그녀가 어찌 되지나 않았는지 안절부절못하고 걱정했다는 것을 사랑이 아니라고 누가 부정할 수 있을까. 그가 성심여자대학이 있는 춘천에 가보고 싶어 했던 것도 결국은 오래전 어린 소녀 아사코가 다녔던 성심여학원 소학교의 이름과 '성심'이라는 글자가 같기 때문이다. 어린 소녀, 우산, 성심 이런 것들은 모두 그녀와의 추억을 불러내는 정서적 환기물이다.

이처럼 한 사람을 생각하는 마음, 한 사람을 그리워하는 마음은 평생을 두고 간다. 청년기에서 중년에 이르기까지 끊임없이 한 사람을 생각하고, 다시 노년이 되어서 그 추억을 한 편의 글로 남겼다는 것은 그 인연을 그만큼 소중하고 아름답게 여겼다는 의미이다. 원나잇스탠드의 일회성의 가벼운 사랑이 만연한 요즈음, 한 사람과의 인연을 오래토록 소중하게 여기고, 평생을 두고 그리워한 피천득 세대의 구식의 사랑이 오히려 신선하고 귀중하게 다가온다.

(2011. 9.)

# 첫사랑을 잊지 못 하는 봄밤

## – 나혜석의 〈원망스런 봄밤〉

우리나라 최초의 여성 서양화가이자 김일엽, 김명순과 함께 근대초기 여성 문인 1세대인 나혜석(1896~1948)은 그녀의 생애에서 3명의 남성을 만난다. 시인 최승구, 남편 김우영, 그녀를 이혼의 파멸로 몰아간 최린이 그녀의 운명을 바꿔놓은 남성들의 이름이다.

그녀의 첫 번째 남성은 일본 유학에서 만난 최승구崔承九다. 나혜석은 1913년 동경여자미술학교에 입학하는데, 유학생들의 모임에서 게이오대 학생 최승구를 만났던 것이다. 유학생들의 단체인 '재일본동경조선학생학우회'는 기관지 ≪학지광學之光≫을 1914년 4월부터 발간하는데, 나혜석은 바로 최승구가 편집을 맡은 ≪학지광學之光≫에 〈이상적 부인〉(1914.12)이란 최초의 글을 발표했다.

최승구(1892~1917)는 그 시대의 남성들이 그랬던 것처럼 일찍 결혼하여 고향에 부인이 있었지만, 둘은 약혼을 감행했다. 그 후 최승구는 폐결핵이 심해져 전남 고흥에서 요양을 하게 된다. 그런 그를 나혜석은 찾아간다. 그러나 그녀가 일본으로 돌아간 다음날 그는 세상을 떠나고 만다. 어쩌면 죽기 전에 나혜석을 꼭 한 번 만나 보고 싶어서 그는 꺼져가는 목숨을 간신히 부지하고 있었을 것이다. 도쿄에 돌아온 나혜석에게 최승구의 사망 전보가 먼저 도착해 기다리고 있었으니, 그 비감이 어떠했을까? 그의 죽음에 대하여 나혜석은 "내 가슴의 상처는 심하여 일시 발광이 되었고 연하여 신경쇠약이 만성에 달했습니다."라고 고백하였다.

나혜석으로 하여금 발광 상태까지 가게 했던 최승구는 경기도 시흥 출신으로, 나혜석보다 네 살 많은 낭만파적 탐미주의 시인이자 사학도였다. 김소월보다 소월素月이란 호를 먼저 사용했던 그는 시집 한 권 분량의 유작시를 남겼지만, 우리 근대시사에서 전혀 언급되지 않았었다. 그의 시는 1977년에야 김학동에 의해 ≪최소월 작품집≫이란 제목으로 비로소 세상에 선보이게 된다.

나혜석의 〈원망스런 봄밤〉(1933.4)은 첫사랑 최승구가 죽은 지 16년의 긴 시간이 흐른 뒤에도 그를 그리워하고 잠 못 들어 하며 쓴 수필이다.

> 아, 그는 나를 버리고 갔다. 그가 내게 모든 풍파를 안겨주고 멀리멀리 가버린 때가 이 봄밤이다. 내 몸은 사시나무 떨리듯 떨린다. 아래윗니가 서로 딱딱 닿는다. 나는 할 수 있는 대로 생각지 않으려고 눈망울을 1자로 굴려 잠을 청한다. 보름달은 구름에 가려 그 얼

굴이 보일 듯 보일 듯할 뿐 아니라 빛까지 가리어 어두컴컴하다. 아아! 소월素月아! 소월아!

— 〈원망스런 봄밤〉에서

나혜석의 글 가운데서 이 수필이 나를 사로잡은 이유는 페미니즘을 주장하는 대부분의 글들과는 전혀 다른 면보를 보여주고 있기 때문이다. 이 글은 여성해방에 관한 거침없는 주장을 폈던 페미니스트가 아니라 한 남자를 사랑했던 정열적 여인으로서 비통해 하는 마음이 읽는 이의 가슴을 뭉클하게 만든다. 얼마나 한 남자를 사랑했으면 그토록 오랜 세월이 흐른 뒤에도 그를 회억하며 잠 못 들어 하는가…….

나혜석은 봄이지마는 "청천의 일광이 반짝하였다가는 홀연히 흐려지고 한풍이 불어 들어오는" 변화무쌍한 날씨의 봄밤에 밤 1시가 넘도록 잠 못 이루고 전전반측한다. 그러다가 무의식중에 최승구가 죽었을 때도 같은 때였다는 사실을 상기한다. 나혜석은 14일 밤이니 '소명素明한 월색月色'을 기대하고 창밖을 내다보지만 달은 흐린 구름에 가려서 보이지 않는다. 사실 최승구의 호인 '소월素月'이란 '소명素明한' 달, 즉 흰 달이란 뜻이다. 따라서 보일 듯 보일 듯 보이지 않는 것은 달이 아니라 죽은 최승구의 얼굴, 그의 존재이다. 이 수필에서 구름에 가려 보일 듯 보일 듯 보이지 않는 달로 표상된 것은 바로 소월이란 호를 가진 첫사랑 최승구인 것이다.

소월의 부재를 확인한 나혜석은 "슬퍼 아아, 슬퍼, 해가 가고 날이 가니 슬픈가? 그 얼굴 그 몸이 재 되고 물 되어가는 것이 슬픈가? 그 세계와 내 세계의 거리가 멀리 갈수록 그는 점점 냉정해 가고 나는 점점 열중해 가는 것이 슬프다."라고 억누를 수 없는 감정을 토로한다. 그리고 자신의 슬픔이 덧없는 세월의 흐름에서 오는 것인지, 죽은 최승구의 얼굴과 몸이 세월이 흐름에 따라 재가 되고 물이 되어가는 풍화작용을 하는 사실이 슬픈 것인지 자문한다. 그리고 최승구와 자신의 거리, 즉 시간이 흘러감에 따라 이승과 저승의 거리가 멀어지고, 그는 점점 더 냉정해지고, 자신은 점점 더 그에게 열중해 가기 때문에 또 슬프다고 진술한다.

슬픔에 복받친 나혜석은 "아, 그는 나를 버리고 갔다. 그는 내게 모든 풍파를 안겨주고 멀리멀리 가버린 때가 이 봄밤이다."라고 흐느낀다. '원망스런 봄밤'이란 나혜석의 첫사랑 최승구에 대한 원망과 회억들을 불러내는 주관적 밤이며, 다시금 그의 부재를 안타깝게 확인하는 밤이다. 나혜석의 수필로서는 찾아보기 드물게 개인적 감상이 흘러넘치는 이 수필에서 '봄밤'과 '달'은 외적 자연이 객관적으로 재현된 대상이 아니라 최승구에 대한 한스런 회억을 환기시키는 주관적 내면이 표상된 대상이다. 그림으로 치자면 인상파의 그림이 아니라 표현파의 그림인 것이다.

표현주의의 특색은 작가 개인의 내부 생명, 즉 자아自我 · 혼魂의 주관적 표현을 추구하는 감정 표출에 있다. 이 운동은 회화에서 먼저 시작되어 다른 조형예술을 거쳐 문학 · 연극 · 영화 · 음악에까지 두루 파급됐다. 1905년 독일 엘베 강변의 드레스덴에서 후기 인상파 계열의 새로운 미술단체 브뤼케가 결성되는데, 킬히너 등

젊은 미술가들은 과거의 전통으로부터 벗어나 새로운 예술을 개척하겠다고 선언하였다. 과거의 인습을 청산하고 참신한 생의 감정을 강력하게 표출하고자 한 그들의 화풍은 신선한 충격을 주었다. 예술의 모사원칙을 무시한 주관적 비전의 표현, 강력한 색채의 추상적 사용, 굵은 윤곽선 강조, 또는 내적 이미지의 집중표현 등으로 표현주의 시대를 예감케 했던 것이다.

표현주의는 주로 인상파나 자연주의파 화가들에 대한 강한 반발을 나타내는 말로서 정확한 관찰만을 앞세우는 과학만능을 혐오하고, 니체나 쇼펜하우어 같은 독일 철학자들의 영향하에서 내면의 진실을 표현하려는 새로운 운동이었다. 형식적으로 보자면 표현주의는 인상주의, 신낭만주의, 상징주의, 자연주의에 대한 반동이었다. 표현주의자들에게 중요한 것은 피상적인 사실 묘사가 아니라 문학적인 직관이었으며 외부세계가 아니라, 이 세계가 반영되고 있는 개인의 영혼·정신이었다.

1920년대 초에 우리나라에 표현주의를 소개한 사람들은 영문학과 독문학을 전공한 일본유학생들이었다. 현철을 비롯해서 영문학과 독문학을 공부한 김우진, 김진섭, 서항석 등과 박영희, 임장화, 최학송 등이 바로 그들이다. 특히 현철은 표현주의가 처음 회화에서 왔다고 지적했다. 문단과 교류가 많았던 나혜석은 문예사조의 한 조류로 우리나라에 유입된 표현주의에 대해서 알고 있었을 가능성이 크다. 하지만 수필 〈원망스런 봄밤〉의 표현주의적 색채는 파리 유학 이후 표현파 화풍을 익혀 인상파의 그림에서 표현파의 그림으로 변화를 보인 화가 나혜석으로부터 나온 것이라고 해석하는 것이 더 타당할 것이다.

수필의 뒷부분에서 그녀가 1921년에 쓴 시 〈냇물〉을 인용하고 있는데, 일부를 인용해 보자. "냇물 냇물/ 저렇게 흘러서/ 호湖 되고 강江 되고 해海 되면/ 흐리던 물 맑아지고/ 맑던 물 퍼래지고/ 퍼렇던 물 짜지고."이다. 즉 냇물이 외롭게 혼자 흘러서 호수가 되고 강이 되고 바다가 되면서 흐리던 물은 맑아지고, 맑던 물은 퍼래지고, 퍼렇던 물은 짜진다. 여기서 짜진 물은 반드시 바닷물을 의미하지는 않는다. 맑다 못해 파래지고, 파랗다 못해 짜진 것은 물의 화학적 변화가 아니라 바로 최승구를 향한 그녀의 마음일 것이다.

첫사랑의 죽음으로부터 16년이란 긴 세월이 흘렀다. 그 세월은 냇물이 흘러 호수가 되고, 강이 되고, 바다가 될 정도로 긴 세월이다. 흐리던 냇물이 짠 바닷물로 변할 정도로 긴 세월이 흘렀다는 것은 최승구를 잃은 발광적인 슬픔도 이제 많이 가라앉고 정화되었다는 의미일 것이다. 아니 그것은 결코 정화라는 단순한 표현으로는 적확히 설명할 수 없는 감정 상태일 것이다. 즉 최승구의 죽음에 대한 슬픔은 짜디짠 바닷물처럼 아린 정서로 남아 그녀의 가슴에서 여전히 일렁이고 있다는 의미로 읽혀진다.

〈원망스런 봄밤〉을 읽고 나면 나혜석이 진실로 사랑했던 유일한 남성은 김우영도, 최린도 아닌 최승구 단 한 사람이 아니었을까 하는 생각이 든다. 그러기에 김우영과 결혼하면서 신혼여행길에 최승구의 무덤에 가서 참배하고 비석까지 세워주는, 김우영에게는 굴욕적이기까지 한 요구를 결혼조건으로 제시했던 것은 아니었을까?

(2011. 7.)

# 권태의 유혹
# 그리고 예찬

# 초록에 지쳐버린 권태

## – 이상의 〈권태〉

이상李箱은 우리나라에서 가장 많은 연구논문이 나온 작가이다. 그것은 그가 성취한 뛰어난 문학적 공적 때문이기도 하고, 다른 한편에서는 그의 문학이 가지는 전위성과 실험성, 그리고 난해성이 수많은 새로운 해석을 가능하게 만들기 때문이기도 하다.

우리나라의 대표적인 모더니스트인 이상은 비록 26년 7개월의 생애밖에 살지 못하고 요절했지만 한국문학사에 모더니즘 작가로 확고하게 자리매김되었다. 그를 보면 얼마나 오랫동안 살았는가나 얼마나 많은 작품을 썼느냐 하는가가 결코 중요한 것이 아니라는 것을 알 수 있다. 비록 짧은 생애를 살았다고 하더라도 그는 문학사에 기록될 만한 기념비적인 작품을 썼다. 시 〈오감도〉가 그렇고, 소설 〈날개〉가 그렇고, 수필 〈권태〉가 그렇다. 그는 장르를 넘나들며 불꽃같은 생애를 살다 갔다.

이상은 1936년 하반기에, 김윤식의 표현대로라면 '진짜 근대'를 보기 위해 일본으로 건너갔다. 하지만 곧 불령선인이라는 이유로 1937년 2월에 체포되었다. 그 후 병보석으로 나온 이상은 1937년 4월 17일에 동경제대 병원에서 레몬향을 맡으며 세상을 떠났다. 한동안 문학연구자들은 이상이 레몬향을 맡으며 죽어갔다는 사실에 굉장한 미학적 의미를 부여하며 그럴듯한 해석을 내놓았다. 하지만 그의 아내였던 김향안의 증언에 의하면 이상이 마지막 순간 찾았던 것은 레몬이 아니라 멜론이었다.

수필 〈권태〉는 일본 도쿄에서 1936년 12월 19일에 썼지만 그의 사후 〈조선일보〉(1937.5.4.~11)에 연재된 작품이다. 이 수필은 평남 성천에서의 아침부터 밤까지 하루 동안의 체험을 적고 있다. 성천은 그의 죽마지우 원용석이 살고 있던 곳이다. 그는 이 성천을 배경으로 수필 〈산촌여정〉과 그밖에 일본어로 된 몇 편의 수필을 더 썼다.

모두 7장으로 구성된 이 수필은 도시인 이상이 도시적 감수성으로 바라보고 느낀 벽촌 여름날의 단조로운 일상과 단조로운 환경에서 오는 권태감을 주변 풍경에 대한 관찰 및 일상을 통해 기록하고 있다. 도시에서 나고 자란 이상에게 벽촌인 성천의 원시적 자연과 문명이 침윤되지 않은 세계는 분명 낯선 것이었다. 처음 그곳에 도착하였을 때 그는 그곳의 초록빛에 놀랐고, 그 빛깔을 사랑하였다. 그러나 닷새가 지나지 않아 일망무제의 초록 일색에 그만 질려버리고 만다. 이내 초록빛은 공포의 색깔로, 그곳에서 만나는 사람과 사물 하나하나, 그곳에서의 일상 전체가 권태에 지배된 것으로 화자는 적고 있다. 즉 벽촌의 신선했던 풍경과 일상은 곧 아무런 긴장감을 불러일으키지 못하고 지루함과 권태에 지배되어 있는 것으로 파악한다. 그 지루함과 권태를 통해서 이상이 철저한 도시인이라는 것을 독자들은 느끼지 않을 수 없다. 그는 권태를 느낄 줄도 모르는 농부들을 불쌍하게 여기며, "이 흉악한 권태를 자각할 줄 아는 나는 얼마나 행복된가."라는 패러독스를 쏟아놓는다.

작품은 이렇게 시작된다.

> 어서—차라리—어둬 버리기나 했으면 좋겠는데—벽촌의 여름—날은 지리해서 죽겠을 만치 길다.
>
> 동에 팔봉산, 곡선은 왜 저리도 굴곡이 없이 단조로운고?
>
> 서를 보아도 벌판, 남을 보아도 벌판, 북을 보아도 벌판, 아—이 벌판은 어쩌자고 이렇게 한이 없이 늘어 놓였을꼬?
>
> 어쩌자고 저렇게까지 똑같이 초록색이 히나로 되어먹었노?
>
> —〈권태〉에서

작품의 서두에서 다섯 번이나 사용된 "줄표(—)"는 지루하고 권태로워 하루가 너무도 길게 느껴지는 벽촌의 일상을 문장부호를 통해서 나타낸 것이라고 할 수 있다.

이상이 바라보는 여름날의 벽촌은 끝없이 지리하고 단조롭다. 한없이 펼쳐진 벌판이나 그 벌판을 덮고 있는 초록의 물결조차 신선한 감동이 아니라 지루함의 연속으로 느껴진다. 잠시 동안이

나마 권태를 잊기 위해 이웃에 사는 최 서방 조카를 찾아가 그와 장기를 두지만 그 일조차 아무런 긴장감이 없는 일상의 반복일 뿐이다.

그곳에는 찾아오는 이 하나 없고, 개조차 짖지 않는다. 어디 그뿐인가? 그곳은 아무런 문명의 혜택이 미치지 못하는 벽지다. 마을에는 신문도 오지 않고, 승합자동차도 통과하지 않는다. 그러한 상황을 이상은 "오관五官이 박탈된 것과 다름없다."라고 기술한다. 되새김질하는 소를 향해 그는 "얼마나 권태에 지질렸길래 이미 위에 들어간 식물을 다시 게워 시금털털한 반소화물의 미각을 역설적으로 향락하는 체해 보임이리요?"라고 하며 체구가 큰 소의 고독과 그 자신의 세균같이 사소한 고독을 비교해 본다. 무엇보다 권태의 하이라이트는 그곳 아이들이 대변을 누는 놀이이다. 이상은 그것을 "속수무책의 그들 최후의 창작 유희"라고 지칭하며 벽촌 아이들의 장난감 하나 없는 불행을 안타까워한다.

다음은 마지막 대목이다.

> 불나비가 달려들어 불을 끈다. 불나비는 죽었든지 화상을 입었으리라. 그러나 불나비라는 놈은 사는 방법을 아는 놈이다. 불을 보면 뛰어들 줄도 알고 평상에 불을 초조히 찾아다닐 줄도 아는 정열의 생물이니 말이다.
>
> 그러나 여기 어디 불을 찾으려는 정열이 있으며, 뛰어들 불이 있느냐? 없다. 나에게는 아무것도 없고, 아무것도 없는 내 눈에는 아무것도 보이지 않는다.
>
> 암흑은 암흑인 이상, 이 방 좁은 것이나 우주에 꽉 찬 것이나 분

량상 차이가 없으리라. 나는 이 대소 없는 암흑 가운데 누워서 숨 쉴 것도 어루만질 것도 또 욕심나는 것도, 아무것도 없다. 다만 어디까지 가야 끝이 날지 모르는 내일, 그것이 또 창밖에 등대하고 있는 것을 느끼면서 오들오들 떨고 있을 뿐이다.

— 〈권태〉에서

풍경도 일상도 전혀 새로울 것도 없는 천편일률적 권태의 연속이지만 이러한 외면적 풍경이나 일상보다 그를 더 권태롭게 만드는 근본적 원인은 그의 내면에 있다. 인용문에서 보듯이 "여기 어디 불을 찾으려는 정열이 있으며, 뛰어들 불이 있느냐? 없다. 나에게는 아무것도 없고, 아무것도 없는 내 눈에는 아무것도 보이지 않는다." 그는 차라리 불을 향해 뛰어드는 불나비를 부러워하며 그에게는 불을 찾으려는 정열도, 뛰어들 불이라는 대상도, 그 아무것도 없고, 아무것도 보이지 않는 권태의 극한상태에 빠져있음을 고백한다. 그리고 그 상태가 언제 끝이 날지 알 수 없는 공포가 그를 지배하고 있다. 자신의 생에 대해 아무런 의욕도 느끼지 못하는 욕망의 절연상태에 빠진 그의 내면풍경이 외면의 권태보다도 더 근원적이고 무서운 권태라고 할 수 있는 것이다.

이도연은 〈이상수필연구〉에서 이상이 경험하고 있는 권태란 욕망의 절연상태에서 기원하는 것, 한마디로 그것은 삶에 대한 목적의식의 부재이며, 그의 절망은 실존적이고 근원적인 내면의 분열과 자의식의 붕괴에서 오는 것이라고 보았다. 그렇다면 무엇이 이상으로 하여금 그처럼 삶에 대한 목적의식을 빼앗아 권태에 지배되게 만들었을까?

그것은 여러 가지로 생각해 볼 수 있다. 첫째, 그를 지배하고 있는 폐결핵이란 질병이다. 그가 성천에 갔던 것은 바로 폐결핵 요양 때문이었다. 질병이 그의 건강과 목숨을 갉아먹고 있는 상황에서 그가 생의 활기찬 의욕을 느낄 수 없다는 것은 지극히 당연한 일이다.

둘째, 도시에서 나고 자란 그에게 아무런 문명의 혜택이 미치지 못하는 벽촌에서의 일상은 그의 표현대로 오관五官이 모조리 박탈당한 것과 정말 다름이 없는 단조롭고 권태로운 생활일 뿐이다. 그래서 성천에서는 밤하늘의 별조차 "내게는 별이 천문학의 대상이 될 수 없다. 그렇다고 시상의 대상도 아니다. 그것은 다만 향기도 촉감도 없는 절대 권태의, 도달할 수 없는 영원한 피안이다. 별조차 이렇게 싱겁다."처럼 단지 절대 권태의 싱거운 대상이 되고 만다. 이미 그는 도시적 삶의 양식에 철저히 길들여진 도시인인 것이다. 더욱이 계절은 숨이 턱턱 막히는 무더위가 계속되는 여름날이 아닌가? 건강한 사람조차 의욕을 느끼기에는 지치는 하루하루인 것이다.

셋째, 그는 그 벽촌에서 내부인으로 살아가는 주체나 귀향자가 아니라 어디까지나 일시적 방문자의 입장에 서 있다. 그러니 그곳의 풍경에 대해 진정한 애착과 친밀감을 가질 수 없는 것이다. 이-푸 투안에 의하면 장소에 대한 깊고 잠재의식적인 애착은 친숙함과 편안함, 양육과 안전의 보장, 소리와 냄새에 대한 기억, 오랜 시간 동안 축적되어 온 공동의 활동과 편안한 즐거움에 대한 기억과 함께 온다. 말하자면 이상에게 성천은 이-푸 투안이 말한 것과 같은 오랜 시간 동안 축적되어온 기억이 부재하는 타지일 뿐으로 변함없는 풍경과 일상은 그저 권태롭게 인식될 뿐이다.

그리고 마지막으로, 식민지 지식인으로서의 자아실현을 불가능하게 만드는 식민지적 상황 자체가 그로 하여금 삶에 대한 목적의식을 앗아가고, 근원적인 고독과 권태에 빠뜨렸다고 생각한다. 이런 나의 해석은 마치 이상을 '불령선인'으로 체포했던 것처럼 지나친 의도상의 오류인 것일까?

(2012. 5.)

# 권태는 창조적 게으름

## – 김진섭의 〈권태예찬〉

우리에게 〈생활인의 철학〉, 〈주부송〉, 〈백설부〉와 같은 수필을 쓴 수필가로 기억되는 김진섭(金晉燮, 1903~?). 그는 이하윤, 손우성, 정인섭, 이헌구 등과 함께 해외문학파의 일원으로 활동했다.

1927년 1월 17일에 창간호를 내고, 같은 해 7월 4일에 2호로 종간된 ≪해외문학≫은 외국문학을 전공한, 이른바 '해외문학파'에 의해 발간되었다. 이들은 이 문예지를 통해 외국문학을 우리나라에 본격적으로 번역, 소개하고자 했으며, 반프로문학적 입장에 서서 순수문학을 옹호하고자 했다.

일본 호오세이 대학에서 독일문학을 전공한 김진섭은 ≪해외문학≫ 창간호에 〈표현주의 문학론〉(1927)을 발표했고, 1931년에 결성된 극예술연구회에 가입하여 표현주의 연극 〈해전〉의 공연에도 관여하게 된다. 김진섭이 표현주의 문학이나 표현주의 연극에 관심을 보인 것은 그가 독일문학 전공자라는 사실과 관련되고, ≪해외문학≫의 창간 목적과도 부합한다.

표현주의(expressionism)는 20세기 초반 독일에서 일어났던 문화예술운동으로 예술을 주관적 현실의 확장으로서 창조하려 했던 경향을 일컫는다. 표현주의자들은 예술의 진정한 목적이 감정과 감각의 직접적인 표현이라고 생각했으며, 표현에 있어 '왜곡'과 '과장'을 특징으로 한다. 이 운동은 부르주아적인 현실 인식과 관습적인 예술에 대한 반동이었으며, 물질세계의 순간적인 인상을 묘사하는 인상주의에 대한 반응이기도 했다. 표현주의 운동은 회화, 문학, 음악, 연극, 영화에까지 영향력을 발휘했다.

김진섭은 1950년 납북되기 전까지 3권의 저서를 발간했다. ≪인생예찬≫(1947), ≪생활인의 철학≫(1948), ≪교양의 문학≫(1950)이 그것이다. ≪청천 수필 평론집≫(1958)은 박종화가 40여 편의 유고를 모아 발간한 책이다.

1930년대를 최재서는 '수필문학시대'라고 명명했고, 김진섭은 '수필의 범람'이라고 표현했는데, 본격문학으로서 수필의 괄목할 만한 성장뿐만 아니라 수필이 여타의 문학을 주도해 갔다는 의미에서다. 이처럼 수필의 붐 현상이 일어난 것은 신문의 학예면과 문예지에 고정적으로 수필을 게재할 수 있는 지면의 확보가 이루어졌기 때문에 가능했다. ≪문장≫과 ≪인문평론≫은 수필 고정란을 설정하였으며, 수필 전문지 ≪박문≫(1938.10~1941.1)이 창간되었고, 이은상의 ≪무상≫(1936), ≪노방초≫(1937), ≪기행 지리산≫

(1937), 모윤숙의 ≪렌의 애가≫(1937) 등의 단행본 수필집도 발간되었다. 김진섭의 〈인생예찬〉, 이광수의 〈산거기〉, 이양하의 〈신록예찬〉, 이상의 〈권태〉 같은 우리 수필문학사의 정전으로 평가되는 작품들이 발표된 것도 1930년대의 일이다. 이처럼 1930년대는 수필작품이 양적으로나 질적으로 크게 발전했으며, 수필문단이라고 할 만한 집단이 형성되었고, 여러 이론가들에 의해 수필문학론이 본격적으로 개진된 시기이다.

수필문학론의 정립은 주로 외국문학 전공자들에 의해 주도되었는데, 김진섭도 그 이론가 중에 한 사람이었다. 김기림의 〈수필을 위하여〉(1933), 김광섭의 〈수필문학소고〉(1934), 임화의 〈수필론〉, 김기진의 〈수필문학의 바른 길〉, 김진섭의 〈수필문학에 대하여〉(1938), 〈수필의 문학적 영역〉(1939) 등이 발표됨으로써 수필의 이론 정립이 가능했다.

김진섭은 수필의 창작과 동시에 이론의 정립에도 기여했는데, 그의 〈수필의 문학적 성격〉은 짧은 글이지만 이 한 편에는 수필문학의 중요한 성격에 대한 논의가 이루어지고 있다.

> 수필에는 일정한 형식이 없고 또 모든 것이 수필의 재료가 될 수 있는 동시에 아무렇게나 마음대로 쓸 수 있는 데 수필이 횡행 발호하는 이유가 있지만, 또 수필은 누구나 쓸 수 있고 쓰기도 쉬운 대신 좋은 수필을 얻기란 실로 곤란한 것이니, 수필만큼 단적으로 쓴 사람 자신을 표시하는 문장은 다시없으며, 원래 좋은 수필에는 그 근저에 특이한 사람의 마음이 있지 않아서는 아니 되기 때문이다.
>
> – 〈수필의 문학적 성격〉에서

김진섭은 수필이 자유분방, 경묘탈주, 변화무쌍한 무형식의 문학이며, 수필의 필자가 반드시 전문적 문인일 필요는 없다고 했다. 제재 역시 문학적인 것으로 제한할 필요가 없이 무궁무진하다고 했다. 즉 수필이 형식과 내용에서 제한이 없이 자유롭고 개방적인 구조의 문학이라는 것을 이미 설파했던 것이다. 그는 좋은 수필은 "고도의 지식과 관찰력을 구비한 사람이 방관자적 태도로 인생 사업을 관찰하여 거기서 느낀 감흥을 솔직히 고백할 때, 필자의 지성과 감성이 어울려 풍부하면 풍부할수록 또 그것을 고백하는 심경이 고결하면 고결할수록 그 수필의 문학적 생명이 오랠 것은 두말할 것이 없다."라고 했다. 중요한 것은 "숨김없이 자기를 말하는 것과 인생 사상에 대한 방관자적 태도"의 두 가지라고 했다. 또한 그는 수필의 매력을 "자기를 말한다는 데"서, 즉 솔직한 자기고백에서 찾았다. 그는 수필이 단지 감성 위주의 문학이 아니라 지성과 감성이 어우러진 문학이며, 수필가의 자질로 숨김없이 자기고백을 할 것과 방관자적 여유를 가져야 할 것을 요구했다.

김진섭의 수필은 만연체 문장을 특징으로 하는데, 이는 그의 수필이 사변적이고 사색적이며, 때로 관념적인 데서 기인한다. 우리나라 수필은 개인적 · 주관적 · 고백적 · 경험적이며, 문장의 흐름에서도 가벼운 느낌의 경수필적 경향이 지배적이다. 반면 김진섭의 수필은 논리적이고 지적이며 철학적이고 사변적이다. 문장의 흐름에 있어서도 무거운 중수필의 경향을 띤다. 김진섭은 중수필의 계보에 서 있는 몇 안 되는 수필가이다.

그의 수필을 살펴보면 〈명명철학〉, 〈여행철학〉, 〈생활인의 철학〉, 〈금전철학〉처럼 제목에서부터 철학이 들어가 있고, 〈교양에 대하여〉, 〈여성미에 대하여〉, 〈고독에 대하여〉, 〈청빈에 대하여〉, 〈병에 대하여〉, 〈인생에 대하여〉 등 '…에 대하여'라고 되어 있어 제재가 된 대상에 대한 철학적 사색과 지적 성찰을 기본으로 하고 있음을 알 수 있다. 또한 〈모송론母頌論〉, 〈체루송涕淚頌〉, 〈우송〉, 〈매화찬〉, 〈백설부〉, 〈종이송頌〉, 〈주부송〉, 〈송춘頌春〉, 〈농민예찬〉과 같이 대상에 대한 예찬적 성격의 수필도 많다.

김진섭은 그의 수필에서 여러 가지를 예찬하고 칭송했는데, '권태'도 그가 찬양한 것들 가운데 하나이다. 〈권태예찬〉에서 그는 권태를 '큰 태타怠惰', 즉 큰 게으름과 구별한다. "큰 태타가 사람을 내적으로 외적으로 마비시키며 노둔케 하는 데 비하여, 작은 태타는 우리의 일상생활이 그 조급함과 훤소함을 가지고 우리를 항상 위하危嚇할 때, 그것은 우리를 구제키 위하여 문을 열어주는 피난소의 안전판이 되기 때문이다. 그러므로 소한적小閑的 권태는 조천대우早天大雨의 의미를 갖는다라고 해도 과언이 아니리라."라고 했다. 그 일부를 소개하면 다음과 같다.

> 사람이 생에 대하여 권태를 느끼게 하는 것은 어떤 의미에서 보면 무상한 현세에 대한 확고한 자아의 정신적 우월을 실증하는 것으로서, 흔히 이것은 주로 정신적 생활을 영위하고 있는 교양 있는 사람은 면할 수 없는 아름다운 숙명이라고 할 수 있다.
>
> 그러므로 사실에 있어서도 또한 현대의 많은 사람이 인생고로서의 이 권태의 감정에 사로잡혀 어찌할 바를 알지 못하고 있는 자태를 다른 사람에게 보이고 있는 것은, 이른바 이러한 정신적 우월이

그들로 하여금 그리되게 한 점에서 우리는 일방으로 그들에게 경의를 표하는 동시에, 그러한 고상한 정신을 오히려 감동시킬 수 있을 만큼 이 세상에 항상 저속과 평범을 벗어나지 못하고 있다는 점에서는 그들에게 동정의 마음을 우리는 금할 수 없다. 그렇지만 내가 여기서 한 번 생각고자 하는 것은, 무엇보다도 우리 현대인이 오늘날과 같이 이러한 속도의 시대에 처해서도 오히려 전대의 사람들이 경험했던 것과 같은 인생고를 권태의 감정을 통하여 맛볼 수 있느냐 하는 점이다.

— 〈권태예찬〉에서

김진섭은 권태를 일종의 감정으로 인식한다. 하지만 이것이 과연 감정일까? 권태를 느낀다고 했으니까 감정으로 분류해야 할 것 같지만 심리학자들이 분류하는 감정에는 권태라는 항목이 없다. 굳이 말하자면 권태는 기분(mood) 정도로 분류할 수 있을 듯하다. 감정은 외부의 자극에 대한 좋고 싫고 하는 단기적인 반응이다. 하지만 기분은 좀 더 긴 시간 동안 감정을 떠받치는 정신 상태이다.

아무튼 김진섭에 의하면 권태는 아무나 느낄 수 있는 것이 아니다. "정신적 생활을 영위하고 있는 교양 있는 사람"만이 느끼는 "아름다운 숙명" 같은 것이다. 그리고 이 권태는 "무상한 현세에 대한 확고한 자아의 정신적 우월을 실증하는 것"이다.

그러나 나는 이 권태의 상태를 한없이 사랑하는 자이다. 이 속에 앉아 혹은 그 속에 누워 아무것도 생각하지 않음은 물론이요, 무엇인가에 대하여 생각할 야심조차 가지지 않고 더러 담배나 피워 물고 입에서 나오는 자주색 연기의 귀추나 살핌이 사업이라면 또한 사업일 때, 세상의 훤소喧騷는 이제 벌써 먼 곳에서의 일이요, 우리는 기다리는 아무것도 가지지 않고 또는 우리를 찾는 아무것도 없을 때–이러한 때에 우리가 진심으로 말하자면 정신의 체조라고나 부를 수 있을까? 왜냐하면 이것은 우리가 흔히 마당에 서서 아침의 신선한 공기를 들이마실 때 육체의 그것과 도취의 기분에 있어서 서로 공통되는 점이 있어 보이기 때문이다.

– 〈권태예찬〉에서

그에 의하면 권태는 작은 게으름 같은 것이다. 이상은 수필 〈권태〉에서 권태를 '싫증과 무료함'으로 인식했다. 반면, 김진섭은 〈권태예찬〉에서 권태를 작은 '게으름'으로 인식하고 있다. 하지만 이 게으름이란 것을 부정적으로 보아서는 안 된다. 정신적 생활을 영위하고 있는 교양 있는 사람이라면 모름지기 이 달콤한 게으름을 즐길 정신적 여유가 있어야 한다. 그의 말대로 일상생활의 번잡함과 조급함의 위협으로부터 구제해 줄 수 있는 산소 같은 존재가 바로 권태인 것이다.

김진섭의 말대로라면 현대인들을 압박하고 있는 수많은 스트레스는 달콤한 권태를 즐길 수 있는 정신적 여유와 교양이 없는 데서 발생한다. 김진섭이 지금 우리 앞에 있다면 앞만 보고 질주할 것이 아니라 잠시 발걸음을 멈추고 달콤한 권태를 즐기라고, 정신적 여유를 회복하라고 충고할 것이다. 그래야만 스트레스에서 벗어나 건강하고 행복한 삶을 유지할 수 있을 것이기 때문이다.

OECD 국가 중 8년째 자살률 1위라는 부끄러운 현실에서 비켜서기 위해서도 우리는 김진섭이 말한 권태의 가치에 주목해야 한다.

우리 수필문학사에서 김진섭처럼 개인의 경험적이고 신변적인 자기고백에서 완전히 벗어나 사색을 끝까지 철저하게 밀고 나간 지적이고 사변적인 수필가를 찾기는 힘들다. 우리나라의 수필은 다양성이 너무 부족하다. 문학적 예술적 수필을 추구한다는 목표하게 지나치게 감성 위주의 수필, 사적이고 경험적인 수필들만이 양산된 채 철학도 사색도 지성도 결여되어 있다. 김진섭은 "수필은 누구나 쓸 수 있고 쓰기도 쉬운 대신 좋은 수필을 얻기란 실로 곤란한 것"이라고 했다. 쏟아져 나오는 수많은 수필들을 읽을 때마다 나는 그가 어떤 심정으로 그런 말을 했을지 공감할 때가 많다.

(2012. 11.)

# 이양하의 나무 예찬

이양하(1904~1963)는 〈신록예찬〉이나 〈나무〉를 쓴 수필가로 알려져 있다. 이 두 작품은 가히 한국수필사의 정전이라고 부를 수 있는 작품이다. 이양하는 일본 동경대학과 동 대학원에서 영문학을 전공한 영문학자로서 연희전문을 거쳐 해방 후에는 서울대학교에서 영문학을 가르쳤다. 그는 1930년대에 최재서, 김기림 등과 함께 주지주의와 모더니즘 문학이론을 번역하여 소개하였다. 그는 유학시절 일본에서 영국의 신비평 이론가로 우리나라에도 널리 알려진 I.A. 리차즈의 ≪시와 과학(Science and Poetry)≫을 일본어로 번역하여 출판(1932)하였고, 해방 후에는 한국어로 번역하여 출간(1947)했다.

그는 두 권의 수필집을 냈는데, ≪이양하수필집≫(1947)과 ≪나무≫(1964)가 그것이다. 특히 ≪나무≫는 사후에 발간되었는데 병석에서 그가 직접 교정까지 마쳤던 책이다. 그는 이 두 권의 수필집에서 각각 21편과 41편 도합 62편의 수필을 남겼다. 그러니까 그는 작품을 많이 쓴 수필가가 아니라 매우 과작의 수필가였다. 그런데 그가 시인이기도 했다는 사실을 아는 사람은 드물다. 그는 1962년에 ≪마음과 풍경≫이라는 시집을 출간하기도 했다.

나는 이양하 수필의 전모를 알 수 있는 ≪이양하수필전집≫(현대문학)을 2009년에 발간하였다. 그동안 '이양하 수필선'밖에 없었는데, 이양하 수필의 전모를 살필 수 있는 책이 비로소 나온 것이다.

이양하는 '나무'의 수필가로 기억될 만큼 '나무'에 관한 일련의 수필들을 발표했다. 〈신록예찬〉, 〈나무〉, 〈나무의 위의威儀〉, 〈무궁화〉가 그것이다. 필자는 오래전 학창시절에 연세대학교에 간 적이 있다. 교정에 들어섰을 때는 막 2학기가 시작될 즈음이었는지 백양로에 매미가 극성스럽게 울어대고 있었다. 담쟁이덩굴로 뒤덮인 언더우드관(본관) 아펜젤러관 등 건물의 고풍스런 멋과 연세대 뒷산의 숲이 매우 인상적으로 다가왔다. 아, 이 학교를 다닌 학생들은 오래토록 이 아름다운 캠퍼스를 잊지 못하겠구나 하는 생각이 들었다. 이양하는 본관의 서쪽 숲을 자주 찾았다고 하는데, 그가 나무에 관한 수필을 여러 편 쓸 수 있었던 것은 연구실에서 본관 서쪽 숲으로 난 산책길에서 얻어진 사색의 결과인 것이다.

이양하의 나무에 대한 예찬은 연희전문 교수시절에 씌어진 〈신록예찬〉에서부터 시작된다. "오늘도 하늘은 더할 나위 없이 맑고 우리 연전延專 일대를 덮은 신록은 어제보다도 한층 더 깨끗하고 신선하고 생기 있는 듯하다."라고 시작되는 이 수필은 5월의 신록에 대해 바치는 헌사이다. 그는 이 수필에서 아예 나무, 나아가 자연과 완전히 동화된 경지를 보여주고 있다. 기쁨의 속삭임이 하늘과 땅, 나무와 나무, 풀잎과 풀잎 사이에 은밀히 수수되고, 그들의 기쁨의 노래가 금시에라도 우렁차게 터져 나와 산과 들을 흔들 듯한 신록의 계절은 그로 하여금 그 자연들에 완전히 조화와 조응을 이룬 일체감을 형성케 한다.

> 푸른 하늘과 찬란한 태양이 있고 황홀한 신록이 모든 산 모든 언덕을 덮은 이때 기쁨의 속삭임이 하늘과 땅, 나무와 나무, 풀잎과 풀잎 사이에 은밀히 수수授受되고, 그들의 기쁨의 노래가 금시에라도 우렁차게 터져 나와 산과 들을 흔들 듯한 이러한 때를 당하면 나는 곁에 비록 친한 동무가 있고 그의 아름다운 이야기가 있다 할지라도 이러한 자연에 곁눈을 팔지 아니할 수 없으며, 그의 기쁨의 노래에 귀를 기울이지 아니할 수 없게 된다.
>
> — 〈신록예찬〉에서

이처럼 '자연'이 완벽하게 조화로운 세계를 구현한 반면 '인간'은 비조화의 극치를 구현한다. 즉 "세속에 얽매여 머리 위에 푸른 하늘이 있는 것을 알지 못하고, 주머니의 돈을 세고 지위를 생각하고 명예를 생각하는 데 여념"이 없다. 또는 "오욕칠정에 사로잡혀 서로 미워하고 시기하고 질투하고 싸우는 데 마음의 영일을 갖지 못하는" "비속하고 저속한 존재"로 대조된다. 또한, "대자연의 거룩하고 아름답고 영광스러운 조화를 깨뜨리는 한 오점 또는 잡음

밖에 되어 보이지" 않는 존재로 부정적으로 인식될 뿐이다. 그가 "아름다운 사람이 되려면 사람 사이에서 살고, 사람과 사람 사이에서 부대껴야" 하는 이치를 잘 알고 있고, "남달리 괴팍하여 사람을 싫어한다거나" 하는 성격이 아님에도 불구하고 이처럼 인간 대신 신록과 숲에 매료되어 있는 것은 무슨 까닭인가.

신록에 취해 있는 만큼은 사람을 떠나 사람의 번잡한 일을 잊고 풀과 나무와 하늘과 바람에 동화되어 "숨 쉬고 느끼고 노래하고 싶은 마음"을 억제할 길이 없기 때문이다. 신록은 사람의 마음에 "참다운 기쁨과 위안을 주는 이상한 힘", 마음의 모든 티끌−욕망과 굴욕과 고통과 곤란−을 정화시키며 기쁨을 주는 힘, 즉 치유의 효과를 가지는 것이다. 그것이 그만의 주관적인 느낌만이 아니라는 것을 현대과학은 밝혀 주었다. 소위 피톤치드 효과이다. 우리가 나무가 울창한 숲에 들어섰을 때 기분이 상쾌해지고 몸과 마음이 정화되며 생기를 되찾는 것은 바로 나무에서 뿜어져 나오는 피톤치드 때문이다. 삼림이 방출하는 피톤치드의 살균 효과와 녹색으로 인한 정신적 해방 효과를 이양하는 일찍부터 체험적으로 느끼고 즐겼던 셈이다.

그러나 그가 나무를 통해서 느끼는 것은 단순한 피톤치드 효과가 전부는 아니다. 그는 신록을 통해 '주객일체, 물심일여'의 황홀과 현요, 그리고 무념무상 무장무애의 무한한 풍부와 유열과 평화를 느끼고, 모든 오욕과 읍울에서 자유로워지고, 모든 상극과 갈등을 극복하고 고양하여 조화 있고 질서 있는 세계에까지 높인 듯한 느낌, 즉 정신적 고양감을 느끼게 된다. 이쯤 되면 신록은 절대적 기쁨과 평화와 위안과 조화의 힘을 지닌 신성한 에너지로 관념화 절대화된다.

이양하는 마르쿠스 아우렐리우스의 ≪명상록≫에서 평정과 위안의 힘을 얻는다고 했는데, 나무나 신록에서도 마찬가지로 평정과 위안, 아니 그 이상의 기쁨과 평화를 느꼈던 것 같다. 그리고 그는 그의 수필이 ≪명상록≫을 통해서 느꼈던 것, 또는 신록과 '나무'를 통해서 느꼈던 기쁨과 고양감을 독자들에게 줄 수 있기를 지향했다고 할 수 있다. 그의 수필 〈나무〉나 〈나무의 위의〉와 같은 수필을 읽어볼 때 이런 추정은 충분히 설득력을 얻는다.

> 나무는 덕을 가졌다. 나무는 주어진 분수에 만족할 줄을 안다. 나무로 태어난 것을 탓하지 아니하고, 왜 여기 놓이고 저기 놓이지 않았는가를 말하지 아니한다. 등성이에 서면 햇살이 따사로울까, 골짜기에 내려서면 물이 좋을까 하여 새로운 자리를 엿보는 일도 없다. 물과 흙과 태양의 아들로 물과 흙과 태양이 주는 대로 받고, 후박厚薄과 불만족不滿足을 말하지 아니한다. 이웃 친구의 처지에 눈떠 보는 일도 없다. 소나무는 진달래를 내려다보되 깔보는 일이 없고, 진달래는 소나무를 우러러보되 부러워하는 일이 없다. 소나무는 소나무대로 스스로 족하고, 진달래는 진달래대로 스스로 족하다.
>
> (중략)
>
> 나무는 훌륭한 견인주의자堅忍主義者요, 고독의 철인哲人이요, 안분지족安分知足의 현인賢人이다. 불교의 소위 윤회설輪回說이 참말이라면 나는 죽어서 나무가 되고 싶다.

'무슨 나무가 될까?' 이미 나무를 뜻하였으니 진달래가 소나무가 될까는 가리지 않으련다.

— 〈나무〉에서

이 수필에서 여러 덕을 지닌 존재로 칭송되는 의인화된 나무는 "훌륭한 견인주의자堅忍主義者요, 고독의 철인哲人이요, 안분지족安分知足의 현인賢人"이다. 또한, 나무는 천상과 지상을 소통하는 신성성을 가진 대상이다.

그러나 나무는 친구끼리 서로 즐긴다느니보다는 제각기 하늘이 준 힘을 다하여 널리 가지를 펴고, 아름다운 꽃을 피우고, 열매를 맺는 데 더 힘을 쓴다. 그리고 하늘을 우러러 항상 감사하고 찬송하고 묵도하는 것으로 일삼는다. 그러기에 나무는 언제나 하늘을 향하여 손을 쳐들고 있다. 그리고 온갖 나뭇잎이 우거진 숲을 찾는 사람이 거룩한 전당에 들어선 것처럼 엄숙하고 경건한 마음으로 자연 옷깃을 여미고 우렁찬 찬가에 귀를 기울이게 되는 이유도 여기 있다.

— 〈나무〉에서

그가 나무를 사랑하는 것은 나무가 견인주의자나 철인과 같은 안분지족의 덕과 고독과 친구에 대한 공평한 태도를 갖는 존재이기 때문만은 아니다. 그것은 다름 아닌 나무가 하늘과 땅을 연결해주는, 즉 지상적 존재로서 천상과 소통하는 신성성을 지녔기 때문이다. 그는 하늘을 향해 손을 쳐들고 있는 나무의 모습에서 "하늘을 우러러 항상 감사하고 찬송하고 묵도하는" 자세를 발견한다. 즉 나무에서 그는 종교적인 경건한 태도를 발견하는 것이다. 그래서 나뭇잎이 우거진 숲을 찾는 사람들이 "거룩한 전당에 들어선 것처럼 엄숙하고 경건한 마음으로 자연 옷깃을 여미고 우렁찬 찬가에 귀를 기울이게 되는" 것이라고 파악한다. 단지 평정과 안정과 평화만이 아니라 하늘과 소통하는 종교적 신성을 나무에서 발견하는 것이다. 그가 자주 숲을 찾고, 본관 서편 숲에 그의 자리까지 마련해둔 것은 단순한 산책이 아니라 바로 천상과 소통하는 종교적 행위였던 것이다. 그는 자신도 "죽어서 나무가 되고 싶다."라고 말한다. 죽어서 나무가 되고 싶은 것이 아니라 그의 인생이 추구하고 싶은 모든 덕과 목표를 나무는 이미 실현하고 있기에 그도 나무처럼 되고 싶은 것이다. 이양하의 나무가 되고 싶다는 말 속에는 이미 그의 인생관이 잘 함축되어 있다.

김우창은 〈이양하 선생의 수필세계〉에서 이양하의 수필이 "그 나름으로서의 평화와 조화가 있는 하나의 세계"를 구현하고 있다고 보았는데, 이양하는 '나무'에서 바로 평화와 조화가 있는 하나의 세계를 발견하며, 그 자신도 바로 나무와 같은 삶을 지향하고 있음을 내보인 것이다.

〈나무의 위의威儀〉에서도 나무에 대한 예찬은 계속된다. 그는 모든 나무는 각기 고유한 모습과 풍취를 가지고 있기 때문에 그 우열과 청탁을 말할 바가 되지 못한다고 했다. 그리고 자신이 사랑하는 나무를 앞집의 개쭝나무, 산책길의 히말라야 으르나무, 교정의 마로니에, 성균관의 은행나무 등으로 열거하는데, 그는 특정한 어떤 나무를 사랑했다기보다는 그저 나무면 모두 사랑했다고 할 수 있다.

그의 나무에 대한 예찬은 〈무궁화〉에서도 계속된다. 이때 무궁화는 단순한 나무가 아니라 우리나라의 국화라는 민족적 상징이 내포된 나무이다. 그는 처음에 무궁화의 평범하고 초라한 모습에 대한 환멸감에 사로잡히지만 점차 무궁화의 미덕을 발견하게 된다. 즉 '수줍고 은근하고 겸손한 꽃'이라는 새로운 인식이 형성된다. 겸허한 '은자의 꽃' 무궁화는 '은자의 나라'로 불리는 우리나라를 상징하는 '최고의 덕'을 가진 꽃으로 찬양된다. 또한, 무궁화는 "점잖고 은근하고 겸허하여, 너그러운 대인군자의 풍모"를 지닌, 우리 민족의 성질을 닮은 꽃으로 칭송된다. 이양하는 긴 수난의 역사 속에서도 은근과 끈기의 미덕으로 참고 견디어 조국광복의 감격스러운 시대를 맞이하게 된 소회를 국화인 무궁화의 특성에 비유하여 표현했다. 이 글에서도 예찬적 성격은 강하게 드러나며 대상에 대한 관념화는 지속된다.

김윤식은 이양하의 수필이 찬讚이나 송頌이 갖는 심리적 경향 때문에 명문으로 착각된다고 했지만 오히려 찬이나 송이 보여주는 예찬적 성격은 대상에 대한 지나친 관념화로 나타나며, 이는 이양하 수필의 가장 큰 단점으로 작용한다. 그가 지나친 관념화를 지양하여 보다 구체적인 글을 쓸 수 있었다면 그의 수필은 더욱 빛을 발할 수 있었을 것이다.

(2012. 3.)

# 한국적 미의식과 전통정신

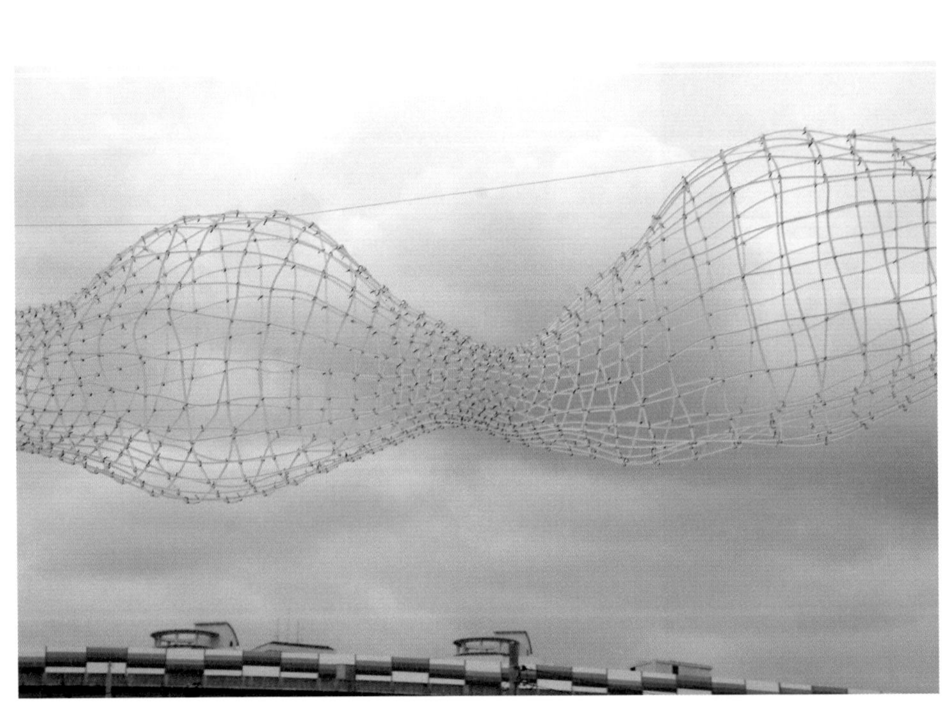

# 가람 이병기의 문인화 같은 수필

1970년을 전후하여 대학을 다녔던 나는 대학시절의 기억할 만한 국문학 교재로 이병기와 백철의 ≪국문학전사≫(1957)를 떠올리게 된다. '신문학사'는 백철 선생이 집필하였으며, '고전문학사'와 '국한문학사'는 가람 이병기李秉岐 선생이 집필했던 책이다. 이 책은 제대로 된 교재조차 없었던 당시에 체계적으로 국문학사를 공부할 수 있었던 거의 유일한 책이었다.

이병기 선생은 구한말인 1891년(고종 28)에 태어나서 1968년에 돌아가셨다. 고등학교 시절에 이미 그에 대해서 알고 있었던 나는 그의 호가 '가람'인 것을 몹시 부러워했다. '가람嘉藍'은 실제로 우리 고유어로서 강(江)의 옛말이다. 나는 가람이란 고유어를 모방하여 나의 호를 '아람'이라고 적었던 기억이 난다.

가람 선생은 전북 익산군 여산면 원수리에서 태어났다. 이곳은 그의 조부 이동우가 1844년에 지은 전통 민가 수우재가 있는 곳이다. 수우재守愚齋는 전라북도 지정 지방기념물 제6호로 등록된 가람의 생가다. 이곳은 조선 말기 민간정원의 모습을 살필 수 있는 소중한 정원 유적이다. 가람은 이곳의 아름다운 자연 속에서 심미적 태도를 기르며 어린 시절을 보냈다.

조부는 일찍이 신학문으로 가버린 아들 '이채李保'보다는 장손인 가람을 각별히 사랑하였다. 조부의 배려로 18세까지 한학을 공부한 가람은 국학 전반을 꿰뚫을 수 있는 한문 실력을 이 시기에 쌓았다. 한학에 빠져 있던 가람은 중국의 진보적 지식인 양계초가 쓴 ≪음빙실문집≫를 읽고 나서 신학문을 배워야 하겠다고 결심하게 된다. 그는 19세의 만학으로 전주공립보통학교에 편입하여 6개월 만에 졸업한 후 곧바로 상경하여 관립 한성사범학교에 입학하게 된다. 그리고 그 시절 보성학교 안에 설치된 조선어강습원에서 주시경 선생을 만나게 된다. 그로부터 국어문법을 배웠으며, 무엇보다도 조선어와 조선문화를 사랑하는 그의 태도에 깊은 영향을 받게 된다.

가람이 보여준 한글의 보급과 연구, 시조의 현대적 계승과 창작, 국학 관련 문헌의 광범한 수집과 해제 및 주석, 고시조와 고전연구에 대한 천착은 모두 문화적 민족주의의 실천이라고 하지 않을 수 없다. 문화적 민족주의란 독일의 헤르더(Herder)와 같은 민족주의자가 민족혼, 민족문학, 민족언어, 민족의 관습 등 민족문화에 관심을 기울이며 민족문화를 민족의 창조정신의 위대한 표지라고 생각했던 민족주의의 한 유형이다. 일제하에서 국어학자, 국문학자, 국학연구자 등은 바로 언어나 문화를 통해서 민족의 정체성을 인식하고자 했으며, 그것은 바로 그들의 민족의식의 발현이었다.

가람은 1925년 ≪조선문단朝鮮文壇≫에 〈한강漢江을 지나며〉를 발표한 것이 계기가 되어 시조시인이 되었다. 시조부흥운동의 중심에 섰던 그는 현대적 시조를 창작한 시조시인으로서 1939년에 ≪가람시조집嘉藍時調集≫을 발간했다. 동시에 그는 시조를 학문적 연구대상으로 여겨 시조의 발생과 변모, 구조 등 총체적 면모를 체계적으로 밝혀냈다.

또한 가람은 많은 수필을 썼다. 그는 평생을 통해 일기를 써온 산문가로서 그의 일기는 ≪가람일기≫로 묶여 1984년에 두 권의 책으로 출간되었다. 나는 그의 수필 가운데서 1920년대 서울의 고요한 저녁풍경을 묘사적 문체로 그려낸 〈여름 달〉(조선일보, 1927.6.23.~24.)이란 작품을 아주 좋아한다.

> 저녁 해는 뉘엿뉘엿하다가 힘없이 기운다. 무렴無廉을 본 듯이 하늘은 벌겋고 인왕산 머리로 구불구불한 선은 선명하게도 그려 있다.
>
> 온 서울은 저녁연기와 안개와 더움에 잠겨 침침하고도 고요하다. 집집에서 저녁 밥상을 물리고 설거지를 하는 소리나 도란도란하는 소리까지라도 들릴 만하게 고요하다.
>
> 전차, 자동차, 기차와 야시夜市판에 "싸구려" 하는 꾼의 떠드는 소리며, 여러 공장에서 풀려나오다가 주린 창자에 선술집의 막걸리 잔이나 마시고는 비틀걸음하면서 게목 듣기 싫은 목소리를 지르는

이야 없지도 않지만 왜 그런지 이렇게 고요하다.

— 〈여름 달〉에서

당시의 서울 저녁 풍경이 눈에 잡힐 듯 귀에 들릴 듯 공감각적 이미지들에 의해 포착된 이 수필을 읽고 있으면 이 수필 속의 저녁 풍경 속을 한가롭게 거닐어 보고 싶다는 충동을 문득 느끼게 된다. 하지만 그와 같은 적요한 풍경은 이제 서울에서도 그 어느 중소도시에서도 찾아볼 수 없다. 현대의 풍경은 모두 소란함과 번잡함 속에 휩싸여 그 고요함과 평화로움을 잃어버린 지 오래다. 특히 도시는 인문지리학자 에드워드 렐프가 말한 장소상실의 풍경들만으로 가득 차 있다. 남의 집 담장 안에서 나는 설거지 소리나 도란도란거리는 말소리조차 들릴 듯한 고요란 어떤 것인지 도저히 상상이 가지 않는 것이 현대의 도시 풍경이다.

하지만 가람은 〈여름 달〉에서 그처럼 고요한 서울 풍경만을 그리지는 않았다. 서울이 "초라한 초가집이나 납작한 기와집들이 없어지고 울긋불긋한 벽돌집들이 뾰족뾰족 솟아나"는 변화를 겪고 있고, "하이카라 비단치마나 양복자락이 거리거리 나부끼는" 근대적 풍경으로 변화하고 있다는 것을 그는 한편에서 포착해낸다. 그의 수필은 서정성이 넘치는 가운데 이처럼 리얼리스트로서의 객관성을 가지고 근대적 모습으로 변화해가는 서울의 풍경들까지도 정확하게 재현해냈던 것이다.

나는 그의 수필 〈풍란風蘭〉도 좋아한다. 그 수필 속에는 그의 난을 사랑하는 마음과 더불어서 그의 우여곡절의 생애와 파란만장의 우리 근현대사의 단면들이 자연스럽게 동시성을 갖고 드러난다. 그는 난을 일시적 취미로 기른 것이 아니라 평생의 도반처럼 가까이 두고 사랑하였다. 아니 그는 난을 사랑하였다기보다는 난의 방렬한 향으로부터 위안을 받고, "환희의 별유 세계別有世界에 들어 무아무상無我無想의 경지境地"를 맛보았다. 그에게 행복이란 대단한 것이 아니다. "두실와옥斗室蝸屋이라도 고서 몇 권, 난 두어 분, 그리고 그 사이 술이나 한 병" 즐길 수 있다면 족한 것이다. 책과 난과 술은 그에게 최상의 행복을 선사하는 대상들이다. 그는 책과 더불어 연구하고 사색하며, 난을 가꾸며 선비로서의 청렬한 정신세계를 갈고 닦았다. 그리고 한 잔의 술로써 친구와 교류하고 풍류를 즐기는 삶을 살았다.

그는 단지 기르기 어려운 식물인 난을 기른 것만이 아니다. 조선어학회사건으로 인한 감옥생활 후에 반수 이상 죽어버린 난 화분, 6·25전쟁으로 인해 장독대 옆에 고해만이 남은 난을 살려내면서 결국 황폐해진 그 자신의 정신세계, 피폐해진 자아를 건강하게 소생시켰다고 할 수 있다.

> 이전 서울 계동桂洞 홍술햇골에서 살 때 일이었다. 휘문 중학교의 교편을 잡고, 독서讀書, 작시作詩도 하고, 고서古書도 사들이고, 그 틈으로써 난을 길렀던 것이다. 한가롭고 자유로운 맛은 몹시 바쁜 가운데에서 깨닫는 것이다. 원고를 쓰다가 밤을 새우기도 왕왕 하였다. 그러하면 그러할수록 난의 위안이 더 필요하였다. 그 푸른 잎을 보고 방렬芳烈한 향을 맡을 순간엔, 문득 환희의 별유 세계別有世界에 들어 무아무상無我無想의 경지境地에 도달하기도 하였다.

그러다가 조선어학회사건에 피검되어 홍원 · 함흥서 2년 만에 돌아와 보니 난은 반수 이상이 죽었다. 그 해 여산礪山으로 돌아와서 십여 분을 간신히 살렸다. 갑자기 8 · 15 광복이 되자 나는 서울로 또 가 있었다. 한겨울을 지내고 와 보니 난은 모두 죽었고, 겨우 뿌리만 성한 것이 두어 개 있었다. 그걸 서울로 가지고 가 또 살려 잎이 돋아나게 하였다. 건란建蘭과 춘란春蘭이다. 춘란은 중국 춘란이 진기한 것이다. 꽃이나 보려 하던 것이, 또 6 · 25 전쟁으로 피난하였다가 그 다음 해 여름에 가 보니, 장독대 옆 풀섶 속에 그 고해枯骸만 엉성하게 남아 있었다.

그 후 전주로 와 양사재養士齋에 있으매, 소공素空이 건란 한 분盆을 주었고, 고경선高敬善 군이 제주서 풍란 한 등걸을 가지고 왔다. 풍란에 웅란雄蘭 · 자란雌蘭 두 가지가 있는데, 자란은 이왕 안서岸曙 집에서 보던 그것으로서 잎이 넓죽하고, 웅란은 잎이 좁고 빼어났다. 물을 자주 주고, 겨울에는 특히 옹호하여, 자란은 네 잎이 돋고 웅란은 다복다복하게 길었다. 벌써 네 해가 되었다.

십여 일 전 나는 바닷게를 먹고 중독되어 곽란이 났다. 5, 6일 동안 미음만 마시고 인삼 몇 뿌리 달여 먹고 나았으되, 그래도 병석에 누워 더 조리하였다. 책도 보고, 시도 생각해 보았다. 풍란은 곁에 두었다. 하이얀 꽃이 몇 송이 벌었다. 방렬 · 청상(淸爽)한 향이 움직이고 있다. 나는 밤에도 자다가 깨었다. 그 향을 맡으며 이렇게 생각을 하여 등불을 켜고 노트에 적었다.

잎이 빳빳하고도 오히려 영롱玲瓏하다.
썩은 향나무 껍질에 옥玉 같은 뿌리를 서려 두고,
청량淸凉한 물기를 머금고 바람으로 사노니.

꽃은 하이하고도 여린 자연紫烟 빛이다.
높고 조촐한 그 품品이며 그 향香을,
숲 속에 숨겨 있어도 아는 이는 아노니.

완당阮堂 선생이 한묵연翰墨緣이 있다듯이 나는 난연蘭緣이 있고 난복蘭福이 있다. 당귀자 · 계수나무도 있으나, 이 웅란에는 백중伯仲할 수 없다. 이 웅란은 난 가운데에서도 가장 진귀珍貴하다.

'간죽향수문주인看竹向須問主人'이라 하는 시구가 있다. 그도 그럴 듯하다. 나는 어느 집에 가 그 난을 보면, 그 주인이 어떤 사람인가를 알겠다. 고서古書도 없고, 난蘭도 없이 되잖은 서화書畵나 붙여 논 방은, 비록 화려 광활하다 하더라도 그건 한 요릿집에 불과하다. 두실와옥斗室蝸屋이라도 고서 몇 권, 난 두어 분, 그리고 그 사이 술이나 한 병을 두었다면 삼공(三公)을 바꾸지 않을 것 아닌가! 빵은 육체나 기를 따름이지만 난은 정신을 기르지 않는가!

— 〈풍란〉에서

이 글을 쓰고 있노라니, 가람의 정신세계가 난초처럼 화려하지 않으나 강렬한 방향을 지닌 범접할 수 없는 기품으로 다가온다. 올여름 휴가에는 그의 생가 수우재를 방문하여 그가 어떤 자연 풍경 속에서 자아를 형성하며 자랐는지 직접 가서 확인해 보고 싶다는 생각이 든다. 가람은 난초 이외에도 매화, 수선화, 연꽃 등을 사랑하였다. 이것들은 문학적 소재로 자주 형상화된 대상들이다. 모두 화려하지는 않으나 가람의 정신세계를 표상할 만한 식물들이다.

(2012. 7.)

# 한국적 미의식과 불교적 선취 그리고 유교적 선비정신

## – 조지훈의 수필세계

### 1. 들어가는 말

"얇은 사紗 하이얀 고깔은/ 고이 접어서 나빌레라"로 시작하여 "이 밤사 귀또리도 지새는 삼경인데/ 얇은 사紗 하이얀 고깔은 고이 접어서 나빌레라"로 끝이 나는 〈승무〉로 세인에게 널리 알려진 시인은 조지훈(1920~1968)이다. 그는 1939년 ≪문장≫에 시 〈고풍의상〉과 〈승무〉를, 그리고 1940년에 〈봉황수〉를 추천받음으로써 문단에 등단했다. 그리고 1946년에 청록파 3인 공동시집 ≪청록집≫을 발간한 이후 ≪풀잎단장≫(1952), ≪조지훈 시선≫(1956), ≪역사 앞에서≫(1959), ≪여운≫(1964) 등의 시집을 발간하였다. 그런데 이에 못지않게 수필집(수상집)도 여러 권 발간하였다. ≪창에 기대어≫(1958), ≪시와 인생≫(1959), ≪지조론≫(1962), ≪돌의 미학≫(1964)이 그것이다. 그럼에도 그를 수필가로 기억하는 이는 아주 드물다.

한국문화와 종교 · 철학에 깊은 조예를 보여 ≪한국문화사서설≫(1964) 등의 업적을 남긴 지훈의 필생의 관심사는 한국의 정신사의 체계화였고, 민족학의 정립이었다. 김종균은 조지훈의 정신세계를 "시인으로서의 예술정신, 학자적 탐구정신, 지사로서의 비평정신, 선비로서의 풍류정신, 경세가로서의 혁명정신, 종교인으로서의 선사상과 시민으로서의 고발비판정신, 민족인으로서의 애국정신, 동양인으로서의 자연사상" 등의 다양한 면모로 파악한 바 있다. 한편 주승택은 유교에서 불교에 두루 통달한 지훈을 가리켜 유교적 지성과 불교적 지성이 공존하는 지성인으로 파악하기도 했다.

지훈은 전통적인 한학을 공부했을 뿐만 아니라 근대교육을 받았으며, 혜화전문에 입학하여 불교를 공부했다. 이러한 지적 배경은 지훈의 수필을 한국적 전통미학을 집요하게 추구하게 만들었으며, 불교적 선취가 그윽한 글쓰기가 가능하도록 했고, 유교적 선비정신을 현대에 부활시키도록 작용했다.

## 2. 한국적 미의식의 천착

지훈의 글쓰기의 중요한 과제의 하나는 한국문화와 미의식에 대한 깊은 천착이다. 그는 ≪한국문화사서설≫에서 한국문화와 예술, 정신 등에 대한 생각을 체계적으로 밝혀 한국문화와 한국학에 대한 학문적 체계화에 지대한 노력을 기울였다. 그의 한국문화에 대한 깊은 조예와 관심은 등단작인 〈고풍의상〉과 〈승무〉에서부터 드러난다. 즉 한국 전통 건축과 의상에 대한 미적 관심이 〈고풍의상〉이란 시를 낳았으며, '승무'라는 불교적인 소재는 〈승무〉라는 시로 재현되었다. 그의 첫 번째 수필집인 ≪창에 기대어≫(1958)에 수록된 수필들에는 우리의 전통적인 주택양식, 의상, 그리고 음식과 같은 것들이 중요한 제재의 하나로서 다루어지고 있다. 주택양식, 의상, 그리고 음식과 같은 것들은 한국전통의 생활문화를 잘 드러낼 수 있는 소재이다. 지훈은 우리의 의·식·주란 일상적 소재를 통하여 자신의 전통문화에 대한 생각을 표현하였던 것이다.

〈주택의 멋〉에서 그는 자신의 등단작인 〈고풍의상古風衣裳〉을 인용하며 서두를 풀어나간다. "하늘로 날을 듯이 길게 뽑은 부연끝 풍경이 운다/ 처마끝 곱게 늘이운 주렴에 발월半月이 숨어/ 아른아른 봄밤이 두견이 소리처럼 깊어가는 밤." 왜 그는 〈고풍의상古風衣裳〉을 인용하였을까? 그것은 이 시가 보여주는 세계가 그 스스로 말했듯이 "전통적인 우리 건축 일면의 모습과 고풍한 의상의 탯가락이 어울려 짜내는 기품 있는 조화미를" 표현하고 있기 때문이다.

그는 "고풍이면서도 현대적 세련을 거쳐 한결 참신할 수 있는 아름다움"을 주택의 멋으로 삼았다. 그가 생각하는 아름다운 집이란 '고래등 같은 기와집'이 아니다. 그것은 "포르르 날아갈 듯한 아담하고 경편한 주택"으로 "칸살은 열너덧 간 안팎의 작은 것이라 할지라도 밝고 아담하고 쓸모 있게 설계되어 다사한 생활의 햇빛이 새어 나오는 그런 집"이며, '초가집이나 판자집'이라도 '민족정서가 우러나고 사람의 기품'이 배어날 수 있는 집이면 된다.

따라서 당시 널리 퍼져 있는 재래식 주택은 무조건 나쁘다는 편견은 버려야 한다고 말한다. 오히려 우리의 풍토와 생활습속에는 우리의 재래식 주택이 훨씬 적응성을 더 많이 가졌다고 본다. 특히 정남향, 동향대문, 서상방西上房, 두 벌 축대의 건축원칙이나 온돌, 대청, 장독대, 그리고 갑창, 만자창, 아자창과 같은 한국식 창문 같은 것은 계승하고 새로이 부활시켜야 한다고 말한다. 그리고 부연을 높이 빼어 풍경을 달아 놓아 고궁의 운치를 즐기고, 여름이면 주렴을 걸어 놓고 대청에 한가로이 태극선을 쥐고 멋을 즐기거나 거문고나 가야금 한 가락이라도 즐길 수 있는 여유로운 삶은 양옥에서가 아니라 바로 전통의 주택에서 가능하다는 것이다.

그렇다고 그가 생각하는 전통미가 반드시 전통을 단순히 재현하는 데 있지 않음은 물론이다. 그는 ≪한국문화사서설≫에서 '전통'을 인습, 모방과는 구별되는 역사적 가치적 개념이며, 예로부터 내려온 것이면서 미래를 위한 가치 속에 구현되는 개념이고, 집단적이요 주체적인 개념으로 그 현대적 의의를 규정했다.

그는 〈의상의 미〉에서는 우리나라의 아름다움으로 이 땅의 기후풍토와 여자 의복의 아름다움을 꼽으며, 의복은 본래 기후풍토와 떼려야 뗄 수 없는 관계에 있다고 전제한다. 〈요리의 감각〉에서 지훈은 민족정서에 맞는 음식을 만들어야 할 것이라고 말한다.

하지만 〈의식주의 전통〉에서 지훈은 당시 우리가 처한 의식주의 혼잡성을 혹독하게 비판한다. 그에게 한국 전통의 의식주 수호는 바로 주체성의 수호요, 발현이다. 그것은 일상생활을 통해서 영위되는 민족의 주체의식이요, 독립의식이며, 창조의식이다. 따라서 의식주의 혼잡성은 한국인으로서의 주체성의 상실이요, 독립의식의 실종이며, 창조정신의 고갈을 의미한다. 그는 의식주와 같은 일상문화에 대한 주체성의 회복을 통하여 민족의 주체성을 회복하고자 했던 것이다.

그는 〈멋의 연구〉(1964)라는 좀 더 체계적인 글에서 한국적 미의식의 의의와 가치판단의 한국적 개념 및 한국적 미의 범주 그리고 한국적 미의식과 멋에 대하여 적고 있다. 그는 ≪한국문화사서설≫에서도 민족문화의 성격과 위치 및 그 전개를 특징적인 면에서, 다시 말하면 민족 주체와 자주성을 중심으로 전통의식을 강조하면서 현실적이고 구체적이며 실증적인 면에서 기술하여 체계화한 바 있다. 그의 전통문화에 대한 깊은 애정은 그의 삶의 한 축을 이루었으며, 동시에 그의 문학의 한 축을 이루고 있다.

그런데 그의 의식주 등 일상문화에 대한 전통미의 추구는 여성의 매력을 논하는 글에서는 전통추구의 정도가 지나쳐서 전통보수의 미학이 극단화된다. 〈여성미의 매력점〉에서 한국여성을 향해서 "한국의 여성들은 제 풍토와 생리에 맞지 않는 섣부른 유럽풍의 유행에만 팔리지 말고 우리의 고유한 미를 현대적으로 세련하여 먼저 한국 남성을 즐겁게 해야 한다."라고 전제하며 쪽을 진 검은 머릿결, 한복, 특히 여름 한복의 아름다움, 바느질이나 수를 놓고 있는 여인의 매력, 책을 읽거나 글을 쓰고 가야금이나 피아노를 타는 여인의 매력을 논한다. 이런 '가정 내적 존재'로서의 여성의 아름다움과 매력은 결국 "아기에게 젖을 주는 여인의 모습, 아기를 잠재우는 어머니의 모습", 즉 모성으로 수렴된다. 그가 이상화하고 있는 여성상이란 철저히 가부장주의가 작동하고 있던 조선조의 여성상에서 전혀 나아가지 못하였다. 그는 여성을 오로지 가정적 존재로 한정짓고, 가족을 위한 모성적인 희생과 양보를 요구하고 있다. 여기서 영남의 양반 출신다운 지훈의 보수적인 남성의 면모가 숨김없이 드러난다고 할 수 있다.

### 3. 불교적 선취와 돌의 미학

〈돌의 미학〉에서 지훈은 자신의 돌의 미학을 깨달아가는 개인적 경험을 고백하고 있다. 그것은 이십대로 거슬러 올라가 일본 체류시 일본 경도의 묘심사라는 절에서 비롯된다. 좌선에도 싫증이 난 그는 다실에 가서 다도를 즐기다가 우연히 내다본 정원 가장 귀에 놓인 자은 바위로부터 돌의 미를 처음으로 느끼게 된다. 그는 돌을 바라보며 시, 민족, 죽음과 같은 화두를 생각했다. 그는 선도, 다도도 아닌 돌의 미학을 자득하여 가지고 절을 떠났다고 회고한다.

그리고 국내로 돌아와서 첫 번째, 오대산 월정사의 불교전문강원에서 교편을 잡을 때 그가 거처하던 방에서 좌선을 하면서 바위를 내다보며 시를 생각하고 마음을 들여다보았다. 그곳의 바위는 인공으로 다스리지 않은 자연 그대로의 암석으로 기골과 풍치가 사뭇 대륙적이고, 검푸르고 마른 이끼가 드문드문 앉은 거창한 것이어서 묘심사의 인공적이요 온아적정하던 돌과는 그 맛이 판이하였다. 이때 그는 우리의 선禪과 돌의 진미를 맛보았다. 두 번째, 그는 토함산 석굴암에서 피가 도는 돌과 만난다. 그것은 선사禪寺인 월정사의 바위와는 다른 돌의 미학을 느끼게 해준다. 선사의 돌이 동양적 예지, 지혜의 돌이라면 석굴암의 돌은 한국적 정감을 계시하는 예술의 돌이다. 예술미와 자연미가 혼융한 세계를 석굴암에서 맛보는데, 석상의 위용은 법열의 모습, 신라인의 숨결과 핏줄이 통하는 이상적 인간의 전형이다.

> 석굴암의 중앙에 진좌한 석가상은 내가 발견한 두 번째의 돌이다. 선사禪寺의 돌에서 나는 동양적 예지를 발견하였다. 그것은 지혜의 돌이었다. 그러나 석굴암의 돌은 나에게 한국적 정감의 계시를 주었다. 그것은 예술의 돌이었다. 선사의 돌은 자연 그대로의 돌이었으나 석굴암의 돌은 인공이 자연을 정련하여 까고 다듬어서 오히려 자연을 연장 확대한 돌이었다. 나는 거기서 예술미와 자연미의 혼융의 극치를 보았고 인공으로 정련된 자연, 자연에 환원된 인공이 아니면 위대한 예술이 될 수 없다는 것을 배웠다.
>
> — 〈돌의 미학〉에서

세 번째, 피난시절 대구에서 본 집채보다 큰 바위에서 그는 맹렬한 의욕, 사나운 의지를 본다. 그는 이 바위를 '혁명의 돌'로 명명한다. 그리고 이 바위에서 "태초에 꿈틀거리던 지심의 불길에서 맹렬한 폭음과 함께 튕겨져 나온 이 바위는 비록 겉은 식고 굳었지만 그 속은 아직도 사나운 의욕이 꿈틀대고" 있는 '불모不毛의 미'를 발견한다. 그의 돌의 미학적 편력은 첫 번째, 두 번째, 세 번째의 돌과 만나면서 예지와 정감과 의지의 혼융체의 미학으로 종합된다.

〈돌의 미학〉에서는 지훈의 불교와 선의 세계에 대한 심취를 읽을 수 있다. 혜화전문에서 불교를 공부한 그는 오대산 월정사의 불교강원에서 강의를 할 정도로 불교의 교리에도 해박했다. 〈역일선담亦一禪談〉에서 그는 불교의 선禪과 교敎를 다음과 같이 명쾌하게 구분한다.

> 선禪은 부처의 마음이요, 교敎는 부처의 말씀이다. 마음에 얻으면 교(敎, 經典)뿐 아니라 세간의 모든 심상한 말과 앵음연어鶯吟燕語도 선지禪旨가 되고 입끝에서 잃으면 세존의 염화拈花나 가섭의 미소微笑가 다 교敎의 자취요 하찮은 사물死物이 되고 만다고 서산대사는 말했다. 다시 말하면 선을 말로써 풀이한 것이 교요, 교 가운데 살아 있는 참뜻을 문자의 지해知解 아닌 것으로 체득하면 그것이 곧 선이 된다는 뜻이다.
>
> ─ 〈역일선담亦一禪談〉에서

궁극적으로 지훈이 추구한 불교는 결코 도그마에 사로잡히지 않은 자유의 선禪을 추구하는 정신세계였다.

## 4. 유교적 선비정신

1960년대에 접어들면서 지훈은 3·15 부정선거, 4·19 혁명, 5·16과 같은 격동하는 현실정치에 즉각적으로 자신의 생각을 천명하는 글을 다수 발표한다. 〈지조론〉은 1960년 3월 《새벽》지에 발표한 작품이다. 자유당 말기 친일파들이 정치 일선에서 행세를 하고, 정치를 한다고 하는 사람들이 지조 없이 변절을 일삼던 당대의 정치현실을 냉철한 지성으로 비판하며, 정치 지도자를 향해서 지조를 지킬 것을 요구한 강건체의 글이다. 이 글에서 그는 일반 평범한 사람을 향하여 지조를 요구하지 않았다. 지조란 선비, 교양인, 지도자의 것으로, 이들에게 지조가 없다면 인격적으로 장사꾼과 창녀와 다를 바가 없으며, 특히 정치 지도자에게 지조가 요구된다고 했다.

> 지조를 지키기란 참으로 어려운 일이다. 자기의 신념에 어긋날 때면 목숨을 걸어 항거하여 타협하지 않고 부정과 불의한 권력 앞에는 최저의 생활, 최악의 인욕을 무릅쓸 각오가 없으면 선불리 지조를 입에 담아서는 안 된다. 정신의 자존自尊 자시自恃를 위해서는 자학과도 같은 생활을 견디는 힘이 없이는 지조는 지켜지지 않는다.
>
> — 〈지조론〉에서

그는 단재 신채호, 한용운, 황매천 선생을 지조의 매운 향기를 지닌 분으로 평가하는데, 오늘의 지도자와 정치인들에게 그들과 같은 삼엄한 지조를 요구하는 것은 아니라는 것이다. 단지 당신 뒤에 국민이 있다는 것을 잊지 말고 자신의 위의와 정치적 생명을 위하여 좀 더 어려운 것을 참고 견디라는 충고 정도라고 말한다. 그는 사리사욕에 따라 변절하지 않는 정치인, 지조 있는 정치인을 간절히 열망했다. 그는 이 글의 부제를 '변절자를 위하여'로 달고 있는데, 변절이란 '절개를 바꾼다'는 의미가 아니라, 개인의 이익을 위해 옳은 신념을 버린 것, 좋은 데서 나쁜 방향으로 바꾸는 것을 의미한다. 이 글에서 그는 친일파들이 정치 일선에서 행세를 하고, 정치를 한다는 사람들이 지조 없이 변절을 일삼는 당대의 세태를, 역사적 인물과 사례를 들어가며 조목조목 비판하고 있다.

이 〈지조론〉의 연장선상에 있는 〈선비의 직언－격동기 지성인의 사명〉은 4월 15일 즉 , 4·19 직전에 씌어진 글이다. 3·15 부정선거에 대한 실망감에서 정직한 지성인의 궐기, 부패세력에 저항하는 진실한 현실참여를 요청한 일종의 격문 성격의 글이다. 이 글에서 그는 4·19가 일어날 수밖에 없었던 시대적 필연성을 논하며, 지성인들의 항거, 행동하는 지성을 요구하고 격려하고 있다. 여기서 지성인 곧 선비란 문인, 학자, 교육가, 종교가를 의미하는데, 이들을 향해 선비가 기절을 세우고 부정과 불의에 항거하지 않으면 안 될 때가 왔다고 천명한다.

그가 현대적 지성인 대신에 굳이 선비란 용어를 사용한 것은 결코 우연이 아니다. 경북 영양의 한양 조씨 문중이 세거하는 주곡注谷에서 태어난 지훈은 어려서 조부 조인석으로부터 정식으로 한학을 배우며 선비정신을 체득했다. 그 결과 지조를 지키는 지성인의 명칭으로 '선비'를 부활시킨 것이다. 주승택은 지훈의 지적 계보를 영남학파의 주류를 이루는 경상좌도의 지적 풍토 속에서 선비교육과 근대교육을 동시에 받은 사람으로 분류한 바 있다. 영남 남인, 다시 말해 퇴계 성리학의 정통 후계자이면서도 오랜 세월 동안 정치로부터 소외당하고 억압받아온 지식인 집단의 지적 풍토 속에서 자란 지훈은 선비정신을 자연스럽게 체득하였던 것이다. 주승택은 지훈이야말로 선비정신을 계승한 "저항, 직간, 충의, 관용, 풍류, 운둔, 의리성향 등을 두루 지니고 있는 마지막 선비의 한 사람이었다."라고 평가했다.

## 5. 나가며

조지훈의 수필은 내용적인 면에서 한국적 미의식을 집요하게 추구했으며, 불교정신과 유교의 선비정신까지 두루 섭렵하는 동양적이고 한국적이며 전통적인 정신세계를 표현했다. 그리고 문체는 직설적이며 남성적이고 장중한 강건체를 특징으로 한다.

따라서 그의 수필의 성격은 〈불란서 인형의 추억〉이나 〈비둘기〉와 같은 경수필이 전혀 없는 것은 아니지만 개인적 정서적 주관적 감성 위주의 경수필보다는 시대적 사회적 요청에 따라 쓴 사회적이고 지적이며 객관적이고 논리적인 중수필이 대종을 이룬다.

1930년대 이후 형성된 베이컨류의 김진섭과 찰스램류의 이양하의 계보 중에서 지훈은 전자의 계보에 서 있다. 김형석의 ≪영원과 사랑의 대화≫, 김태길의 ≪빛이 그리울 때≫, 조연현의 ≪문학과 인생≫ 등과 같이 철학적인 사고나 통찰 그리고 인생의 관조를 박력 있는 필력으로 설득하는 김진섭류의 수필, 즉 중수필의 연장선상에서 지훈 수필의 위상을 부여할 수 있다.

(2012. 9.)

제2부

# 문제작으로 읽는 인문학적 화두

# 새로운
# 젠더를 찾아서

# 여성의 경험, 여성적 글쓰기

## 1. 페미니즘 비평과 여성적 글쓰기

≪수필과비평≫이 새로운 기획으로 '여성 이야기－여성을 둘러싼 시선들'이란 테마수필 코너를 만들었다. 여성의 삶을 엿볼 수 있고, 여성들 특유의 시선들에 대해 알 수 있는 코너로서 의미가 크다고 생각한다.

1960년대 후반 제2의 우먼 리브의 물결은 페미니즘의 다양한 흐름을 형성시켰을 뿐만 아니라 남성중심으로 구성된 기존 학문에 도전하여 새로운 학문적 패러다임을 구성하는 여성학을 형성하도록 영향을 미쳤다. 남성중심의 학문적 편견에 저항하고 도전하는 여성학의 지적 혁명은 문학비평에도 영향을 미쳐 페미니즘 비평을 본격적으로 태동시키는 데 결정적 계기를 제공한다.

페미니즘 비평은 문학과 문학비평의 세계에서 여성이 불평등한 위치에 서 있다는 인식에서 출발한다. 즉 기존의 문학과 문학비평이 여성을 왜곡하고 소외시키는 전통을 만들어 왔으며, 가치평가의 영역에서도 남성중심적 가치에 지배되고 있다는 문제의식에서 비롯되었다. 다시 말해 문학비평 안에서 나타나고 있는 성차별주의에 대한 자각과 검증과 비판에서 페미니즘 비평은 출발했다.

페미니즘 비평은 기존의 문학비평이 작가와 작중인물을 성별에 따라 폄하하고 왜곡하며 이를 문학적 규범과 보편성으로 규정해 왔음을 일깨우고 비판하는 데서 출발한다. 즉 남성중심의 전통에서 산출된 기존의 문학작품들에 나타난 성차별 이데올로기에 대한 공격으로부터 출발하여, 여성들이 쓴 문학작품을 발굴해내고 재해석함으로써 여성문학의 전통을 확립하는 과정을 거쳐, 여성적 글쓰기에 대한 관심으로 나아갔다.

페미니즘 비평의 관점에서 재해석되고 재평가된 작품들은 기존의 남성적 관점에 의해 구성된 문학의 정전을 재검토하게 만들어 정전의 재구성으로 이어지게 하는가 하면, 남성중심의 시각에서 쓴 기존의 문학사를 다시 보게 하여 양성평등의 시각에서 균형 잡힌 새로운 문학사를 다시 쓰게 만드는 영향력을 미칠 수도 있다.

'여성 이야기 – 여성을 둘러싼 시선들'이란 테마수필과 관련하여 관심을 가져야 할 것은 여성적 글쓰기에 관한 것이다. '여성적 글쓰기'는 프랑스 페미니즘 이론에서 가장 발달된 분야이다. 프랑스 페미니스트들에 의하면 서구철학은 빛/어둠, 로고스/파토스, 문화

/자연 등의 이항대립을 언제나 남성/여성이라는 이항대립으로 수렴시켰다는 것이다. 이 대립구조에서 중심에 위치한 로고스, 문화, 남성 등은 자신이 중심임을 내세워 반대편에 위치한 파토스, 자연, 여성 등을 언제나 남성의 타자이며, 제2의 존재로 간주해왔다. 따라서 엘렌 식수, 줄리아 크리스테바, 뤼스 이리가레이 등 프랑스 페미니스트들은 이러한 이항대립적 위계질서의 궁극적 기원이자 초월적인 기표인 남근 주체를 해체하려고 했다. 그리고 지배적인 남성의 언어를 해체하고 익숙한 기호의 의미를 전복시켜 이미 정착된 질서를 분쇄하는 여성적 글쓰기를 중시했다.

특히 라캉(Jacques Lacan)과 데리다(Jacques Derrida)의 '차연(defferance)'으로서의 글쓰기에 영향을 받고 있는 엘렌 식수(Helene Cixous)는 가부장제하에서 주변부로 밀려나버린 여성을 새로이 복원하면서 여성적 글쓰기라는 새로운 개념을 만들어냈다. 남성적 글쓰기와는 뚜렷이 구별되는 여성적 글쓰기의 차이성을 그녀는 성 쾌락의 신체구조에서 찾는다. 여성의 몸으로부터 출발하는 여성적 글쓰기는 여성들을 억압하고 침묵시키는 남성적인 로고스중심주의와 남근중심주의에 전제되어 있는 가부장제의 이항 대립적 체계를 끊임없이 전복시키고 해체시키는 새로운 언어로서의 글쓰기이다. 식수는 무한히 열리는 허여성과 관대함을 여성성으로 파악하고, 이 여성성과 여성적 글쓰기를 연결시킨다. 그리고 여성적 글쓰기를 어머니의 목소리로 이해한다. 이때의 어머니의 목소리는 라캉의 억압적인 상징계의 질서에 편입되기 이전의 상상계의 단계에서 들려주는 유토피아적인 통합 상태의 노랫소리이다.

식수는 여성적인 것에서 혁명적 잠재력을 찾는데, 여성적인 것은 타자의 차이를 인정하며 지배적인 남성의 위치에서 자아를 구성하려 들지 않는다. 식수는 스스로 자신의 몸을 쓰는 텍스트를 생산하며 이항대립적인 구조의 폐쇄성을 파기해왔다. 이런 열린 텍스트가 주는 기쁨을 그녀는 주이상스(jouissance)라는 말로 표현했다. 이 말에는 성적 오르가슴에 달했을 때 느끼는 최고조의 쾌감이라는 의미가 담겨져 있는데, 텍스트가 주는 주이상스는 이론화하거나 둘러싸거나 코드화할 수 없는 여성의 에로틱한 감정과 같다는 의미이다. 그녀가 말하는 남성적 글쓰기와 여성적 글쓰기는 생물학적 성별을 의미하지는 않는다. 그것은 글쓰기 자체의 성별을 의미하는 것으로서, 그녀는 대안적 양성성이란 개념을 제안한다. 이는 복합적이고 변화무쌍하며, 남성과 여성에 관계없이 성별 차이를 배제하지 않는 것을 의미한다. 그리고 이는 차이를 무화시키는 것이 아니라 오히려 차이를 자극시키고 추구하며 증대시킨다. 그녀는 남성보다는 여성이 양성적이며, 따라서 양성적 글쓰기는 여성적 글쓰기인 것처럼 보인다고 했다. 프랑스 작가 중에는 오로지 여성작가가 콜레트, 마그리트 뒤라스, 남성작가가 장 쥬네만이 여성적인 또는 양성적인 글쓰기에 성공한 작가이다.

하지만 여성의 몸에 특권을 부여하는 식수의 이론은 생물학적 본질론을 반복한 것이 아니냐는 비판을 받게 된다. 이에 대해 식수는 그녀가 말하는 몸은 결코 자연적이고 생물학적 몸이 아니라 판독된, 즉 텍스트화된 몸이라고 주장하면서 본질주의라는 비난 자체를 반박한다.

식수의 이론에 대한 소개가 길어졌는데, 크리스테바, 이리가레이 등 다른 프랑스 페미니스트들의 이론에 대해서는 다음 기회에 소개하기로 한다.

## 2. 자궁으로부터 세상을 본다

여성적 글쓰기는 무엇보다도 여성 자신의 몸의 경험으로부터 글쓰기를 출발한다. 김지헌의 〈천의 표정을 품은 우주–여자, 자궁, 어머니〉는 여성의 신체 중에서도 '자궁'으로부터 사유된 글쓰기를 시작한다.

> 자궁은 가시적이고 실질적인 공간을 가지고 있지만, 그래서 육안으로 재단할 수 있지만, 마음처럼 다 보지 못하고 이해하지 못하는, 더 많은 신비를 품고 있음을 나는 안다. 여자라면 누구나 그런 자궁을 가지고 있다. 아기집, 자궁은 한 생명을 품어 키워서 세상으로 내보내는 작은 집이다. 그래서 자궁은 한 인간의 존재의 집이고, 우주의 집이기도 하다.
>
> – 〈천의 표정을 품은 우주–여자, 자궁, 어머니〉에서

김지헌에 의하면 여자는 "한 생명을 키워서 세상으로 내보내는 작은 집"을 가진 존재이다. 그 작은 집은 바로 자궁이다. 그녀에게 자궁은 한 인간의 존재의 집이고, 우주의 집이다. 그렇다면 자궁을 가진 여자는 바로 인간의 존재의 집이며, 우주의 집을 가진 존재이다. 여자는 한 인간의 구심력이 되는 공간, 생명을 잉태하는

생성으로서의 하나의 우주를 품고 있는 존재인 것이다.

그녀의 자궁중심적 사고는 "어머니와 나도, 나와 내 딸도 자궁을 기원 삼는 여자이다."라는 모녀관계의 동일성을 갖게 한다. 그래서 아들보다 딸들과 잔정을 더 많이 나누며 인간적 동질성도 더 많이 느끼게 된다는 것이다. 대상관계이론가 낸시 초도로우(N. Chodorow)는 오이디푸스 콤플렉스(Oedipus Complex) 이후 단계를 기준으로 유아의 성 정체성이 성립된다는 프로이트(G. Freud)의 정신분석학에 착안해, 여아는 어머니를 모델로 하여 '자연스러운 동일시' 과정을 거치기 때문에 의존적이지만 안정된 여성성을 획득하는 반면, 남아는 이상적인 남성 모델에 자신을 맞추는 '위치적 동일시' 과정을 거치기 때문에 독립적이지만 불안한 남성성을 획득한다고 주장하였다. 즉 모든 어린이가 갖게 되는 최초의 인간관계가 어머니를 통해 이루어지므로 남아는 어머니와 구별됨을 통해서만 남성의 정체성을 획득하며, 여아는 어머니와 지속적인 결합 때문에 어린 시절의 경험이나 어머니와의 관계를 억누를 수 없고 또 억누를 필요도 없다. 따라서 여아들은 자신을 다른 사람들과의 관계에서 정의하려고 하는 경향이 더 짙다는 것이다.

김지헌은 자신의 모녀관계에서 딸과의 동일시는 쉽게 이루어지며 감정이입도 쉽게 일어나는 반면 어머니와의 인간적 동일시가 쉽게 이루어지지 않았다는 것을 말한다. 그녀의 기억 속에는 어머니와 따스하게 지낸 모습이 별로 없다. 인간적인 아픔이나 옅은 슬픔은 조금 있지만 그 이상의 감정은 남아 있지 않다. 그것은 아마도 가부장적 전통을 스스로 내면화한 어머니가 아들과 딸을 차별하여 양육하고 교육시켰다는 사실과 관련되어 있을 것이다. 즉 작가 김지헌은 딸인 자신을 가부장제라는 제도의 피해자로서 인식하기보다는 어머니의 차별적 교육의 희생자로 인식한 것과 관련된 것으로 보인다. 그러나 생각해 보면 큰 교육도 받지 못한 어머니가 당신이 살아온 시대의 통념을 뛰어넘어, 즉 가부장적 가치관을 뛰어넘어 양성 평등적 태도로 아들과 딸을 차별 없이 키우기를 기대하는 것이 오히려 더 기대하기 어려운 일이 아니었을까?

> 철저하게 그 전통과 한몸으로 사신 어머니는 자식 교육도 아들과 딸을 구분해서 다르게 시켰다. 아들은 당신 집안의 같은 성씨를 이어갈 영원한 자식이고, 딸은 출가외인이 되면 그 집안사람이 아니었다. 그래서 아들들의 교육엔 당신의 피라도 팔아서 감당해줄 의지를 보였다면, 딸에겐 그런 생각이 전혀 없었다. 내 교육을 위해 어떤 관심도 보이지 않으신 걸로 보아 내 생각이 틀리진 않다.
>
> – 〈천의 표정을 품은 우주–여자, 자궁, 어머니〉에서

하지만 나이를 먹어갈수록 그녀는 어머니를 이해하는 방향으로 생각을 변화시켜 나간다. 그것은 어머니가 어머니이기만 한 것이 아니라 한 명의 여자라는 인식을 가짐으로써 가능해졌다고 말한다. 즉 작가가 인간을 바라보는 보다 여유롭고 성숙한 시각으로 어머니를 바라보았을 때에 어머니를 이해하게 되었다는 것이다.

> 인생이 무엇인지 조금씩 알아가는 이즈음엔 그도 그럴 수 있겠다는 관조의 여유가 생겼다. 이제 깨닫는 것은, 어머니도 여자였음을

일찍 알았더라면, 어머니를 훨씬 빨리, 많이 이해했겠다는 생각이다.

— 〈천의 표정을 품은 우주—여자, 자궁, 어머니〉에서

그러나 어머니가 한 명의 여자라고 하는 것을 이해했다고 해서 가부장제의 피해자로서 작가가 받았던 차별의 상처가 과연 해소될 수 있었을까? 그것은 오히려 어머니 역시 가부장제의 희생자이며, 피해자로서 가부장제라는 시대적 한계를 뛰어넘을 수 없었던 한계적 인간이었다는 것을 깨달음으로써 가능해지리라 생각된다.

## 3. 딸로서 받은 성차별의 불행, 그리고 모성애의 행복

가부장제하에서 딸들이 받은 차별은 두고두고 상처로 남아 있음을 김재희의 글에서도 발견할 수 있다.

여자라는 이유로 서럽게 기억되는 일들이 많다. 많은 부분이 큰딸이라는 사실 때문에 있었던 일들이다. 순서로 따지자면 위에 오빠 한 분이 있었으니 둘째이지만 딸이라는 이유로 그 순서는 나와 무관했다.

오빠를 위해서는 양보해야 한다면 동생들 때문에는 양보당해야 했다. 집안 청소며 설거지는 다 내 몫이었고 동생들과 다투기라도 하는 날이면 언제나 내가 대표로 야단을 맞아야 했다. 또한 내리 다섯이나 되는 동생들을 다 업어 키워야 했다.

— 〈다시 여성으로〉에서

딸에 대한 차별은 집안일과 동생 돌보기에서 끝나는 것이 아니었다. 보다 중요한 것은 교육에 있어서의 차별이었다. 과거 경제 형편이 어려웠던 시절 딸들은 모든 면에서 우선순위를 아들에게 내주어야 했으며, 그것이 평생의 상처로 남아 있을 뿐만 아니라 두고두고 딸들의 삶에 억압적 요소로 작용해온 것이 사실이다. 그런 여자로 태어났기 때문에 차별과 서러움을 경험했으면서도 필자는 자신의 여자로서 받은 차별과 서러움보다도 모성으로서 갖게 된 행복감을 더욱 중시한다.

> 그런 중에도 내가 여성이기를 포기하고 싶지 않은 것이 있다면 바로 모성애의 본성 때문이었을 것이다. 임신했을 때의 설렘, 태동을 느낄 때의 감동, 아기를 품고 젖을 먹일 때의 흐뭇함, 한두 가지씩 달라져 가는 모습과 성장하는 모습을 보는 즐거움 등등은 그 어느 것과도 바꿀 수 없는 행복이었다. (중략)
>
> 태아의 세포가 엄마의 세포와 연결되어 함께 지냈기에 자식의 모든 것을 대신할 수 있다는 모성애. 그런 영원불변의 사랑은 여자에게서는 불가능해도 어머니라서 가능하다는 것 아니던가. 자신의 모든 것을 다 내어주면서도 받는 것에는 손사래 치는 마음이야말로 우리 어머니들의 진정한 마음인 것이다.
>
> — 〈다시 여성으로〉에서

인용문은 한마디로 여자라서 서러웠지만 엄마라서 행복했다고 진술한다. 작가 김재희는 모성애의 본성, 즉 모성애를 여성의 본능적 특성이라고 규정하는 모성신화(myth of motherhood)에 사로잡혀 있다. 그녀가 적었듯이 모성경험은 어머니인 여성에게 일정 부분 내적 충족감을 불러일으키는 것이 사실이다. 하지만 그 이면에서, 즉 임신과 출산, 그리고 양육의 과정에서 여성들이 겪는 고통 또한 만만치 않다. 그녀는 모성에서 느낀 행복하고도 긍정적인 경험에 대해서만 진술하고, 그 이면의 고통에 대해서는 침묵하고 있다. 그것은 이면의 고통을 상쇄하고도 남을 만큼의 행복감과 충족감을 모성에서 느꼈기 때문일 것이지만…….

현대의 페미니즘 이론가들은 모성신화가 문화적으로 유발된 것으로서 '모성은 여성을 충족시킨다.'라는 것도 모성신화의 하나로 간주한다. 그들의 견해에 따르면 자신의 모든 것을 다 내주면서도 받는 것에는 손사래 치는 마음이야말로 우리 어머니들의 진정한 마음이 아니라 가부장제 사회가 모성을 예찬하며 완벽한 모성은 자기희생적이라는 이데올로기를 여성들에게 주입시킨 결과로 해석한다. 즉 모성 이데올로기는 여성으로 하여금 사랑이라는 이름으로 자발적인 희생, 자발적인 예속을 강요하여 왔다고 비판한다. 모성 찬양은 바로 여성의 자발적 희생과 억압의 강요와 직결된 것이다. 그럼에도 이 희생의 이데올로기는 너무 오랫동안 여성의 의식과 무의식을 지배해온 나머지 여성들은 그것을 강요된 것이 아니라 자발적이며 본능적인 것으로 받아들이고 있는 것도 사실이다.

모든 여성작가가 다 페미니스트가 될 필요는 없다. 다만 김재희의 〈다시 여성으로〉에서 아쉬운 것이 있다면 자신이 딸로서 받았던 차별과 어머니로서 갖게 되는 행복감과 내적 충족감이 어떻게 이데올로기적 차원에서 연결되는지를 파악할 수 있는 페미니즘적 사고를 할 수 있었다면 다른 차원의 글쓰기가 가능하지 않았을까 생각해본다.

## 4. 여성작가의 텍스트에서 발견되는 억압된 한과 삼킨 울음

페미니스트 비평가 샌드라 길버트(Sandra Gilbert)와 수전 구바(Susan Gubar)는 그들의 공동저서 ≪다락방의 미친 여자: 여성작가와 19세기의 문학적 상상력≫(1979)에서 여성작가들의 텍스트에서 발견되는 억압된 분노와 불안을 진단, 분석한다. 여성혐오적 문학 전통에 의해 생성된 그들의 분노와 불안은 광기, 감금, 질병의 이미지로 드러나며, 이런 이미지들은 여성 텍스트의 곳곳에서 발견된다고 했다. 여성문학에 나타나는 미친 여자는 남성문학에서처럼 단순히 여주인공에 대한 적대자나 들러리가 아니다. 오히려 미친 여자는 어떤 의미에서 작가의 분신이며, 작가 자신의 불안과 분노의 이미지다. 저자는 여성 작가들이 표면적인 텍스트 아래 감춰 둔 하부 텍스트의 의미에 주목해야 한다고 말한다.

> 지난 언젠가 밤이었다. 위층에서 오장을 쥐어짜는 여인의 울음소리가 한 시간 가까이 들렸다. 틀림없이 아이가 죽었거나 아니면 견디다 못해 시설에 보냈으리라 생각했는데 이튿날 밤 노랫소리가 다시 들렸다. (중략)
>
> 우리 어머니는 이십대 자식을 한 해 하나씩 저세상으로 보냈다. 시집가려고 날마다 수를 놓던 딸이 시름시름 아프다가 뒷산 복숭아

꽃잎이 무수히 떨어지던 날 가버렸다. 이듬해, 군에 입대하여 제대 한 달 남겨 놓은 둘째 아들이 하얀 가루 한줌으로 돌아왔다. 그리고 또다시 돌아온 봄날, 세 살, 두 살 된 자식들과 뱃속에 아이까지 안고 있던 아내를 둔 큰아들도 아침에 웃으면서 출근했는데 저녁에 싸늘한 시체로 돌아와 어머니 앞에 눕게 되었다. 그 지독한 불행은 어머니의 웃음을 모조리 빼앗아버렸다.

"팔다리가 없어도 괜찮은디. 기어 다녀도 좋고, 평생 누워 있어도 좋은디. 밥을 떠먹여도 좋고, 똥을 싸도 좋은 게 볼 수만 있다면 만져 볼 수만 있다면, 아니여! 한 번도 못 봐도 좋은 게 어디서든 살아만 있다면, 아이고 아깝고 아까운 내 새끼들아! 너그들과 내가 바뀌어야 허는디, 아이고 잘나지나 말 것이지 이놈들아—."

— 〈위층 노랫소리〉에서

인용문은 형효순의 〈위층 노랫소리〉의 일부분이다. 위층에서 매일 밤 들려오는 오장을 쥐어짜는 정체불명의 여인의 울음소리에서 작가는 이십대의 자식을 셋씩이나 저세상으로 떠나보냈던 어머니의 한을 떠올린다. 제대로 된 언어가 되지 못하고 "오장을 쥐어짜는 여인의 울음소리"가 자식 잃은 불행을 입 밖에도 내지 못한 채 가슴에 꼭꼭 묻고 평생 불사조처럼 일만 하셨던 어머니를 떠올리게 했던 것이다. 어머니가 자식을 잃은 애절한 넋두리를 토해놓지도 못하고 꾹꾹 가슴에 묻고 침묵해야 했던 사정은 "스님은 허수아비처럼 말라 표정 잃은 어머니를 보고, 죽은 자식들을 입에 담고 살면 살아 있는 나머지 자식들에게 해가 될 터인데, 왜 죽은 자식들을 껴안고 놓아주지 못하느냐면서 호된 꾸지람을 했"기 때문이다. 이처럼 어머니란 존재는 자식을 위해 자신의 슬픔마저 제대로 표현하지 못하고 평생 억압해야 하는 존재이다. 여성적 글쓰기는 그들의 언어화되지 못한 침묵, 분노를 풀어내는 글쓰기가 된다면 좋을 것이다.

## 5. 나가며

여성적 글쓰기는 기존의 남성문화와 남성적 글쓰기에서 폄하하여 오던 여성성, 여성의 몸, 섹슈얼리티, 모성성 등을 재평가하여 여성적 특성으로 '차이'지움으로써 남성적 글쓰기와는 다른 차원의 새로운 글쓰기의 방향을 모색한다. ≪수필과 비평≫의 새로운 코너를 통해 남성적 글쓰기와는 다른 차원의 새로운 글쓰기가 활발하게 이루어지길 기대해 본다.

(2014. 3.)

# 새로운 남성을 찾아서

## 1. 머리말

문희동의 〈변화의 눈물〉은 "아버지들의 위상이 흔들린 지는 이미 오래다. 오늘날 가장으로서 존경받는 아버지를 만나기란 그리 쉽지 않다. 그 역할은 돈 버는 기계로 전락한 느낌마저 든다."라는 서두로 시작하고 있다.

21C는 여성보다는 남성(아버지)들이 성정체성의 혼란을 겪는 시대이다. 위의 짧은 인용문에서도 드러나고 있듯이 현대를 살아가는 남성들이 실감하고 있는 남성(아버지)은 과거에 받았던 존경을 잃어버리고 오직 돈 버는 기계로 전락하고 말았다. 과거에는 돈을 벌어 가족의 생계를 책임지는 것만으로도 남성들은 가족들의 존경

을 한 몸에 받을 수 있었다. 하지만 오늘날의 남성들은 돈 버는 것 이상의 여러 역할을 요구받고 있을 뿐만 아니라 돈을 버는 역할마저 더 이상 남성 고유의 영역은 아니다.

≪남자의 미래≫를 저술한 세계적인 트렌드 분석가 매리언 살츠먼(외)은 현대가 남성들의 정체성이 변화하는 시대라고 역설한다. 이 시대의 남성의 위치와 앞으로 이들의 삶이 어떻게 전개될 것인지를 과학적, 경제적, 사회적 측면에서 분석하며 남성들의 생존 전략을 제시하고 있는 ≪남자의 미래≫에 의하면, 전통적인 남성성은 유효기간이 만료되었으므로 하루빨리 폐기처분해야만 한다. 왜냐하면, 남성의 역할과 남녀관계의 역학구도가 혁명적으로 변화하고 있기 때문이다. 남녀관계의 패러다임이 혁명적으로 변화하고 있는 새로운 시대에 적응하기 위해서 남성들은 무엇보다 먼저 남성이 여성보다 우월하며 여성은 남성에게 봉사하기 위한 존재라는 낡아빠진 고정관념, 즉 가부장적 성차별주의를 버려야 한다. 더 이상 현대에는 쓸모가 없어진 남성우월주의를 쓰레기통에 던져버릴 수 있을 때, 비로소 남자의 미래가 열릴 수 있다고 매리언 살츠먼은 충고한다. 그는 과거에 여성들이 적극적으로 자신의 미래를 개척했던 것처럼 남성들도 스스로가 자신들의 미래를 만들어가야 할 것을 촉구한다. 더욱이 중요한 점은 남성들이 맞서 싸워야 할 상대는 여성이나 다른 남성, 혹은 변화하는 시대가 아니라 그들 스스로라는 것이다. 그들은 이제 살아남기 위해서, 또한 그들의 미래를 위해서도 적극적으로 스스로 변화를 주도해 나가야 한다.

미국의 저명한 저널리스트이자 사회문화비평가인 엘리스 코즈(Ellis Cose)가 저술한 책 ≪남성의 세계(A Man's World)≫에서도 현대를 과거와 달리 남성들이 권위를 상실해 가는 시대, 성정체성의 변화를 요구받는 시대, 남녀 역할이 모호한 혼돈의 시대로 규정하고 있다.

## 2. 새로운 남성을 찾아 나선 수필들

문희동의 〈변화의 눈물〉은 시애틀의 한 교회의 후원으로 중국 북경에서 열린 최초의 조선족 아버지학교의 봉사자로 참여하면서 겪은 체험을 적고 있다. 그 자신이 과거 아버지학교의 수강생으로서 감격적인 체험을 했던 그는 이후 봉사자로서 이 프로그램에 적극적으로 참여해 왔다.

그런데 그가 말하는 아버지학교의 프로그램이 오늘날 남성성과 남성의 젠더정체성이 변화해가고 있는 시대에 남성들이 자아를 어떻게 혁신시켜 나아가야 할 것인지에 대한 바람직한 방향을 제시해준다는 점에서 주목된다. 아버지학교의 프로그램은 첫째 날 '아버지의 영향력'에 대해서, 둘째 날 '아버지의 위상'에 대해서, 셋째 날 '아버지의 사명'에 대해서 생각하고 토론하며, 넷째 날은 '아버지들의 거듭나기', 즉 아내들의 발을 씻겨주는 절차 이후 수료식으로 이어진다.

특히 둘째 날의 프로그램인 '아버지의 위상'은 흥미롭게도 매리언 살츠먼이 낡아빠진 남성성을 쓰레기통에 과감하게 던져버려야 한다고 말했던 것과 맥락을 같이하고 있어 인용해 본다.

> 둘째 날은 아버지의 위상에 관한 내용이었다. 아버지를 지탱할 수 있는 네 가지 요소는 왕, 전사, 스승, 친구라 했다. 그리고 아버지들이 남성을 상실하게 된 원인은 그릇된 남성문화에서 비롯되었다고 분석했다. 즉 체면문화, 일문화, 성문화, 사이버문화, 이외도 음주, 도박, 레저, 마약, 폭력문화 등이 바로 그것이었다. 조별 나눔에서는 이같이 나쁜 문화에 빠져 있던 자신들의 모습을 돌아보는 반성의 시간을 가졌다. 나 자신도 과거 권위주의에 사로잡혀 완고한 왕 같은 자세로 자녀들을 훈육했고 아내에게도 자상한 남편이 아니라, 늘 불만으로 추궁하고 괴롭혀 눈물로 지새게 한 일이 많았다. 이 아버지들이 흘리는 눈물을 보며 과거 내 모습이 떠올라 눈시울이 젖어왔다.
>
> – 〈변화의 눈물〉에서

인용문은 '아버지의 위상'에 대해서 크게 두 가지의 문제점을 지적하고 있다. 그 하나는 왜곡된 남성문화이다. 즉 체면문화, 일문화, 성문화, 사이버문화 이외에도 음주, 도박, 레저, 마약, 폭력 등에 빠져 있는 권위주의적이며 퇴폐적이고 향락적인 남성문화를 혁신시켜야 할 것을 촉구한다. 그리고 다른 하나는 남성이라는 권위주의에 빠져 왕 같은 자세로 자식들을 훈육하는 비민주성과 아내에 대한 배려가 없이 지배적 자세로 일관하는 문제점 등이 그것이다.

스페인어에 마초(macho)라는 말이 있는데, 이 말은 근육질의 폭력적인 남성우월주의자를 일컫는 말이다. 과거의 남성들은 마초적인 태도로 그들의 기득권을 옹호하며 가족 위에 군림해 왔다. 특히 우리나라는 남아선호와 가부장제의 전통을 갖고 있기 때문에 그릇된 남성우월주의의 폐해가 심각한 수준에 있었고, 그것은 변화된 사회구조와 가족구조 내에서 부적응과 남성의 위상 추락으로 이어졌다고 할 수 있다. 사회구조와 여성은 변화하는데 남성만이 홀로 남성지배적인 과거의 고정관념에 사로잡혀 가족 내에서의 소외를 자초했다고 할 수 있는 것이다.

아버지학교의 프로그램은 나흘간의 일정을 통해 남성(아버지)의 거듭나기를 시도한다. 그리고 마지막 날 이루어진 아내의 발을 씻겨주는 세족식이라는 상징적 행위를 통해서 그들의 거듭나기를 보여준다. 원래 세족식은 예수 그리스도가 십자가에 못 박히기 전날 밤, 최후의 만찬을 집행하기 전에 제자들의 발을 씻겨 준 일화에서 유래되었다. 즉 낮은 자세로 섬기는 사랑을 실천하는 본을 보이는 것이 세족식의 진정한 의미일 것이다. 이제껏 가족 위에 왕처럼 군림해왔던 남성들이 낮은 자세로 아내에게 헌신하겠다고 약속하는 행위인 세족식은 남성들의 앞으로의 변화를 예고하는 탁월한 상징이다. 기존의 권위주의적이고 지배적이고 폭력적인 남성(아버지)으로부터 변화하여 민주적이고 평등한 남성(아버지)으로 새롭게 재탄생하겠다는, 즉 새로운 남성의 미래를 열어가겠다는 의지를 낮은 자세로 아내의 발을 씻겨주는 아름다운 행동을 통하여 보여준 것이다.

남편들은 그간 이리저리 두며 고생만 시킨 아내의 두 발을 만지며 씻기지는 못한 채 어깨만 들썩이기도 했다. 손수건 한 장으로 닦을 수 없는 눈물이었다. 아버지들은 이구동성으로 내가 아버지, 남편, 가장으로서 제 역할을 충분하지 못했다고 고백했다. 그럼에도 우리 가정을 잘 지켜온 아내에게 고맙소, 당신 사랑해요, 라며 용기를 내어 무겁게 입을 열었다. 또 남편들은 아내를 힘 있게 안아주었다. 아내들은 아무 말 없이 감격의 눈물만 닦았다. 마지막 수료식에서 남편 모두는 아내로부터 받은 꽃다발 속에 묻혔다. 그들의 모습은 참으로 아름다웠다.

— 〈변화의 눈물〉에서

훌륭한 문학은 시대의식을 주도하고 앞서가야 한다. 문희동의 수필은 그런 의미에서 아버지학교의 체험을 통하여 시대의 변화를 따라가지 못하고 문화지체에 빠져 있는 남성들을 향해 새로운 남녀관계의 형성과 남성들의 젠더정체성의 변화를 촉구하고 있다 할 수 있다. 남성 스스로 변화하지 않는 한 그들의 추락된 위상은 결코 복원될 수 없다는 것을 문희동은 아버지학교의 체험을 통해서 보여주고 있다.

신창선의 〈놀빛 단상〉에서도 노년에 이른 작가가 세상사, 특히 아내에 대한 새로운 인식을 보여주고 있어 주목된다.

지금껏 나의 잣대, 나의 고집, 나의 지식이 쌓인 에고의 눈을 통해 아내를 다그쳐왔다. 이제 선글라스를 벗을 때도 됐지 싶다. 지금껏 눈에 보이는 것, 손에 잡히는 것만 좇았고, 그걸 꽉 틀어쥐고 차

곡차곡 파도를 쌓고 있었구나. 조금만 깊게 바라보면 욕망이라는 파도 속에 바다가 있음을 알 수 있었을 텐데, 세상 너무 어렵게 살아왔었구나.

생각의 골이 깊었던가. 배가 고프다. 아내의 프리즘을 통과한 나의 스펙트럼은 어떤 색을 띨까. 초라한 피사체의 남자가 푸푸하며 주방으로 간다. 유리창에 비친 저녁놀빛의 실루엣이 왜소한 남자의 어깨에 걸린다.

이를 바라보는 자, 그는 누구인가.

– 〈놀빛 단상〉에서

작가가 "지금껏 나의 잣대, 나의 고집, 나의 지식이 쌓인 에고의 눈을 통해 아내를 다그쳐왔다."라고 솔직하게 반성하는 자기 반영적 자아의 모습은 결코 '초라하거나 왜소하지' 않다. 오랫동안 가부장적 문화 속에서 지배적 권위적 태도로 살아왔을 것으로 추정되는 기성세대 남성의 자기응시를 통한 내적 혁신과 새로운 남녀관계에 대한 인식의 변화는 소중하다. 신창선의 수필이 보여주듯이 노년은 삶에 대해 깨달음을 체득한 성숙하고 지혜로운 연령이다.

앞서 문희동의 수필은 아버지학교라는 프로그램을 통해서 새로운 인식에 도달했다면, 신창선의 수필은 노년에 이르러 삶에 대한 성찰이 깊어짐으로써 이루어진 자발적 변화라는 점에서 더욱 귀중하다고 할 수 있다. 이 수필은 무엇을 주장하기보다는 제목인 '놀빛 단상'이 보여주듯 노년의 성숙한 깨달음을 '놀'이라는 아름다운 자연현상에 대한 탁월한 비유를 통하여 암시적으로 제시하고 있어 문학적 형상력 면에서도 뛰어나다고 할 수 있다.

> 광안대교에 저녁놀빛이 걸렸다. 광안리 해수욕장의 색색의 수영복들이 노을 속으로 빨려 들어 하늘 바다에 울긋불긋 피어난다. 수평선에 점점이 떠 있는 까만 배들은 노을 속 바다에 추억처럼 잠겨 있다.
>
> 노을 따라 흘러가던 나도 한 점 붉은 색이 되어 하늘 캔버스를 휘젓는다. 팔월의 태양을 뭉개며 지나가는 노을의 춤사위가 나의 오감을 끌고 가는 저녁 낭만이다. 가슴속에서 울울거리는 색의 향연이며, 터져 나오는 그리움과 우주 순환의 빛깔이기도 하다.
>
> — 〈놀빛 단상〉에서

신창선의 〈놀빛 단상〉은 그야말로 붓 가는 대로 자유롭게 생각이 펼쳐지는 수필의 묘미를 잘 살리고 있다. 광안대교에 걸린 놀빛에서 유모차의 아기로, 손수레를 끌고 폐지 줍는 노인으로, 드라마를 보다 잠든 아내로, 다시 아기와 아내의 얼굴에 대한 오버랩으로 이어지는 단상을 통해서 지난 시대의 유물에 불과한 가부장주의, 성차별주의, 남성우월주의를 벗어나서 새로운 잣내, 즉 양성평등적인 가치관으로 새로운 시대를 살아가야 할 것을 말하고 있다.

수필이란 끝없이 자신에 대해 사색하고 질문을 던지는 자기성찰의 문학이다. 〈놀빛 단상〉의 깊이 있는 성찰적 자아는 기존의 가부장적 고정관념으로부터 그를 벗어나게 해주었을 뿐만 아니라 그의 수필에 내용적 깊이를 갖게 한다. 하루의 시간에서 저녁의 놀이 아름답듯이 한 인간의 시간에서 노년은 저녁놀에 비유될 만한 아름다운 연령이다. 삶을 관조할 수 있고, 성찰을 통해서 스스로 자아를 혁신시킬 수 있는 지혜가 충만하며, 자기 안의 편견을 거침없이 버릴 수도 있고, 저녁놀의 아름다움을 무심히 감상할 수 있는 여유까지…. 그 모든 것들은 노년의 성숙으로부터 가능하다. 결코 젊은 연령에서는 도달할 수 없는 성숙한 경지를 유려한 문체로 그려낸 〈놀빛 단상〉은 사색적이면서도 예술성이 충만하다. 신창선의 수필은 늘 시각적 이미지의 형상화가 뛰어난 것이 개성이자 장점으로 작용하는 특별한 미의식을 갖추고 있다.

조성현의 〈돼지족발 이야기〉도 돼지족발이란 소재를 통해서 아내와의 수평적이고 동반자적인 관계를 보여주고 있다.

> 아내는 나의 친한 술친구다. 어느 정도 나와 대작을 할 주량이므로 권커니 잣거니 서로 술잔을 채워주고, 자식들 이야기며 노후 이야기며 또는 하찮은 농지거리라도 나눈다. 때로는 내가 심술을 부려 언쟁을 벌이기도 하지만, 우리는 술과 이야기를 즐기는 편이다.
>
> — 〈돼지족발 이야기〉에서

여기서 돼지족발은 술친구인 아내와 술을 마실 때 아내와 그가 선호하는 술안주이다. 오십대의 부부가 퇴근 후 막걸리에다 슈퍼에서 파는 '미니족'을 안주로 하여 술잔을 서로 권하며 자식 이야기, 노후 이야기, 농담 등을 주고받는 모습은 얼마나 정답고 아름다운가. "막걸리 한잔하며 부부는 미니족을 서로의 입에 넣어준다. 족발로 맺은 부부의 연은 삼십 년 가까이 지나도 족발과 함께 이어진다."에서 보듯 아버지학교 같은 것을 수료한 적도 없는 작가지만 아내와 소탈하고 평등하게 살아가는 모습을 실천하고 있다.

하지만 아쉽게도 이 수필은 돼지족발이라는 소재에 너무 매몰된 나머지 정작 금슬 좋은 한 쌍의 부부가 보여주는 아름다운 모습과 작가의 아내에 대한 사랑이 묻혀버린 느낌을 받게 된다.

## 3. 나오는 말

매리언 살츠먼(외)의 저서 ≪남자의 미래≫는 메트로섹슈얼(metro-sexual)을 넘어서서 위버섹슈얼(über-sexual)을 새로운 남성상으로 제안하고 있다. 여기서 메트로섹슈얼은 기존의 무뚝뚝하고 가부장적 남성과는 달리 감정 표현을 자유롭게 하고, 남성다움의 상징인 책임감 · 경쟁 · 성공 · 무감정에 정면으로 거부감을 표현하며, 신나게 시간을 보내고 수월하고 자유로운 삶을 추구하는 남성이다. 그들은 기존의 남성상에 정면으로 반기를 들며 자유롭고 편안한 삶을 추구한다. 20C에는 상상할 수 없었던 21C의 신남성이 등장한 것이다.

하지만 그는 메트로섹슈얼를 넘어서는 위버섹슈얼을 제안하는바 이 캐릭터는 자상하고, 정의감이 넘치며, 유머를 잃지 않고, 일과 사랑에 열정을 보이며, 불의를 참지 않고 약자를 돕는 의로운 성격의, 반듯하면서도 무뚝뚝한 남자이다. 위버섹슈얼은 메트로섹슈얼처럼 스타일을 꾸미지 않아도 멋있고, 자신감이 넘치면서도 여성에게는 자상하고 감성적인 최고의 남성이다. 즉 '마초'로 대표되는 전통적인 남성이나 부드러운 메트로섹슈얼과도 달리 자신감에 넘치는 강인한 남성적 면모를 지니면서도 친절하고 부드럽고 섬세한 모습을 보여주는 걸 두려워하지 않으며, 패션과 스타일, 트렌드에도 민감한 남성이다.

위버섹슈얼의 남성은 말하자면 양성성을 지닌 남성이다. 양성성(androgyny)이란 남성성과 여성성의 장점을 조화시키고 통합한 인간이다. 남성적 특성과 여성적 특성 중 바람직한 자질들만을 결합하여 공존하는 것, 성격과 행동이 독립적이면서도 부드러운, 기존의 성 역할에 매이지 않는 건강하고 적응적인 성격을 지칭한다. 샌드라 뱀(Sandra Bem)은 인간을 남성성이나 여성성으로 국한하는 것은 위험하며 양성적 인간이 될 때에 성숙한 인간이 될 수 있다고 했다.

그렇다면 기존의 남성성에서 취해야 할 긍정적 자질은 무엇이며, 버려야 할 부정적 자질은 무엇일까? 주체성, 적극성, 용기, 지도력, 분석력, 활동성, 자신감, 합리성, 이성, 결단력, 성취욕과 같은 것은 긍정적 남성성이다. 반면 타인에 대한 지배, 공격, 권위의식, 냉정, 둔감, 허세, 성공에의 압박감과 이의 좌절로 인한 분노, 비개인적, 재치 없는 것과 같은 것은 던져버려야 할 부정적 남성성이다.

여성성에서 취해야 할 긍정적 자질은 타인과의 공생, 타인에 대한 배려, 풍부한 감성, 따뜻한 마음, 직관적, 정열적, 개인적인 것과 같은 것이다. 반면 버려야 할 부정적인 자질은 비합리적, 비논리적, 희생, 나약, 순종, 상처받기 쉬움, 변덕스러움과 같은 것이다.

전통적인 남성성과 여성성은 불필요하게 그들의 행동을 제한해 왔고, 융통성을 발휘할 수 없도록 남성과 여성을 사회화시켜 왔다. 남녀의 일의 경계가 사라지고 성역할의 이분법이 무의미하게 된 현대에는 남성이든 여성이든 기존의 남성성과 여성성만으로는 가정에서도 사회에서도 성공적으로 적응할 수 없다. 긍정적인 남성성과 여성성을 조화시킨 양성적 자질을 갖춘 유연한 사람이 가정에서도 사회에서도 더 능력을 발휘하고 성공하는 시대로 변화했다.

문희동의 〈변화의 눈물〉은 기존의 부정적 남성성에 사로잡힌 남성들이 아버지학교란 프로그램에 의하여 새로운 남성으로 변화된 감동을 전달하고 있으며, 신창선의 〈놀빛 단상〉은 노년의 달관, 또는 자아성찰을 통한 인식의 변화를 통하여 자신과 아내의 상호관계를 새롭게 정립하고 있다. 한편 조성현의 〈돼지족발 이야기〉는 밖에서 벌리는 향락적인 술판이 아니라 아내와 함께 집에서 돼지족발에 막걸리나 소주를 즐기는 소탈한 삶을 통하여 이미 쓸데없이 권위적이고 지배적인 남성적 모습에서 벗어나고 있다.

우리의 수필가들이 시대의 트렌드를 정확하게 읽어내며, 남성으로서 새로운 자아를 찾는 자기혁신과 변화를 주도해 나가고 있다는 것은 매우 고무적인 일이라 하지 않을 수 없다. 더욱이 문희동, 신창선, 조성현 등의 연령을 감안할 때에 그들이 고루한 기존의 고정관념으로부터 자유로운 남성들이라는 점에 박수를 보낸다.

(2014. 5.)

# 서드 에이지에게 던지는 하두

# 인생의 가을이라는 화두

## 1. 중세의 가을, 인생의 가을

오래전에 한 역사학자의 방에서 ≪중세의 가을≫이라는 매혹적인 제목의 책을 본 적이 있다. 나는 그것이 문학 책인가 하고 방의 주인에게 물었던 기억이 떠오른다. 이 책을 쓴 저자는 우리에게 ≪호모 루덴스≫(1938)라는 책으로 훨씬 더 잘 알려진 네덜란드의 문화사학자 요한 호이징가이다.

그는 '놀이'야말로 인간이 가진 고유한 특성이며, 문명을 창조하는 중요한 덕목 중의 하나라고 주장했다. 모든 문화현상의 기원을 그는 놀이 속에서 찾고자 했고, 실생활 밖에 존재하는 무목적적이고 자유로운 놀이 속에서 비로소 문화가 발달했다는 논리를 폈다.

그는 인간을 '호모 루덴스(homo ludens)'라고 명명하는데, 이 개념은 호모 파베르(homo faber), 즉 노동하는 인간과 대척점에 놓인다. '호모 파베르와 호모 루덴스'는 이솝 우화식으로 표현하자면 '개미와 베짱이'에 비교될 수 있을 것이다.

≪중세의 가을≫(1919)은 호이징가의 첫 번째 저서이다. 14~15세기에 해당되는 서양의 중세는 르네상스 시대와 비교하여 단절되고 어두운 시기로 규정된다. 하지만 이러한 규정은 중세인 스스로가 내린 것이 아니었다. 르네상스기의 사람들은 자신들과 이전 시대를 분류하고 구분 짓고자 하는 열망에서 중세를 암흑기로 불렀던 것이다. 하지만 호이징가는 르네상스의 발판이 된 중세가 그렇게 어둡기만 한 시기는 아니었다는 것을 문학과 예술 등을 통해서 그 특유의 문학적 필치로 증명해내고 있다.

≪수필과비평≫ 136호에 수록된 글을 읽으면서 나는 왜 엉뚱하게도 ≪중세의 가을≫이란 책을 떠올렸던 것일까? 그것은 이번 호에 장기호의 〈가을 탓인가?〉를 비롯하여 노혜숙의 〈오래된 풍경〉, 이동이의 〈위험한 방법〉, 안유환의 〈아내의 회갑〉, 오태익의 〈결혼 31주년의 단상〉 등 노년의 인생을 표현한 글이 유독 많았기 때문이었던 같다.

노년은 흔히 '인생의 가을'로 비유되어 왔다. 성숙과 풍요라는 의미보다는 박탈의 시기, 상실의 시기라는 부정적 의미가 내포된 은유이다. 노년세대 스스로가 그렇게 부른 것이 아니라 사회적으로 그렇게 규정한 것이다. 마치 르네상스인들이 중세를 암흑기로 규정지었던 것처럼…. 프랑스의 실존주의 페미니스트 시몬 드 보부아르도 그의 저서 ≪노년≫에서 오늘날 추락한 노인의 지위는 노인 그 자신에 의해서가 아니라 사회적으로 결정되어진 것이라고 했다.

우리나라는 2000년에 65세 이상의 노인 인구가 7.2%를 차지하는 고령화사회에 접어들었다. 그리고 2018년이 되기 전에 노인 인구가 14%를 넘어서는 고령사회가 될 것으로 예상되고 있다. 올초 기획재정부는 노인의 연령기준을 70세나 75세로 높이는 방안을 발표했다. 청년층의 노인 부양 부담을 줄이기 위해서라는 것이다. 최근 발표된 또 하나의 뉴스는 우리나라 노인의 일하는 비율이 OECD국가 중에서 가장 높다는 것이었다. 연금을 제대로 받지 못하는 노년층이 생계비를 벌기 위한 황혼노동을 이어가고 있다는 뜻이리라. 이래저래 노년은 저물어가는 가을날 저녁 무렵처럼 서글프기 그지없다.

## 2. 가을 그리고 늙음

계절은 봄, 여름, 가을, 겨울로 순환하고, 하루의 시간은 아침, 점심, 저녁, 밤으로 순환한다. 우리 인생은 유년, 청년, 중년, 노년을 거쳐 죽음에 이르는 과정을 밟아간다. 계절이든 하루의 시간이든 인생이든 한곳에 머물러 있지 않고 흘러간다. 하지만 계절과 하루의 시간은 순환하는 데 반해 윤회나 환생을 믿지 않는 한 개체로서의 인생에는 순환이란 게 없다.

"하늘은 눈물이 날 만큼 투명하다."로 시작하는 장기오의 〈가을 탓인가?〉는 가을 속을 거니는 노년의 아침부터 밤까지의 하루 동안을 그려내고 있다.

> 들녘이 나온다. 햇빛 가득한 가을이 거기 있었다. 하늘은 투명하고 맑았다. 인적 하나 없는 외길 위에 저녁 햇살이 드리우고 있다. 나는 서늘한 가을의 기운을 깊이 들이켜며 천천히 걸었다. 이런 산길에서도 우리는 문득 우울을 만난다. 단풍이 곱게 물든 산기슭을 혼자서 걸어가야 할 때, 이렇게 들판 한가운데 길이 있고 행인 하나 없는 적막을 만날 때, 귀가 멍해지면서 까닭 모르게 서러워진다.
>
> — 〈가을 탓인가?〉에서

햇빛 가득한 들녘, 투명하고 맑은 하늘, 단풍이 곱게 물든 산기슭, 서늘한 가을의 기운, 그리고 산책…. 노년의 작가가 자못 황홀하게 향유할 수도 있는 가을이란 계절을 산책하면서 느끼는 감정은 행복, 기쁨, 유유자적, 쾌적함 따위가 아니라, 까닭 모를 서러움, 그리움, 적막, 우울, 외로움, 허무이다. 이것들은 '슬픔'이란 감정의 여러 얼굴이라고 할 수 있을 것이다.

인간에게는 공포, 분노, 행복, 혐오, 슬픔, 놀람 등의 여섯 가지 기본 감정이 있다. 대체로 슬픔이란 무언가를 잃어버린 상실감으로부터 발생하는 감정이다. 미국의 심리학자 리처드 래저너스와 버니스 래저너스는 인간은 상실에 저항하고 싸우다가, 심지어 부정까지 하다가, 마침내 상실을 받아들이게 된다고 했다. 상실을 돌이킬 수 없는 것으로 재평가하고 나서야 애도는 슬픔이 된다는 뜻이다. 슬픔을 자극하는 것은 단지 상실 자체가 아니라, 복구 불가능한 상실이다. 사실상 복구 불가능한 상실이 슬픔의 극적 플롯인 것이다. 피해자는 잃어버린 것을 다시 가져올 가능성이 없다는 것을 이해해야 한다. 그래서 상실을 받아들이는 데는 시간이 걸리는 것이다.

그러면 이 글의 작가가 잃어버린 것은 무엇이며, 어떤 복구 불가능한 것을 상실했기에 이처럼 슬픔의 감정에 사로잡혀 있는가?

> 바람은 서늘하고 별은 총총했다. 바람에 흔들리는 나뭇잎 위로 달빛이 일렁거렸다. 뱀이 풀숲을 스치며 지나가는가? 벌레들의 울음이 뚝 그쳤다. 다시 잔을 들어 술잔을 드는데 문득 잔을 잡은 손이 눈에 들어온다. 손마디 여기저기에 톡 불거져 나온 굵은 힘줄들이 어지럽고 주름 잡힌 손등에 저승꽃이 여럿이다.
>
> 그렇다. 그나마 조금 있던 머리털도 다 빠져 이제는 구제불능이고 툭하면 무얼 빠뜨리고 다닌다. 책을 읽어도 잊어버리기 일쑤고, 산 책을 또 산다. 휴대전화를 어디에 두었는지 몰라 당황하기가 한두 번이 아니다. 바람 부는 날은 어머니가 보고 싶어진다. 삶도 사랑도 영원할 수야 없겠지만 어느 여름날 한잠 낮잠을 잔 것처럼 사라져 버렸다. 빈 들의 허수아비처럼 허무하다.
>
> 가을 탓인가?
>
> — 〈가을 탓인가?〉에서

작가가 쉽게 받아들이지 못하고 저항하고 싸우다가 심지어 부정까지 하다가 마침내 받아들일 수밖에 없는 복구 불가능한 상실은 바로 젊음의 상실, 즉 늙음이다. 손마디마다 불거져 나온 굵은 힘줄, 손등의 저승꽃, 빠져버린 머리털과 같은 몸을 통해 확인되는 노화는 말할 필요도 없거니와 잦은 건망증으로 다가온 정신적 노화는 시시각각 작가로 하여금 인생의 가을에 접어들었다는 사실을 인정하지 않을 수 없게 만든다.

리처드 래저너스와 버니스 래저너스 부부는 감정은 인간의 마음과 몸 양쪽과 관련된 복잡한 반응이라고 했다. 〈가을 탓인가?〉라는 한 편의 수필을 관통하고 있는 지배적 감정인 슬픔은 계절상의 가을과 인생의 가을이 복합된 것으로서 노년의 작가는 이 가을을 몸과 마음 모두를 통해서 총체적으로 느끼고 있는 중이다. 그러니 매사가 슬픈 감정을 환기하게 되는 것이다. "삶도 사랑도 영원할 수야 없겠지만 어느 여름날 한잠 낮잠 잔 것처럼 사라져 버렸다. 빈 들의 허수아비처럼 허무하다."라고…. 작가는 남가일몽南柯一夢처럼 허무하기 짝이 없는 것이 인생이라는 박탈감에 사로잡혀 있으니 아무리 가을 하늘이 투명해도 그것은 눈물에 비유되지 않을 수 없고, 가을날의 감미로운 적요를 감당할 수가 없고, 단풍이 곱게 물든 산기슭을 걸을 때조차 우울, 적막, 서러움에 사로잡힐 수밖에 없고, 이태백처럼 달을 마주하고 도연명처럼 술을 마시는 유유자적을 부려보아도 외로울 수밖에 없는 것이다.

노년에는 여러 가지 고통이 존재한다. 예컨대 병들고 쇠약함에서 오는 신체적 고통이나 우울증이나 조울증과 같은 정신적 고통, 의미 있는 일자리가 없다는 사회경제적 고통, 의식주를 걱정해야 하는 경제적 고통, 인생의 허무나 죽음에 대한 공포와 같은 실존적이고 내면적인 고통, 이야기를 나눌 친구나 동료가 없는 정서적 고통…. 일일이 열거하기 어려운 수많은 고통이 있다. 흔히 빈곤, 질병, 고독과 소외, 무위를 노년기의 4고四苦라고 한다.

### 3. 낡음 늙음 오래된 것들에 대한 애정

노혜숙의 〈오래된 풍경〉은 작가의 말대로 "낡은 풍경 속에서 풀려나온 기억의 한 끄트머리가 풍화된 추억을 재현해낼 때 나는 오롯이 잃어버린 시간과 재회한다."라고 했듯이 오래된 풍경의 세 장면－갈매기 다방, 순덕할머니의 가을, 웃음－은 무언가 우리들의 기억 저편으로 사라졌던 추억들을 소환해낸다. 말하자면 〈오래된 풍경〉은 각기 다른 3편의 짧은 수필을 통해서 같은 주제를 반복하고 동일한 분위기를 창조했다는 의미에서 옴니버스 형식의 수필이라고 할 수 있을 것이다.

이름조차 촌스러운 1970년대식 '갈매기다방'에는 황석영의 〈삼포가는 길〉에 나오는 백화와 같은 이미지의 다방 마담이 텔레비전 신파 드라마의 재방송을 보고 있다. 이러한 풍경은 동시대를 살았을 법한 작가의 젊은 날의 애잔한 추억들을 불러낸다. 〈순덕할머니의 가을〉의 주인공은 시골 외딴집에 홀로 사는 독거노인이다.

> 순덕할머니는 내가 시골로 이사를 오면서 알게 된 이웃이다. 영감님은 진작 돌아가시고 가교리 산자락 외딴집에서 홀로 산다. 하나 있는 딸자식도 제 앞가림하고 살기 바빠 얼굴 본 지 오래다. 흙집은 주인을 따라 얼기설기한 수숫대가 빠져 나올 만큼 쇠락했다.

안방에선 오래된 괘종시계가 뎅그렁뎅그렁 느리게 열두 시를 치고, 봉당에서 바장대던 햇살은 할머니의 꼬부라진 등을 어루만진다. 어쩌다 찾아오는 사람이라곤 건넛마을 사는 황가네 할머니뿐이다. 그나마 요즘은 관절통이 도져 마실 오는 횟수가 드문드문해졌다. 종일 말 한 자락 나눌 사람이 없으니 말 못하는 신세나 다를 바 없다. 벼농사는 접은 지 오래고, 텃밭을 가꾸는 일도 힘에 부쳐 올 농사가 마지막일 것 같다고 한숨을 쉰다. 수확이라야 마른 고추 열 근 남짓, 마늘 예닐곱 접이 전부다. 그래도 면사무소에서 주는 정부미와 독거노인에게 제공되는 반찬으로 이만큼 살 수 있다며 고마워한다.

– 〈순덕할머니의 가을〉에서

꼬부라진 등을 한 집주인 할머니의 늙고 초라한 모습, 낡고 쇠락한 흙집의 풍경, 오래된 괘종시계의 뎅그렁뎅그렁거리는 소리의 절묘한 조응이 서글픈 하모니를 이루어낸다. 병들고 쇠약해진 신체와 더불어서 수년째 자식이 얼굴도 내비치지 않고 종일 말 나눌 사람 하나 없는 독거노인의 정서적 외로움과 면사무소에서 제공해주는 정부미와 반찬으로 살아가야 하는 경제적 어려움에 이르기까지 삼중의 고통 속에 빠져 있는 빈곤층 노인의 삶을 〈순덕할머니의 가을〉은 가감 없이 매우 간결하게 보여주고 있다.

박근혜 정부는 하위 70%의 노인들에게 최고 20만 원까지 국민행복연금을 내년 7월부터 지급하겠다고 하니 독거노인들의 노년이 조금 나아지려는지 기대해 본다. "마당가 늙은 밤나무 쭈그렁 밤송이 하나, 제풀에 툭 떨어진다."의 완벽한 조응으로 끝이 나는

〈순덕할머니의 가을〉은 〈가을 탓인가?〉보다 훨씬 더 외롭고 소외된 노년의 처량한 신세를 보여주고 있다.

〈웃음〉에서는 우리나라 리얼리즘 사진의 진수를 보여주는 사진가 이형록의 흑백사진 〈우리 집〉이 담고 있는 1950년대의 풍경 속으로 독자를 끌어들인다. 이처럼 작가가 오래된 풍경들에 애정을 나타내는 것은 잃어버린 시간과의 재회라는 낭만적인 감정 때문만은 아니다. 때로 그것은 "외면하고 싶은 상처와의 화해의 대면"을 하는 시간이기도 하기 때문이다. 작가는 그가 가진 오래된 상처가 무엇인지 밝히지 않았지만 1950년대는 시대 전체가 가난했고, 전쟁의 황폐함 속에 놓여 있었으니 굳이 개인적 상처가 없더라도 그 시대를 살았던 사람들이 겪었던 보편적 고통에서 야기된 집단적인 상처와 관련된 것일 수도 있겠다 싶다.

이 글은 웃음을 잃어버린 현대인, 나아가 웃음조차 상품화하는 감정노동의 시대에 대한 성찰적 의미와 함께 "굳이 기쁨이 아닌들 어떠랴, 나는 가끔 그 풍경들과 만나고 싶다. 그리고 마침내 풍경과 하나가 되어도 좋겠다."에서 확인할 수 있듯이 물질적으로 빈곤했던 지난 시대, 아니 가난이라는 환경 그 자체와 이미 화해를 이룬 작가의 심경을 보여준다. 그리움이라는 감정은 바로 화해 속에서 우러나오는 것이다.

끝없이 새로움만을 추구하는 현대와 물질문명의 풍요 속에서 작가가 보여주는 낡음, 늙음, 오래된 것들에 대한 애정은 인생을 오래 산 경험에서 나오는 삶에 대한 지혜요, 여유라고 생각한다. 따라서 노인은 그저 나이만 먹은 늙고 추하고 약한 존재가 아니라 화해와 여유를 터득한 지혜로운 존재라는 새로운 의미 부여가 필요할 것이다.

### 4. 노인복지의 이상과 현실

이동이의 〈위험한 방법〉은 노인복지 문제에 관심을 환기한다. 인간은 누구나 언젠가는 노인이 된다. 노인이 된다는 것은 불행하게도 여러 차원에서 인간으로서의 주체성과 존엄성을 잃어가는 과정이기도 하다. 가족에게 의존해야 하고, 의사에게 의존해야 하고, 사회복지 제도에도 의존해야 한다. 그래서 노인복지법이 제정되어 노인으로서 사회복지의 혜택을 누릴 권리를 명시하고 있다. 노인복지법은 "노인의 질환을 사전예방 또는 조기발견하고 질환상태에 따른 적절한 치료 · 요양으로 심신의 건강을 유지하고, 노후의 생활안정을 위하여 필요한 조치를 강구함으로써 노인의 보건복지증진에 기여함을 목적으로 한다."라고 되어 있다.

> 출근시간을 삼십 분 앞당겨 노인병원에 모셔다 드린 지 한 달여 되던 날, 이웃에서 귀띔을 해주었다. 건강보험공단에 신청서를 내고 3등급이라도 받으면 통원차량 혜택을 받을 수 있다고 했다. 하지만 인지능력이 문제였다. 여든을 넘기고 걷기에 불편을 겪는 노인이라고 인지능력에 문제없다면 등급이 나오지 않는다고 했다. 참 어이가 없었다. 물론 위중한 노인이 혜택을 받아야 하는 것은 마땅한 일이지만 고령인 노인의 건강상태를 참작해 주지 않는 건강보험공단이 규정이 야속했다.

> 문득 아침마다 서두르는 불편한 일들이 앞 다투어 일어났다. 언제까지 이 일을 감내해야 할지 뚜렷한 답도 없는 상황이다. 등급 받을 수 있는 확실한 방법을 이미 들어 알지만 아버님은 썩 달갑지 않은 모양이다. 나는 잠깐의 연기로 누릴 수 있는 일 년 간의 편리함과 혜택의 당위성에 대해 조근조근 설명을 했다. 그래도 묵묵히 반응을 보이지 않는 아버님께 사정사정을 하여 결국 신청서를 냈다.
>
> — 〈위험한 방법〉에서

하지만 우리의 현실은 인용문에서 보듯이 복지가 필요한 사람에게 복지의 혜택이 제대로 주어지지 않고 있다. 물론 〈위험한 방법〉이라는 수필이 노인복지의 현실에 대한 고발을 목적으로 쓰여진 것은 아니다. 오히려 수필은 요양병원까지 왕래하는 통원차량 이용의 혜택을 받으려고 3등급 판정에 필요한 치매 연기를 아버님께 강요했야만 했던 안타까운 현실과 어리석었던 자신에 대한 반성이 기본적인 주제이다.

> 모든 사람이 두려워하는 치매를, 입에 담기조차 싫은 그 질병을 아버님께 종용한 것이 아닌가. 정상인데도 비정상적인 행동과 말을 해야만 하는, 그 난처하고 기가 막히는 심정을 내가 어찌 가늠이나 하겠는가. 앞으로 몇 년을 더 연명할 거란 장담도 못하는데 사지 멀쩡한 내가 잠깐의 불편함을 참지 못해 어리석은 짓을 저지르고 말았다.
>
> — 〈위험한 방법〉에서

그렇지만 〈위험한 방법〉은 독자들에게 노인복지의 기본이념에 대해서 다시 한 번 생각하게 만든다. 즉 "노인은 후손의 양육과 국가 및 사회의 발전에 기여하여 온 자로서 존경받으며 건전하고 안정된 생활을 보장받으며, 능력에 따라 적당한 일에 종사하고 사회적 활동에 참여할 기회를 보장받으며, 노령에 따르는 심신의 변화를 자각하여 항상 심신의 건강을 유지하고 그 지식과 경험을 활용하여 사회의 발전에 기여하도록 노력하여야 함을 기본이념으로 한다."라는 기본이념과 한참 동떨어진 노인복지의 현실을 돌아보게 만드는 것이다.

요즘처럼 가족제도가 느슨해진 시대에 국가가 개인이나 가족제도에 노인복지를 떠넘기는 것은 무책임하다. 우리의 여러 현실은 윤리적인 차원을 떠나 가족제도에 모든 것을 맡겨 버리기에는 여의치가 않다. 작품 속의 부부처럼 맞벌이가정을 비롯해서 자녀가 멀리 떨어져 있기 때문에 부모를 직접 모실 형편이 안 되는 등 여러 가지 사정이 있게 마련이다.

아버님이 치매 연기를 포기하고 인지능력이 확실하다는 것을 복지판정사 앞에서 보여 버린 후에 느낀 감정을 "속이 뻥 뚫린 것처럼 시원하면서도 왜 이렇게 가슴이 먹먹할까."라고 작가는 표현하고 있다. 작가가 느낀 결코 명쾌할 수만은 없는 복잡한 감정은 현실의 절박함에서 비롯된다. 특히 '먹먹하다'라는 형용사는 아버님에게 치매연기를 종용해야만 했던 데 대한 죄책감과 함께 결국 개인에게 노인복지를 떠넘겨 버리는 답답한 현실에 대한 무력감을 적절히 표현하고 있다.

## 5. 나오는 말

미국의 맥아더재단은 미국 노인들의 신체적, 정신적 능력을 증진시키는 데 필요한 새로운 지식으로 '신노년학'을 수립한 바 있다. 이 연구팀의 대표자인 로우(Rowe)와 칸(Kahn)은 '통상적 노화'와 '성공적 노화'를 구분하여, 노화에 대한 시각을 부정적인 것에서 긍정적인 것으로 변화시키는 획기적 계기를 마련했다. 성공적 노화란 첫째, 질병 피해가기. 둘째, 높은 수준의 정신적 기능과 신체적 기능 유지하기. 셋째, 적극적으로 생활에 참여하기를 추구하는 것이다. 결국 성공적 노화를 위해서는 병들지 않은 '건강한 몸'과 '물질적으로 부유한 상태'가 되어야 한다. 누군들 이런 이상적 상태가 되지 않기를 원하겠는가?

그러나 우리의 현실은 이상과는 다르다는 것을 〈순덕 할머니의 가을〉과 〈위험한 방법〉은 보여주었다. 노년에는 빈곤과 질병만이 문제가 되는 것이 아니다. 그 외에도 〈가을 탓인가?〉에서 볼 수 있듯이 고독과 소외, 그리고 무위라는 고통 속에서 인생의 가을인 노년은 점점 주체성을 상실하고 타자로 소외되어 가는 것이다.

(2013. 3.)

# 100세 시대의 에세이, 무엇을 쓸 것인가

## 1. 들어가는 말

≪수필과비평≫을 읽으면서 늘 느끼는 것이지만 수필은 결코 젊은이들의 문학이 아니다. 필진의 나이를 일일이 알 수는 없지만 글의 소재나 내용들이 생로병사生老病死의 인생살이, 특히 노老와 병病, 그리고 사死의 문제에 집중되어 있다는 인상을 크게 받게 된다.

생로병사는 불교에서 말하는, 인간이 평생 거치게 되는 네 가지 큰 고통苦痛, 즉 태어나고, 늙고, 병들고, 죽고 하는 일을 이른다. 인간은 누구라도 이 네 가지 괴로움을 피해 갈 수 없다. 어찌 인간

뿐이겠는가? 이 세상에 무릇 생명을 갖고 태어난 모든 존재는 늙음에서 오는 괴로움, 병에서 오는 괴로움, 죽음에 따른 괴로움으로부터 결코 자유로울 수가 없다.

따라서 현대의 의학기술은 인간이 안전하고 건강하게 태어나고 성장하게 하는 것, 늙음과 죽음을 지연시키는 것, 병으로부터 자유를 얻는 것을 목표로 한다. 경제성장과 의학기술의 눈부신 발전의 결과로 우리는 그토록 열망하던 100세 시대의 문을 연 것처럼 보인다.

하지만 100세 시대의 수명연장은 수많은 노인문제를 양산시키고 있다. 최근 박근혜 대통령이 지난해 후보자 시절에 모든 노인에게 월 20만원씩 기초연금을 지급하겠다고 한 공약을 수정함으로써 크게 물의를 빚고 있는 데서도 알 수 있듯이 노인은 이제 사회적 부담이요, 짐으로 전락하고 있다. 장수가 축복이 아니라 재앙이 되어버린 시대로 치닫고 있다는 것을 '인구혁명의 시한폭탄', '인구지진', '고령화 충격'과 같은 표현에서 잘 확인할 수 있지 않은가?

고령화 시대를 넘어 2018년으로 예상되는 고령사회로 질주하고 있는 현 상황에 대한 사회제도적 대책이 시급히 필요하지만 개인들도 노년에 관한 준비를 하지 않을 수 없다. 그것은 노후자금의 준비나 취미활동을 갖는 것만으로는 충분하지 않다. 노년의 새로운 정체성의 확립과 역할의 모색, 노화와 죽음에 대한 긍정적 가치관의 형성과 같은 인문학적 성찰이 토대가 된 마음의 준비 또한 절실히 필요하다. 노년의 인생을 살아가는 데는 경제적인 준비나 실용적인 지식과 함께 삶 속에서 깊이 숙성된 인문학적 소양이 크게 요청된다.

인간 존재와 삶에 대해 끊임없이 질문을 던져온 문학은 100세 시대를 맞아 해야 할 역할이 매우 크다 할 수 있다. 글의 소재의 하나로서 생로병사의 문제를 다루는 데서 나아가 노년의 존재와 삶에 대해 근원적 질문을 던지고, 그 답을 찾는 글쓰기가 이루어져야 한다.

## 2. 기다릴 줄 아는 여유로운 마음

"애타게 기다릴 필요는 없었다. 봄이 오면 걸을 수 있겠구나!"로 시작되는 조윤수의 〈마음의 장치〉는 한순간의 실수로 발목에 10주 동안 깁스를 해야 하는 불편함을 견디면서 이룬 사색을 담고 있다. 이 글에서 작가는 발을 제대로 움직일 수 없는 불편함을 승화시켜 "절대 안정기간은 세월이 약이기에, 아픈 발에 매달려 있을 수 없었다. 조용히 있고 싶었던 생활을 오히려 만끽할 수도 있었다. 잔손질이 필요한 아이들도 없으니, 마음 놓고 아플 수도 있었다."라고 불편한 생활을 오히려 즐기는 것으로 변화시키는 놀라운 적응력을 보이고 있다. 즉 "최소한의 활동 외에는 누워서 그동안 못 본 책도 읽었고, 그간 어설픈 글공부 한답시고 바빴던 마음도 정리했다. 심한 동작도 아닌 요가도 할 수 있었고, 앉아서 명상에 젖을 수도 있었다."처럼 작가는 느긋하게 독서, 마음의 정리, 요가, 명상 등을 하면서 신체적으로 불편한 일상을 오히려 정신적으로 즐겁고 풍요로운 일상으로 변화시키고 있다.

또한, "어느 쪽을 잃으면 다른 쪽이 발달하기 마련이어서 언제나 균형을 이루게 되는 것이 인체의 신비가 아닌가. 발을 다친 대신 다른 쪽의 활동이 왕성해졌다."에서 알 수 있듯이 깁스를 한 10주 동안에 신체활동이 축소되는 대신 왕성해진 정신활동을 통해 귀중한 삶의 지혜를 터득한다.

> 살아오면서 언제나 중요하게 다가오는 것은 마음의 평화에 대한 문제였다. 우리는 곧잘 삶의 고통에 대해 외적 원인을 탓하지만, 그것은 전적으로 우리의 마음에 달려 있다는 사실을 어느 순간부터 깨닫게 되었다. 어떤 힘든 일이 생긴다 해도 일단 그대로 받아들이고 대처하면 된다. 우연과 필연은 손바닥의 앞뒷면 같은지도 모르지만, 모든 행위의 시작은 마음에서 비롯되는 것 같다. 이럴 땐 하느님 뜻으로 받아들이는 것이 얼마나 편리한가. 결국, 하느님의 뜻은 깊은 내 속마음의 뜻, 행동의 근원이었던 게 아닐까 싶었다. 사실 아픈 것도 내가 만들고 낫게 하는 일도 내가 하는 일이잖은가. 나의 인因에 연緣이 닿았던 것이리라.
>
> — 〈마음의 장치〉에서

> 살아오는 동안 힘든 고비를 넘길 때마다 마음의 장치가 더 튼튼해졌는지도 모른다. 힘든 상황을 만나면 그 일과 내 마음을 분리해야 한다. 힘든 일은 힘들 뿐, 아픈 것은 아플 뿐, 아프다는 상황과 괴롭다는 것은 별개다. 다만, 불편할 뿐. 아픈데 욕심대로 움직이려 할 때 문제가 생긴다.
>
> — 〈마음의 장치〉에서

애타게 기다린다고 봄이 더 빨리 오는 것도 아니고, 깁스한 발목이 더 빨리 낫는 것이 아니니 마음을 편히 먹고 느긋하게 기다림으로써 얻은 마음의 평화, 힘들고 아픈 것을 괴로움과 분리시킴으로써 얻은 정신적 자유는 현실을 있는 그대로 받아들이는 긍정과 수용의 자세로부터 나왔다고 생각한다. 왜 하필 나에게만 이런 불행한 일이 생겼을까 하고 분노하고 불평을 한다고 해서 달라질 것이 전혀 없다는 것을 깨닫는 데서 긍정과 수용의 자세는 나온다. 그리고 현실을 긍정하고 수용하는 데서 마음의 평화와 자유는 얻게 된다.

나이를 먹는다는 것은 수많은 질병과의 조우이다. 물론 질병은 병원의 도움을 받아 고쳐야 하겠지만 질병을 받아들이는 우리의 자세가 어떠해야 하는지는 조윤수의 수필이 잘 말해 주었다고 생각한다. "애타게 기다릴 필요는 없었다. 봄이 오면 걸을 수 있겠구나!"와 같은 마음의 여유를 가지는, 신체적 불편함을 마음의 여유를 찾는 명상의 계기로 변화시키는 내적 지혜가 필요한 것이다. 노년에는 바로 그러한 마음의 여유와 지혜가 무엇보다도 절실하다. 비단 질병에 대해서만이 아니라 늙음과 죽음에 대해서도 마찬가지일 것이다.

## 3. 버려진 꽃바구니, 그 자조 섞인 회한

지홍석의 수필 〈버려진 꽃바구니〉는 돌아가신 아버지에 대한 그리움과 회한을 담고 있는 글이다. 제목의 상징성이 매우 뛰어난 이 수필은 현대사회에서 노인 부양의 문제에 대해서 다시 한 번 생각하게 만든다. 그는 아버지를 생각할 때에 "생각하는 것만으로도 가슴 한쪽이 아리다. 그동안 잠시 잊었다는 사실 하나만으로도 마치 큰 죄를 지은 기분"이 든다고 적고 있다. 작가의 아버지는 외동아들로 태어나서 젊어서는 머슴 둘을 데리고 농사를 지을 만큼 풍족한 삶을 사셨건만 말년에는 "수많은 전답이 다른 사람의 명의로 바뀌고, 환갑이 넘은 나이에 처음으로 밭을 일구고 논에 손을 담그는 등 농사를 지어야만 했다." 그뿐만 아니다. 여러 차례 상처하고 재혼을 하는 불행을 겪었다. 세 번째 어머니마저 돌아가시게 되자 의지할 곳이 없어진 아버지는 이곳저곳 자식들의 집을 전전하다가 버려진 꽃바구니 같은 신세가 되어 세상을 떠나셨다.

작가는 이른 아침에 출근해 밤늦게 퇴근하는 형편에다 결혼도 하지 않아 아버지를 돌봐줄 아내마저 없었기에 부득이 아버지를 형님 댁으로 가시게 했던 것이다. 대신 대학교도 포기하고 십여 년이 넘도록 직장생활을 하며 부모님을 모셨던 자신 몫의 전답을 형님에게 주어야만 했다. 그런데도 머지않아 아버지는 형의 집을 나와 첫째 딸과 둘째 딸 집을 전전하다 돌아가셨다. 회한에 휩싸인 작가는 그러한 아버지의 신세를 버려진 꽃바구니로 비유한다.

> 이른 아침, 등산을 떠나기 위해 아파트 현관문을 나선다. 부지런한 관리실 아저씨가 벌써부터 청소를 하느라 분주하다. 그런데 음식물 쓰레기와 재활용품을 버리는 통 위에 못 보던 꽃바구니 하나

가 버려져 있다. 내용물 대신, 누군가가 골판지를 찢어 까만 매직 펜으로 글씨를 써놓았다.

"야! 이놈아 너도 참 불쌍하구나. 너는 커다란 기쁨을 주었는데 그들은 너를 야밤에 개차반처럼 버렸구나!"

아파트 주민 누군가가 재활용 용품이 아닌데도 쓰레기봉투에 넣지 않고 그냥 몰래 버렸던 모양이다. 마음이 상한 경비 아저씨가 무언의 항의로 위트와 유머가 섞인 글을 일부러 적은 것이다. 그런데 갑자기 버려진 꽃바구니와 글씨가 쓰여진 골판지에 왠지 가슴이 먹먹해진다.

— 〈버려진 꽃바구니〉에서

왜 버려진 꽃바구니에 아버지가 비유되었을까? 그것은 "당신의 모든 것을 다 들어내 주고서는 자식들에게마저 버려지는" 신세가 되었기 때문이다. 마치 아파트의 쓰레기장에 함부로 버려진 꽃바구니처럼…. 꽃바구니든 뭐든 필요가 없어지면 당장 내다버리는 세태는 부모 자식의 관계에서도 다르지 않다는 자조 섞인 한탄이 '버려진 꽃바구니'라는 함축적 표현에 절절히 담겨 있다.

아무리 작가 자신이 아버지를 모실 수 있는 형편이 안 되었다고는 하나 그 자신도 결코 면죄부를 받을 수는 없었기에 그의 회한은 깊을 수밖에 없다. 경비 아저씨가 분리배출을 하지 않고 꽃바구니를 내다버린 주민을 향해 하고 싶은 말을 "야! 이놈아 너도 참 불쌍하구나. 너는 커다란 기쁨을 주었는데 그들은 너를 야밤에 개차반처럼 버렸구나!"라고 골판지에 적어 놓았던 질책이 마치 자신에게 쏟아진 듯 가슴이 아린 것이다. 아버지가 그의 집을 찾아와 만나지 못하고 돌아가시면서 마지막으로 남긴 글 역시 찢어진 골판지에 적혀 있었다. 버리려고 집어든 골판지에서 뒤늦게 아버지의 필체를 발견하고 눈앞이 흐려졌었는데, 며칠 뒤 아버지는 영영 세상을 떠나버리신 것이다.

누군가의 도움이 없이는 홀로 살아가기 어려워진 100세 시대의 노인들을 이런저런 사정으로 자식들이 직접 돌볼 수 있는 여건이 안 되는 경우가 많아지고 있다. 그동안 노인들을 돌봐온 여성들의 절반이 직업을 가지는 여성 취업시대의 도래가 가장 큰 이유일 것이다. 노인들을 누가 돌봐야 할 것인가는 이제 개인적 문제가 아니라 사회적 문제임에 분명하다. 이곳저곳을 전전해야 하는 노인들의 신세도 처량하지만 부모를 직접 모실 형편이 안 되는 자식들의 마음도 결코 편치는 않을 것이다. 직접 모실 수 없는 부모님을 마음 놓고 의탁할 수 있는 다양한 시설들이 우리 가까이에 보다 많이 있어야 한다.

## 4. 죽음의 진정한 의미에 대해 사유하게 만든다

정재호의 〈즐거운 공동묘지〉는 우리의 장묘문화에 개혁이 필요하다고 말하고 있다. 장묘문화란 시신의 매장과 관련된 풍습을 말한다. 우리나라는 전통적으로 매장을 선호해 왔는데, 이것이 전국토를 묘지로 만들어 가고 있다. 따라서 그 개선책으로 화장을 하는 장묘문화가 급속하게 도입되고 있다. 최근 가장 각광받는 화장은, 화장 후 납골당에 유골을 모시거나 자연장을 치른다.

자연장은 시신을 화장한 후 유골을 나무나 화초, 잔디 아래에 묻는 장묘법이다. 자연에서 태어난 인간이 자연으로 돌아가는 자연장은 매우 환경친화적이라고 할 수 있다. 자연장 가운데 가장 선호되고 있는 수목장은 1999년에 스위스에서 처음 도입되었다고 한다. 내가 알고 있는 지인도 자신이 다니는 남방계 절의 앞뜰 나무 밑에다 남편의 수목장을 했다.

이미 국립묘지 등에서 사용하고 있는 납골평장도 하나의 대안이 될 수 있다고 생각한다. 이 방법은 화장 후 유골을 나무 등으로 만든 유골함에 담아 땅에 묻고 봉분 없이 비석만 세운다. 이는 전통적인 매장과 화장의 장점을 취합한 것으로, 매장에 비해 95% 가량의 묘지 면적이 줄어드는 효과가 있고, 매장의 전통문화를 훼손하지 않고 그 정신을 잇는다는 장점이 있다.

작가 정재호가 장묘문화의 변화를 촉구한 이유는 매장이 "묘지를 만들고 보존하는 데 비용이 들 뿐 아니라 그것을 유지하는 데에도 경제적 정신적 부담이 크기 때문"이다. 또한, "경제적 문제뿐 아니라 자연을 훼손함이 심한 것도 무시할 수 없"기 때문이다. 매장의 장묘문화에 따른 자연 훼손은 예상 외로 매우 심각하다.

> 산에 무덤을 만들려 하면 먼저 길을 새로 만들어야 한다. 무덤을 만들면 상석도 놓아야 하고 비석까지 세운다면 온갖 기구가 동원되어야 하기 때문에 큰 차가 다닐 수 있는 길을 만들어야 한다. 그러자면 나무를 뽑아내고 돌도 다른 곳으로 옮겨야 한다. 무덤을 만들고 나서 무덤 위에 잔디를 심어야 하기 때문에 잔디도 실어와 심어

야 한다. 나는 20년 전에 미리 유서를 써서 무덤을 만들지 말라고 했지만 내 뜻대로 따라해 줄지 모르겠다.

— 〈즐거운 공동묘지〉에서

따라서 작가는 매장문화의 대안으로, 유네스코 자연유산으로 등재된 루마니아의 '즐거운 공동묘지' 같은 것을 제안한다. 루마니아 북부지역에 있는 마라무레쉬 지방의 서픈짜 마을에 있는 세계에서 유일한 '즐거운 공동묘지'의 역사는 1935년 루마니아 민속 예술가 퍼트라쉬가 참나무로 십자가를 만든 후 거기에 고인과 관련한 짧은 내용의 해학적인 시구詩句를 비문으로 조각하면서부터 시작되었다. 조각가이자 화가이며, 시인이었던 그는 그동안 자신만의 독특한 스타일로 수백 개의 십자가를 만들었고, 또 1977년 그가 사망한 이후에는 제자 틴쿠가 그 전통을 이어가고 있다 한다.

그들은 마을 안에 즐거운 묘지를 만들어놓고 살고 있다고 한다.

우리나라 묘지는 산에 있는 데 비해 루마니아에는 묘지가 마을의 한가운데에 마련해 놓았기 때문에 묘지와 더불어 살아간다고 한다. 묘지라고 하면 잔디가 덮인 반달 모양만 보다가 루마니아의 무덤(공동묘지)을 보니 뼈는 화장을 하여 가루로 만들었기 때문인지 평평한 땅바닥뿐이고 겉으로 보이는 것은 꽃뿐이었다. 꽃밭에는 나무판에 글자와 그림을 그려놓았는데 그것을 무덤이라고 한다. 그 공동묘지에는 글과 그림을 그리는 사람이 있는데 그 사람에게 부탁하면 죽은 이의 일생을 해학적인 글과 그림으로 그려준다고 한다. 그래서 그런지 유네스코 자연유산으로 등재되어 전세계의 관광객이 매년 수만 명씩 몰려와서 루마니아를 풍요롭게 만들어주고 있다고 한다.

— 〈즐거운 공동묘지〉에서

그곳의 십자가에 적힌 해학적인 시구 때문에 그곳을 찾은 대부분의 사람들이 웃고 나오는, 루마니아의 '즐거운 공동묘지'는 살아 있는 사람들의 삶의 터전과 죽은 자를 위한 묘지가 분리되지 않고 더불어 존재한다. '즐거운 공동묘지'는 단순히 공간만 분리되지 않은 것이 아니다. 삶과 죽음을 분리하지 않고, 죽음마저 삶의 연장으로 여기며, 인간이라는 존재에서 죽음을 뺄 수 없는 것으로 여기는 루마니아인들의 사생관을 그곳에서 엿볼 수 있다. 그들은 묘지를 마을 한가운데에 꽃밭으로 만들어 놓음으로써 살아 있는 자들에게는 죽음에 대한 공포심과 낯선 느낌을 제거하여 죽음을 익숙한 것으로 만들고, 죽어가는 자들에게는 죽음을 편안하게 맞이할 수 있도록 해준다. 죽은 후에도 지금까지 살아온 공간과 따로 격리되어 낯선 공간에 혼자 버려지는 것이 아니라는 사실은 죽어가는 자로 하여금 죽음을 편안하게 수용하게 만들 것이다.

하지만 유독 우리나라는 묘지가 살아있는 사람들이 살아가는 공간과 멀리 떨어진 산속에 존재한다. 풍수지리에서마저 산 자들의 터전을 양택, 죽은 자들의 묘지를 음택으로 분리한다. 그뿐만 아니라 요양원이나 장례식장, 납골당이 마을에 들어서는 것을 기피하는 님비(NIMBY · not in my back yard) 현상이 매우 심각하다. 그만큼 우리 민족은 죽음을 금기시하고 두려워하며 혐오하는 의식구조를 가지고 있다. 죽음의 공간을 삶의 공간에서 분리한다는 것은 그만큼 죽음을 두려워하고 죽음을 통한 성장을 거부한다는 의미일 것이다. 하지만 죽음과 연결되지 않은 삶이 과연 존재한다는 것인가?

작가 정재호는 벌써 20년 전에 장기기증과 시신기증을 서약했다. 이는 자신의 죽음마저도 살아남은 자들을 위해 헌신하겠다는 지극히 성숙한 태도이다. 이는 죽음에 대한 인문학적 성찰이 없이는 불가능한 결단일 것이다. 그런 의미에서 그의 수필은 독자로 하여금 장묘문화에 대해서만이 아니라 죽음의 진정한 의미에 대해서 사유하게 만드는 깊이를 지니고 있다. 그것이 구두선이 아니라 그 자신의 실천을 통해서 나왔다는 의미에서 더욱 커다란 힘을 가진다.

## 5. 나가는 말

프랑스의 실존주의 철학자이자 문학가인 시몬 드 보부아르(1908~1986)는 그 자신이 노년에 되었을 때, ≪노년≫이란 책을 써서 자신의 노년을 준비했을 뿐만 아니라 노년에 대한 외적 내적 성찰을 도모했다. 1970년 파리에서 발간된 이 책에서 그녀는 노인에 대한 사회의 무관심을 통렬하게 비판하였다. 노년에 대한 외적 성찰은 노년과 노쇠 현상에 대한 생물학적 관점에서의 정의, 인류학적 자료와 역사를 통해 본 여러 시대와 사회에 있어서의 노인들의 지위와 역할의 변화 등을 살펴본 것이다. 내적인 성찰은 여러 노인들의 기록을 토대로 개인이 노년을 어떻게 느끼고 받아들이는가, 노인이 된다는 것은 어떤 내적 체험인가를 시간적 차원, 활동적 차원, 역사적 차원에서 생생하게 느끼게 해주고, 우리가 노인이 되면 일상생활이 어떻게 달라지는가, 어떤 심리적 특성들이 나타나는가를 살펴본 것이다.

중장년을 넘어서 노년의 작가들이 다수 모여 있는 수필가 집단에서 고령사회를 향해 가는 21세기 한국의 노년을 좀 더 다각적이고 깊이 있게 성찰함으로써, 특히 문학의 특성상 내적 체험을 깊이 있게 표현함으로써 시몬 드 보부아르의 ≪노년≫과 같은 책이 나올 수 있기를 기대해 본다.

(2013. 11.)

# 서드 에이지를 살아가는 사람들의 이야기

## 1. 서드 에이지의 삶

하버드대 성인발달연구소의 중년문제전문가인 윌리엄 새들러(Sadler, William)는 마흔 이후 30년을 '서드 에이지(third age)'라 명명하며, 다양한 중년들의 실례와 함께 '중년의 정체성 재확립하기, 일과 여가 활동의 조화, 자신과 타인에 대한 배려의 조화, 용감한 현실주의와 낙관주의의 조화, 진지한 성찰과 과감한 실행의 조화, 개인의 자유와 타인과의 친밀한 관계의 조화'라는 〈인생의 새로운 성장을 위한 6가지 원칙〉을 제시한 바 있다.

그는 인생을 4단계로 나누었는데, 첫 번째 '퍼스트 에이지(First

Age)'—배움의 단계(Learning), '세컨드 에이지(Second Age)'—배움을 통해 사회적 정착을 하는 단계(Doing), '서드 에이지(Third Age)'—40세 이후 30년 동안 인생의 2차 성장을 통해 자아실현을 추구해가는 단계(Becoming), '포스 에이지(Fourth Age)'—노화의 시기로서, 성공적으로 삶을 성취하고 삶을 마감하는 단계(Integration)가 그것이다. 그는 ≪서드 에이지 마흔 이후 30년≫과 ≪핫 에이지 마흔 이후—30년 인생의 목표가 아닌 인생의 방향을 설정할 나이≫라는 두 권의 책을 통해서 서드 에이지라는 단어를 보편화시키는 한편 인생에서 서드 에이지의 중요성을 환기시켰다.

그가 말한 서드 에이지는 40세 이후의 30년간을 일컫는 시기이다. 하지만 우리 현실에서 서드 에이지는 40세 이후 70세까지의 30년이라는 이질적인 긴 시기가 될 수는 없다고 생각한다. 오히려 서드 에이지는 정년퇴직을 하거나 은퇴한 이후 새로운 인생의 방향을 설계하는 60세 이후의 시기로 이해하는 것이 좋을 것이다. 그리고 인간의 기대수명이 70세일 때의 서드 에이지와 기대수명이 90세~100세가 될 때의 서드 에이지는 그 개념이 다를 수밖에 없을 것이다. 100세 시대의 서드 에이지는 이전 시절 못지않게 적극적이고 창조적으로 살면서 자아실현을 위해 노력하는 삶을 요구받고 있다.

이 시기에는 이전에 그가 어떤 직업을 가졌든, 어떤 지위에 있었든 그것들과 무관하게 새로운 정체성을 요구받는 시기라고 할 수 있다. 일단 은퇴하여 과거의 성취에 의존해서는 살 수 없는 나이가 되었기에 이 과정에서 정체성의 새로운 혁신이 요구되고 있다. 영국의 사회철학자 피터 라슬렛은 이 시기를 〈자아 성취의 시기〉로 정한 바 있는데, 이 시기에는 기존의 전제들을 떨쳐버리고 자신의 한계를 확대하며 창조적으로 사고하고 남들과 다르게 살아야 한다.

## 2. 서드 에이지를 살아가는 사람들의 이야기

이전과 달리 노년이라 하더라도 건강한 활동력을 갖춘 현대에서는 노화의 개념 자체가 달라졌다. 그저 놀거나 쉬면서 그냥 세월을 보낼 수 없게 된 것이다. 즉 활동적 노화－집에서 무료하게 지내지 않으며 적극적으로 사회활동에 참여한다. 생산적 노화－매사에 관심과 호기심을 가지고 생각하고 일하는 것을 습관화한다. 성공적 노화－심신을 건강하게 관리하고 유지하며 자아실현을 위해 노력한다. 창조적 노화－일생 동안 쌓아온 지식과 경험을 바탕으로 창조적 삶을 살아간다. 이처럼 휴식하는 노화가 아니라 활동, 생산, 성공, 창조와 같은 키워드가 노화에도 적용된 변화된 시대를 신중년이라 불리는 요즘의 노년세대들은 맞고 있다.

우리의 삶은 각 단계별로 나름대로 저마다의 목표와 의미가 있지만 서드 에이지의 제3단계 역시 우리의 인생 단계에서 매우 중요하다. 이 시기에는 이전에 가족을 이루고 자녀를 양육하느라 자신이 '진정 하고 싶은 일'이 아니라 '해야 할 일'을 의무적으로 하고 살았다면 '서드 에이지'에는 그와 다르게 진정 그 자신이 하고 싶은 일을 하며 살아가는 시기라고 할 수 있다.

≪수필과비평≫ 156호(2014.10.)에는 서드에이지의 삶에 관한 글들이 다수 실려 있다.

전병훈의 〈3월과 4월 그리고 5월 이후〉는 교수로 정년퇴직 이후에도 다른 대학의 총장과 정부투자연구소의 임원으로 7년의 세월을 더 활동적으로 일하고 난 다음 제2의 인생을 새롭게 설계하는 서드 에이지의 삶을 보여준다. 하지만 그는 서드 에이지의 새로운 삶에 발목을 잡는 대수술을 받아야 하는 상황이 초래된다. 그 순간의 당황했던 심경으로부터 이를 계기로 제2의 인생을 어떻게 설계해야 할 것인지에 대한 깊은 사색을 보여주고 있다. 수술을 계기로 그는 "장수, 과연 축복인가. 건강수명은 축복이나, 연장수명은 저주일 수도 있겠다. 장명인이 아니라 장수인일 때만이 축복이다."라는 생각, 그때까지의 제1의 인생은 그야말로 "공부벌레(a greasy grind)에서 일 중독자(일벌레 workaholic)로 끝난 기억밖에 남는 것이 없다. 조금은 억울하고 원통하며 후회스럽다."라는 후회, "나의 제2의 인생은 출발이 너무 늦었다. 이것은 어머니에 대한 약속 파기의 구실이 되었고 내게는 돌이킬 수 없는 회한으로 남는다. 나는 재직시 퇴직 후 고향에서 어머니와 같이 살기로 굳게 약속한 바 있다. 그러나 93세까지 기다려주신 어머니를 서울에서 이별하는 천추의 한을 남겼다."와 같은 깊은 회한에 사로잡힌다.

따라서 그가 꿈꾸는 제2의 인생은 진정한 자유의 삶이요, 제1의 인생과는 미련 없이 결별하는 새로운 삶이다.

이제는 진정 자유인이고 싶다. 앤디 듀프레인(Andy Dufresne: 팀 로빈

손 분: (Shawshank Redemption)의 주연)이 멕시코만 태평양에서 유유히 낚시를 즐기듯이 유유자적 풍유를 즐기며……. 태생적, 사회적, 관습적 모든 굴레에서 벗어난 장수시대의 제2인생을 유감없이 가꾸어 보고 싶을 뿐이다. 자유롭게 하고 싶은 일을 하는 것이다. 제1인생과는 미련 없이 결별하고, 제2인생에 충실해 본다. 문학, 음악, 서예 등 옛것을 통하여 성헌들의 지혜를 되새기며 그들의 순결에 젖어든다. 다양한 비전공 분야를 접하여 정서를 함양하고, 쉼표도 마침표도 없이 앞만 보고 달려온 지친 심신도 위무했으면 한다. 한데, 제2인생 성공의 요건(key word)이 돈, 시간, 친구, 취미생활, 건강의 5가지 풍요라 하니 역시 경제적 제약은 감내해야 할 터이다. 또한 이것저것 장기를 헌신짝 버리듯 떼어버리고도 건강이 뒷받침될지도 의문스럽다. 과욕일랑 버리고 능력 범위 내에서 분수에 맞게 차근차근 자유를 만끽하리라. 후손들이 영원히 살아가야 할 순간 쉬어가는 아름다운 세상이 아닌가. 육체가 여한 없이 미소 지며 떠난 빈자리에는 안식과 영기靈氣로 충만한 영혼이 시공을 초월한 영생의 꽃을 피우리라.

— 〈3월과 4월 그리고 5월 이후〉에서

선병훈은 서드 에이지의 삶을 제2의 인생으로 표현하고 있지만 그 내용은 노동으로 점철된 세컨드 에이지와의 차별되는 서드 에이지의 삶을 의미한다. 그는 50년이라는 긴 시간을 공부벌레로 일중독자로 살아왔다. 다른 사람들이 정년을 하고 휴식기에 접어든 나이에도 7년이라는 시간 동안 노동을 연장하는 삶을 살아왔다. 노동의 삶을 마치고 새로운 인생을 설계하려는 찰나 대수술을 받게 됨으로써 그는 50년의 긴 세월을 쉼표도 마침표도 없이 앞만 보고 달려왔다는 데 대한 반성과 더불어서 앞으로의 제2의 인생을 어떻게 살아가야 할 것인지에 대해서 설계하게 된다. 그가 생각하는 제2의 인생의 키워드는 자유, 제1인생과의 미련 없는 결별, 문학 · 음악 · 서예 등을 통한 정서의 함양, 지친 심신에 대한 위무 같은 것들이다. 그는 제2인생에서 성공의 요건(key word)인 돈, 시간, 친구, 취미생활, 건강이라는 다섯 가지 조건이 과연 그에게 충분하게 주어졌는가를 점검한다. 하지만 이마저도 과욕을 버리고 분수에 맞게 안식과 영기의 삶을 살아가리라는 깨달음으로 글은 끝나고 있다.

앞서 기술했듯이 노화의 다양한 양상이 있지만 가장 중요한 것은 가장 기본적으로 성공적 노화(successful aging)라고 할 수 있다. 즉 심신을 건강하게 관리하고 유지하며 자아실현을 위해 노력한다는 것이 가장 중요하다. 그런데 전병훈은 성공적인 노화 조건의 하나인 심신을 건강하게 관리하는 데 저항에 부딪혔다. 하지만 그로 인해 그는 오히려 제2의 인생에 대한 보다 구체적인 생각들을 가지고 방향을 설정할 수 있게 되었다고 할 수 있다. 제1의 인생과의 미련 없는 결별을 통한 정서함양과 취미를 통한 자아실현의 삶을 살아가겠다는 결단이 이루어진 것이다.

임영주의 〈4도都3촌村〉은 은퇴 후의 삶을 준비하는 모습을 보여주고 있다. 그것은 제목에서 적고 있듯이 4일은 도시에서, 3일은 촌에서 보내는 삶을 말한다. 그는 "몇 해 전 은퇴 후를 생각하여 아담한 촌집을 마련했다. 고향 산골로 어릴 때 살던 곳의 이웃마을이다." 그러니까 그는 농토가 6,000㎡ 정도가 되는 땅과 촌집을 고향 쪽에 마련하여 은퇴 이후를 준비하여 왔다. 그리고 주말이 되면 그곳으로 가서 농사를 짓는다. 한마디로 많은 도시인들이 꿈꾸는 전원생활을 즐기고 있는 것이다. 그의 전원생활 속에서 주목되는 바는 함께 전원생활을 하는 이웃들과 다과 모임을 하며 노후생활에 대한 정보를 교환하는 것이다.

> "반갑습니다. 우리는 같은 생각으로 산골을 찾은 사람들입니다. 자주 만나 정담을 나눌수록 우리의 삶은 행복해집니다. 4도3촌 임원장은 찰옥수수와 포도주, 5도2천 이사장은 산머루와 방울토마토, 붙박이 저는 찐 감자와 체리를 준비하여 다과상에 보탰습니다. 다 함께 건강을 위하여, 건배."
>
> 연장자인 손 회장의 건배에 모두가 박수로 화답했다.
>
> 이어서 노후생활을 건강하고 행복하게 사는 법에 관한 이야기로 꽃을 피웠다. 밤이 깊어 갈수록 냉기가 스며들었지만 행복의 열기는 이슥한 밥에도 식을 줄 모르고 계속된 밤이었다.
>
> — 〈4도都3촌村〉에서

노후를 지낼 장소를 마련하고, 주말이 되면 미리 그 삶을 익히고, 거기에서 나아가 도시에서 전원으로 모여든 이웃들과 새로운 공동체를 형성하여 정보도 교환하고 친목도 쌓아가는 모습이 아주 바람직해 보인다. 사회보장제도가 미약한 우리나라에서 노후는 국가나 자식이 아니라 결국 자신이 책임져야 한다. 그렇다면 상업적인 실버타운보다도 마음이 맞는 사람들끼리의 작은 공동체를 형성하여 노후를 각자 그리고 함께 준비해 나간다면 여러 면에서 합리적이라고 생각된다. 임영주의 수필은 그 가능성의 일단을 보여주었다고 생각한다.

그러나 그와 같은 전원생활을 즐기기 위해서는 경제력과 건강이 주어져야 한다. 즉 터를 마련할 수 있는 경제적 능력과 농사를 지으며 전원생활을 즐길 수 있는 건강이 뒷받침이 되어야 가능하다. 많은 노년세대들이 부딪치고 있는 가장 큰 문제는 뭐니뭐니 해도 경제적 문제와 건강상의 문제이기 때문이다.

오기환의 〈색소폰, 그 외로움의 뒤끝〉은 작가 자신과 그의 친구인 김 형이라 불리는 두 사람의 서드 에이지의 삶을 보여주고 있다. 즉 두 사람 다 은퇴하여 외롭게 살아가는 삶에 대해서 적고 있다.

김 형은 제 할머니가 돌아가셨을 때에는 눈물 한 방울 흘리지 않던 초등학생인 그의 손자가 키우던 강아지가 죽자 그 슬픔에 통곡하다가 실신까지 하는 것을 보면서 육신의 끈을 이어준 할머니가 강아지보다 못하게 취급받는 세태에 서글픔을 느끼고 있다. 그라고 해서 크게 다르지 않다. 그 역시 막내손자와 스파게티를 먹고 손자 집에 갔다가 아들 내외가 빨리 돌아오지 않자 손자에게 '자고 갈까?'라고 말하자 방이 없다고 했다가 컴퓨터 방에서 자면 된다고 하자 금방이라도 눈물을 쏟을 것 같은 표정을 짓는 것을 보면서 같이 살지 않는 할아버지와 할머니가 낯선 사람, 불편한 객식구로 전락한 오늘날의 세태를 아프게 확인한다.

요즈음 어린아이들이 생각하는 가족의 범위에 강아지가 당연히 포함된다지만 할아버지나 할머니는 제외된답니다. 김 형 손자처럼 강아지의 죽음에는 통곡으로 조의를 표하지만 할머니의 죽음에는 무덤덤해하는 세상입니다. 피를 받고 살을 받아 태어나게 된 인연의 소중함을 알기에는 가족제도가 너무 빨리 해체되어가고, 세상은 각박해만 갑니다. 이런 세상을 살면서 자기를 돌아보기까지 아이들은 시간이 많이 걸려야 하겠지요. 가족제도가 급속도로 변해가는 핵가족 속에서 할아버지, 할머니는 외롭습니다.

– 〈색소폰, 그 외로움의 뒤끝〉에서

부모와 자녀로 구성된 핵가족이 보편화된 세상에서 조부모 세대들이 느끼는 박탈감과 외로움, 즉 심리적 소외는 서드 에이지의 삶에서 직면하게 되는 또 하나의 실상이라고 할 수 있다. 작가는 요즘의 노인들이 손자들로부터 강아지만도 못한 취급을 받는 데 대한 서글픔을 토로한다. 그러면 요즘 아이들은 왜 강아지를 좋아하는가? 그것은 "강아지는 화내지도, 투정부리지도, 거들먹거리지도 않으며, 있는 그대로 주인을 받아들이기 때문"이다. 그렇다고 강아지의 삶을 질투하거나 부러워할 필요는 없다. 왜냐하면 강아지를 가족처럼 사랑하던 사람들이 휴가철이 되면 길거리에 내버리는 경우가 많기 때문이다. 강아지에 대한 사랑은 사람마다 다르겠지만 결코 믿을 수 없는 자기중심적인 사랑이다. 그러니 작품 속의 김 형처럼 "악기 하나 다루기가 소원이었던 그는 색소폰을 사서 배우기 시작했다."에서 보듯이 달라진 가족주의에 불만을 표시하거나, 자식이나 손자들의 사랑에 목말라 할 것이 아니다. 그 대신 오래전부터 하고 싶었던 일이나 취미에 몰두하여 노년의 고독과 무료함을 달래고 사회활동에도 활발히 참여하는 삶이 바람직할 것이다. 즉 누구라도 노년을 배우자를 잃고 홀로 외롭게 살아갈 수도 있다는 것을 미리 준비하고 대처하며 살아가야 한다는 것이다.

## 3. 맺음말

세 편의 글을 통해서 각기 다른 서드 에이지를 살아가는 모습을 살펴보았다. 우리 사회에서 활동, 생산, 성공, 창조와 같은 노화의 키워드는 아직 생소한 것 같다. 그만큼 길어진 노년에 대한 준비가 개인적으로나 사회적으로 제대로 안 된 것이다. 100세 시대의 노년세대는 아직 많은 사람들이 길어진 수명과 일 없는 무료함 사이에서 제대로 방향을 설정하지 못하고 있는 것 같다. 이제 그들은 기성세대가 자식들로부터 부양을 받던 것과는 달리 스스로를 경제적으로 부양해야 할 뿐만 아니라 심리적으로도 자식들에게 의지할 수 없는 독립적 삶을 살아가야 한다. 스스로가 자신의 생활을 설계하고, 사회에 적극적으로 참여하는 인생의 새로운 방향을 설정하고 준비하지 않는다면 그 긴 시간을 방황 속에서 낭비하게 될 것이다.

이전 세대에게는 짧았거나 없었던 서드 에이지의 삶에 대해 대부분의 노년들이 준비가 없는 상태다. 어떤 의미에서 아무도 가보지 않은 미개척지를 홀로 찾아가야 하는 것이 신중년이라는 신조어로 불리는 요즘의 노년세대일 것이다. 서드 에이지를 뚜렷한 방향과 목적의식을 가지고 살아가는 사람과 그렇지 않은 사람은 인생의 후반이 크게 달라질 것이다. 인생 후반의 서드 에이지를 새로운 인생의 황금기로 만들 것이냐 아니냐는 각자 스스로가 어떻게 인생의 방향과 목표를 설정하고 그에 대한 준비를 하느냐에 전적으로 달려 있다고 할 수 있다. 물론 이에는 사회적 지원이 절대적 조건이지만….

그 후반의 인생은 노동중심의 정체성에서 벗어나야 하지만 그렇다고 해서 여가중심의 정체성만으로 살 수 없는 만큼 일과 여가를 적절히 병행하는 삶의 리듬을 찾아보아야 할 것이다. 우리나라의 노년이 경제적 이유 때문에 노동기간을 연장하지 않으면 안 된다는 뉴스를 본 적이 있다. 건강이 허락하는 한 스스로의 노동을 통해서 자신을 부양한다는 것은 결코 나쁜 일이 아니다. 일하고 싶어 하는 노년세대의 숫자가 꾸준히 늘고 있다. 고용총량이 일정하기 때문에 청년의 일자리도 없는 상황에서 은퇴자의 재취업은 어려운 것처럼 보이는 것도 사실이다. 그러나 노동총량의 법칙은 오류라는 학설도 만만치 않다. 아무튼 서드 에이지는 외적으로 훌륭한 성공을 이루기보다는 내적으로 더욱 깊어지고 그로 인해 정신적으로 행복해지는 시기가 되어야 할 것이다.

(2014. 11.)

# 기억, 상상력,<br>그리고 일상성

# 상상력과 에세이

## 1. 상상력이란 무엇인가

상상력(imagination)은 정서와 지성, 또는 감각을 중심으로 하여 여러 체험(experience)의 요소들을 종합하고 조직해서 새로운 초월적인 가치를 창조하는 능력을 말한다. 칸트에 의하면 상상력은 새로운 가치를 창조하는 능력일 뿐 아니라 인식에 있어서도 필수불가결한 요소이다. 상상력은 인간 정신활동의 원천이며, 무한한 감성을 창출하는 힘이다.

이성과 감성을 이원적으로 분류하는 서양의 전통에서 감각의 구체적인 이미지나 이미지를 만들어내는 상상력은 중심인 이성의 주변적 가치로 폄하되어 왔다. 하지만 상상력은 과도한 이성중심주의로 인해 분열되고 소외된 인간을 새롭게 성찰하게 한다.

상상력은 예술가 스스로가 어떤 창조를 구성하려는 적극적인 정신의 능력이라는 점에서 능동적인 지적활동이다. 예술에 있어서 상상력이란 어떤 문제 해결을 위한 새로운 생각을 재구해내는 능력이라고 할 수 있다.

콜리지(S.T.Coleridge)는 상상력을 1차적 상상력과 2차적 상상력으로 구분한 바 있다. 1차적 상상력은 무한한 자아의 영원한 창조활동이 인간의 한정된 정신 안에서 솟아오르는 것이며, 2차적 상상력은 무제약적인 1차적 상상력을 이념화하고 통일하려고 애쓰는 인간의 지가 가미된 것이다. 그는 이 상상력을 통합하는 힘(esemplastic power)이라 불렀다. 그에 의하면 상상력이란 이성을 감각적인 심상과 합체시키는 능력으로써 이념화하고 통일화하려는 노력을 뜻한다. 특히 그는 상상이 이념화하는 과정을 승화(sublimation)라고 하여 과거의 단순한 인상들이 유기체 내부에 보존되어 있는 상태인 기억이나 시공간의 테두리에서 벗어난 자유로운 기억의 형식인 공상(fancy)과도 구별하였다.

제임스(H. James)는 과거 감각의 인상이 그대로 재현되는 재생적 상상력과 과거의 여러 체험들에서 추출된 요소들이 새로운 총체를 구성하는 생산적 상상력으로 구분하였다. 러스킨(J. Ruskin)은 통찰적 상상력(penetrative imagination), 연합적 상상력(associative imagination), 명상적 상상력(contemplative imagination)으로 나누었다. 통찰적 상상력은 정신이 사물의 핵심에 뚫고 들어가 진실을 바라보는 것이며, 연합적 상상력은 이미지들을 결합하여 새로운 형식을 창조하는 과정으로 인간 지성이 갖는 최대한 기계적인 능력이다. 명상적 상상력은 대상을 명상하는 가운데 사상과 정서가 나타나서 체험 전체를 통일해서 표현할 수 있는 기능을 말한다.

## 2. 영적 교감을 빚어내는 상상력

≪수필과비평≫158호(2014.12.)에서 정목일은 경상남도 창녕의 우포늪에서 비 오는 날 만난 '빗방울화석'에 대해 적고 있다. 〈빗방울화석〉은 "창녕 우포늪엔 비가 내리고 있다."로 시작하여 "나는 눈을 감은 채 빗방울이 내는 음향을 듣고 있다."로 끝나는 아름다운 수필이다. 모처럼 감성을 흔드는 수필을 만난 기분은 매우 상큼하다. 대상에서 유발된 감각과 느낌으로 독자의 기분을 감성적인 상태로 변화시킨 〈빗방울화석〉은 글을 읽는 사람의 내면에 자리한 감정의 선을 건드려 큰 울림을 만들어내고 있다. 즉 감각적 아름다움과 함께 깊은 공감을 불러일으킨다.

> 창녕 우포늪엔 비가 내리고 있다.
>
> 1억 4천만 년 전에 형성되었다는 우포늪은 태고의 고적 속에 빠져 있다. 비에 젖은 찔레꽃 향기가 안개에 섞여 떠돌다가 세포 속까지 스며드는 듯하다. 늪 속으로 발을 디디면 1억 년 전의 태고 공간 속으로 빠져버릴 듯하다. 우포늪에서 1억 년 전의 바람과 흙과 물을 만나고 있다.
>
> 우포늪엔 생명의 냄새가 진동한다. 창포꽃, 찔레꽃 냄새만이 아니다 주검의 냄새, 탄생의 냄새, 찰나와 영원의 냄새가 난다.

> 비 오는 우포늪, 태고의 공간과 원시의 시간 속으로 산책을 나선다. 우포늪 곁의 산길에서 사냥한 짐승을 어깨에 맨 원시인이 걸어 나올 것만 같다. 1억 년 전 시간의 늪 속으로 빨려드는 듯하다.
>
> 비를 피해 '푸른 우포사람들'이란 간판이 붙은 집으로 들어간다. 우포늪의 생태자연을 보존하기 위한 시민단체 사무실이다. 벽엔 놀랍게도 '빗방울화석'이란 액자가 걸려 있다.
>
> — 〈빗방울화석〉에서

태고의 고적에 빠져 있는 비 내리는 우포늪에서 작가 정목일은 찔레꽃 향기가 안개 속에 섞여 떠돌다가 세포 속까지 스며드는 느낌을 받는다. 찔레꽃 향기는 당연히 후각적 감각이다. 그런데 작가는 이것을 후각뿐만 아니라 세포 속에 스며드는 피부 감각으로도 지각한다. 그의 감각은 창포꽃이나 찔레꽃의 향기만이 아니라 우포늪에 진동하고 있는 생명의 냄새, 주검의 냄새, 탄생의 냄새, 찰나와 영원의 냄새까지 맡는다. 즉 그의 감각은 후각에서 피부감각으로, 나아가 탄생과 주검, 그리고 찰나와 영원의 냄새까지 맡을 수 있는 철학적 영적 감각으로 확대된다. 이처럼 그의 모든 감각은 비 내리는 우포늪과 마주하며 무한히 열려 있다. 그와 같은 열린 태도는 1억 년 전의 무한한 시간과의 대화를 가능하게 만든다.

그가 '우포늪의 생태자연을 보존하기 위한 시민단체'의 사무실에서 만난 돌 속에 직경 2~3밀리미터 크기의 수백 개의 빗방울 자국이 남아 있는 '빗방울화석'은 중생대 백악기(1억 1천만 년 전)에 내린 이슬비에 의해 생긴 것으로 추정되는 화석이다.

물방울화석을 들여다보니 중생대 백악기의 이슬비 음향이 들려오고 있다. 백악기 풀꽃의 냄새와 이슬의 촉감이 닿아오는 듯하다. 빗방울은 흔적 없이 사라지는 것이지만, 1억 년이 지나고도 남아 있다는 것은 상상도 못할 신비이고 환상이 아닐까.

마르지 않는 원시의 물을 본다. 사라지지 않는 물의 영혼을 본다. 빗방울화석 속에 영원의 표정이 있다. 화석 속의 빗방울이 영원의 눈동자일 듯싶다.

— 〈빗방울화석〉에서

그는 이 빗방울화석을 통해 중생대 백악기에 내리던 이슬비의 음향을 듣는가 하면 백악기의 풀꽃 냄새와 이슬의 촉감까지도 상상적으로 느낀다. 이처럼 한 개의 화석을 통해 그의 청각, 후각, 촉각은 무한히 열려 있다. 나아가 그는 물의 영혼, 영원의 표정, 영원의 눈동자를 느끼는 영원을 향한 시간의식과 "생명의 근원이자 어머니"인 물의 영혼과 마주한다. 1억 년이란 시공간을 뛰어넘어 물방울과 명상하고 물의 영혼과의 대화를 이어 나간다. "눈을 감고 빗소릴 듣는다. 심장이 뛰고 있다. 노란 창포꽃이 금관보다 찬란해 보인다. 1억 년이 안개 속에서 순간처럼 느껴진다."처럼 1억 년 전의 시공간이 찰나의 순간처럼 느껴지는 영혼의 교감을 빗방울화석을 통해 그는 느끼고 있다. 시민단체 사무실의 바깥에는 폭우가 쏟아지지만 사무실의 내부에서 그는 1억 년을 초월하여 중생대의 이슬비와 교감하고 있는 것이다.

이 수필은 비 내리는 우포늪과 빗방울화석이 만들어내는 분위기가 작품 전체를 압도하는 수필이다. 태고의 신비를 간직한 채

비 오는 날의 우포늪에 떠도는 향기는 비단 창포꽃이나 찔레꽃과 같은 식물의 향기가 아니라 주검의 냄새, 탄생의 냄새, 찰나와 영원의 냄새 같은 영적인 향기들이다. 그는 현재의 시공간을 초월하여 태고와 원시의 시공간을 산책한다. 그 산책의 하이라이트는 1억 1천만 년 전에 내린, 즉 중생대 백악기의 이슬비에 의해 만들어진 빗방울화석과의 만남이다. 태고의 신비를 간직한 우포늪이 만들어내는 신비한 분위기 속에서 그는 빗방울화석을 만남으로써 1억 1천만 년 전의 시공간으로 순간이동을 한다.

수필가 정목일로 하여금 숨 막힐 듯한 심미적인 환상의 미적 체험을 가능하게 만드는 것은 상상력의 힘이다. 이 상상력으로 인해 대상과 주체 사이에는 상호침투의 관계가 형성된다. 우포늪에 내리는 비와 빗방울화석은 단순한 물질적 속성을 지닌 대상이 아니라 그것을 바라보는 주체의 영혼과 뒤엉켜 하나가 되는 듯한 분위기를 창조함으로써 작품 전체를 지배하는 결정적 요소로 생생하게 떠오른 것이다.

### 3. 그리움의 정서가 빚어낸 환상적 상상력

강미나의 〈아버지의 나무〉는 시간의 순차적 질서와 논리를 변조시킴으로써 계기적 질서를 혼란시키고 낯설게 하기의 효과를 극대화시키고 있다.

① 치솟은 나무 우듬지에 하늘이 누웠다. 목이 마르다. 퍼런 가

지 하나 와작 베어문다. 나뭇가지 사이로 하얀 나비가 날갯짓한다. 한참을 혼자 팔랑거리다가 바람자락 타고 친정집 이층 창으로 날아간다.

이층 아버지 방안에는 귀목으로 만든 앉은뱅이책상이 있다. 닳아 반질거리는 철제 손잡이를 잡고 서랍을 열어본다. 생전에 사용하시던 돋보기, 바지 주머니에 늘 함께하던 주머니칼, 벼락 맞은 대추나무로 조각한 관세음 보살상이 숨 쉬고 있다. 돋보기를 써본다. 핑－어질하다. 정좌하고 계신 아버지 앞에 살그머니 앉았다.

② 혼자 향을 사른다. 앉은뱅이책상에 돋보기를 쓰고 앉은 나를 바라보며, 아버지가 빙그레 웃으신다.

－〈아버지의 나무〉에서

인용문의 ①은 서두이며, ②는 결미이다. 수필가 강미나는 현재의 시간에서 돌아가신 아버지를 회상하며 그 옛날 초등학교에 입학했을 때 아버지가 그녀를 위해 귀목으로 만들어주셨던 앉은뱅이책상 앞에 앉아 있다. ①과 ② 사이에 손끝이 야문 도끼목수로 사셨던 아버지의 생애와 무엇보다도 그녀를 사랑해주셨던 아버지에 대한 기억이 회상된다.

회상을 통해 마치 녹색 손을 가진 마법사와도 같았던 "중국 장안 서쪽의 풍악에 살던 곽탁타처럼 나무의 본성을 잘 알아 성질을 거스르지 않고 다스렸"던 아버지, "나무속살을 만져보거나 냄새만 맡아도 무슨 나무인지를 아는 아버지"를 한 명의 장인으로서 그녀가 존경하고 있음이 드러난다. 하지만 기억의 핵심은 무엇보다도 그녀가 아버지의 사랑을 듬뿍 받으며 자랐다는 것이다. 아버지의 사랑을 구체적으로 확인시켜주는 것이 바로 아버지가 그녀를 위해 만들어준 앉은뱅이책상이다. 그리고 중1 때 편지꽂이를 만들다 다리를 다쳤을 때 그녀를 업고 내처 내달리셨던 아버지에 대한 기억이다.

수필가 강미나가 아버지를 존경하는 것은 아버지가 손끝이 야문 목수였다기보다는 아버지가 그녀에게 베풀어주신 혈육으로서의 사랑 때문이다. 현재 아버지는 저 세상으로 떠나시고 안 계시지만 그녀는 뒤늦게 자신의 마음속에 성자처럼 우뚝 선 아버지라는 위엄 있는 한 그루의 나무의 존재를 느낀다.

> 나무는 우두커니 서 있다고만 여겼다. 그 그늘에서 뛰어놀며, 열매를 따고, 내가 원하면 언제든지 가지를 내어주는 따라진 줄 알고 있었다. 그러나 나무 한 그루는 언제나 따라왔다. 숨바꼭질하는 아이에게도, 빨간 모자 쓰고 가는 가시내에게도, 아이를 안고 가는 여인에게도 하연 나무는 언제나 곁에 있었다. 하늘 길을 가면서도 바람 불면 금강경을 외우고, 가지 하나 함부로 뻗지 않고 여든 세월 그 자리를 지켜온 나무, 위엄 가득한 성자처럼 내 속에 서 있다.
>
> — 〈아버지의 나무〉에서

회상은 일정한 시간과 장소에서 경험했던 과거의 여러 영상이 현재의 상태 속에서 하나의 정신적 풍경으로 재현되는 것을 말한다. 그러나 이 회상이 작품으로 형상화되기 위해서는 상상력을 통해서 용해되는 과정이 필요하다. 강미나의 〈아버지의 나무〉는 시간의 변조를 통해서 낯설게 하기를 하고 있을 뿐만 아니라 환상적인 상상력을 활용한다.

인용문 ①의 "치솟은 나무 우듬지에 하늘이 누웠다."에서 보듯이 주체는 치솟은 나무 우듬지를 바라본다. 그리고 나뭇가지 사이로 날갯짓하는 하얀 나비를 바라본다. 그러다가 문득 "한참을 혼자 팔랑거리다가 바람자락 타고 친정집 이층 창으로 날아간다."에 오면 대상을 바라보던 주체와 대상 사이에 경계가 사라지면서 주체는 나비가 되어 친정집 이층 아버지의 방으로 날아간다. 여기서 환상적인 상상력이 발동된다. 상상력은 마음속에서 눈에 보이지 않은 영상을 만들거나 경험을 초월한 세계를 만드는 정신적 능력이다. 여기서 작가로 하여금 환상적 상상력을 가능하게 만드는 것은 아버지에 대한 절절한 그리움이다. 즉 그녀의 마음속의 아버지에 대한 애틋한 그리움이 그와 같은 환상적 상상력의 작동을 가능하게 만들었다. 이 작품의 제목 '아버지의 나무'에서 나무는 평생을 목수로서 사셨던 아버지가 다루었던 대상이었지만 이제 아버지가 한 그루의 나무가 되어 작가의 마음속에 위엄 가득한 성자처럼 우뚝 서 있다.

## 4. 현실을 비평하는 역사사회적 상상력

서경림의 〈바닷소리〉에서 들리는 파도소리는 사뭇 다른 체험을 주체에게 환기한다. 제주 출신임이 분명해 보이는 서경림의 귀에는 바닷가의 파도소리에서 1948년 4월 3일 남한만의 단독정부 수립에 반대한 제주 남로당의 무장봉기와 미군정의 강압이 계기가 되어 제주도에서 일어난 민중항쟁의 무력충돌과 진압과정에서 주민들이 희생당한 4·3사건이 떠오르기도 하고, 1980년대 후반 주민들의 반대에도 불구하고 탑동 매립공사를 강행하기 이전엔 멀리서도 들을 수 있었던 파도소리가 들려오기도 한다.

즉 제주의 바닷가를 거니는 그의 귀에는 수십 년 전의 역사적 시간과의 조우를 가능하게 하는 파도소리가 들리는 것이다. 그 소리는 자연의 음향인 파도소리가 아니라 역사의 파도소리라고 할 수 있다. 그 파도소리는 때론 우는 듯이 들려오고 때로는 노랫소리처럼 들려온다. 그 소리는 현실의 그의 귀가 듣는 청각적 경험이 아니라 그의 역사사회적 상상력이 불러내는 소리이다.

글을 읽다보니, 수필가 서경림은 "30여 년 동안 주로 바닷가에서 탐석을 하며 행복한 때를 보낸" 수석 채집가이다. 그는 파도가 수석을 만들어가는 과정을 다음과 같이 적고 있다.

> 바닷가처럼 변화무쌍한 곳도 없다. 지난주에 눈여겨보아 두었던 돌멩이 하나가 보이질 않는다. 한참 만에 일주일 사이에 여러 발을 옮겨진 것을 발견한다. 파도가 옮긴 것이다. 파도는 바위를 부수고 옮긴다. 바위를 할퀴고 벗긴다. 돌멩이를 굴리고 쓰다듬는다. 껍질처럼 얇게 떨어져 나온 돌멩이들이 바위 틈에 낀다. 바위 틈을 파도가 세차게 흐른다. 돌멩이의 날카로운 양끝이 바위를 밀며 버틴다. 약한 부분은 떨어져도 힘껏 버틴다. 골骨만 남는다.
>
> 거친 부분은 닳아서 매끈거린다. 파석은 마모되어 부드럽게 된다. 스스로를 아름답게 가꾸어 수석이 된다.
>
> — 〈바닷소리〉에서

오랜 시간과 파도의 역동적인 운동에 의해서 만들어진 수석에 그가 탐닉하게 된 것은 수석을 통하여 느끼는 미적 아름다움에 대한 희열 때문이다.

> 하나의 작은 돌에서 골기骨氣를 느끼면서 바로 동양미의 진수를 본다. 수석에서 환상적인 동양화의 아름다움을 체험한다. 유연하게 외곽을 흐르는 유선형, 한없이 이어지는 변화, 그와는 반대의 단순함, 대칭과 비례, 균형의 기묘한 조화 등은 관심만 있어서 다가설 수 있는 것이다.
>
> 미적 체험이야말로 피곤하고 지겨운 일상을 벗어난 희열의 세계이다. 그것은 광휘의 세계이다.
>
> — 〈바닷소리〉에서

위의 인용문은 그가 환상적인 동양화의 아름다움과 그로 인한 희열로 인해 수석의 세계에 빠져들었다는 것을 알려준다. 그러나 여기에 머물지 않고 그는 어느 날 우연히 "냇가에 버리려고 생각했던 돌들이 새롭게 보이기 시작했"던 경험, 다시 말해 "적당한 받침이 없이는 감상할 가치조차 없던 돌멩이가 궁합이 맞는 짝과 잘 어울리면 참으로 아름다운 수석이 되는" 이치를 발견했다고 고백한다. 즉 "하잘것없는 돌멩이도 알맞은 짝만 찾으면 쓸모가 있"게 변신하는 원리를 발견한 것이다. 그것은 "산기슭에 기와집이나 초가집이 있을 때 그 자연이 더욱 아름다워지는" 이치와도 같다. 즉 한 개의 돌로서 완결된 아름다움이 아니라 "두 점의 돌이 하나인 것처럼 잘 조화를 이루어 환상적인 형상을 보이는 것"의 원리를 체득하게 된 것이다.

그런데 그는 그렇게 하여 만들어진 것이라고 하더라도 "그것은 어디까지나 조형상의 미美"에 불과한 것으로 간주한다. 그리고 "바다에서 울리는 진정한 아름다움은 해녀들의 숨비소리에서 나온다."라고 단언한다. '숨비소리'는 해산물을 채취하기 위해 무자맥질하던 해녀들이 물 위에 떠오를 때마다 '호오이' 하면서 한꺼번에 막혔던 숨을 몰아쉴 때 나는 소리이다. 그는 그 숨비소리를 "숨 막히는 단말마의 고통에서 나오는" 비장미의 극치라고 말한다. "가족의 생계를 등에 지고 바다 깊이 자맥질하는 해녀들의 모습은 참으로 값진 희생의 미이다. 우리를 가장 광휘롭게 하는 미이다."라고 말한다. 수석의 조형미가 아무리 아름답다 한들 해녀들의 가족의 생계를 등에 지고 생명을 담보한 값진 희생을 상징하는 숨비소리의 비장미에 결코 비할 바가 아니라는 것이다. 다시 말해 예술적 아름다움과 생명을 건 인간의 치열한 희생의 아름다움은 결코 비교 대상이 될 수 없다는 것이다. 삶의 치열함이 주는 비장미가 수석의 조형미를 압도한다는 것을 통해서 그가 인간과 그 삶에 대해 얼마나 관심이 큰 사람인가가 드러난다.

그의 사유는 해녀의 숨비소리에서 그치지 않는다. 미에서 추로 넘어가며 "미의 반대개념은 추이다. 탐욕으로 꽃다운 청춘들을 바다에 수장한 세월호의 책임을 두고 온갖 핑계로 미적거리는 것이야말로 추한 것이다. 슬픔을 공감하지 못하는 자들과 함께 살자니 바닷소리가 더욱 슬프게 들린다. 바닷소리는 울려오고 있다. 잘 먹고 잘 입지는 못하더라도 아름답게 살라고 울리고 있다."로 〈바닷소리〉는 결미를 맺는다. 왜 그가 앞에서 두 개의 돌이 어울려 환상적인 아름다움을 창조해내는가를 말했던가 하는 비밀이 풀리는 느낌이다. 세월호의 비극을 자초하고도 수장당한 청춘의 비극에 공감하지 못하는 추악한 자들과 함께 살아가야 하는 비극, 동시대를 어울려 살아가야 할 존재들이 조화와 공생을 거부하는 이 시대의 비극을 말하고 싶었던 것이다.

수필 〈바닷소리〉의 핵심적 소재는 파도소리이며, 이를 통해 조화와 공생을 거부하는 이 시대의 비극을 말하려는 데 초점이 있다. 그런데 수석에 대한 긴 서술로 인해 글 전체의 균형이 다소 깨어지고 있다. 수석에 대한 언급은 줄이고 바닷소리에 보다 초점을 맞춘 글쓰기가 이루어졌더라면 하는 아쉬움이 남는다. 〈바닷소리〉는 역사적 사건에 대한 본격적인 비평은 시도하고 있지 않지만 파도소리를 통해 4·3사건, 탑동매립사건, 그리고 세월호사건과 같은 역사사회적 사건을 환기함으로써 한 편의 사회비평적 수필로 훌륭하게 형상화되고 있다.

## 5. 상상력과 심층심리의 에세이 쓰기

다양한 상상력이 변주되는 수필 3편을 읽었다. 수필이 문학이라는 예술로 제대로 형상화되기 위해서는 상상력을 극대화하는 글쓰기가 필요하다. 외면적인 대상과 과거의 직접적인 경험을 그려내는 데서 나아가 경험을 새롭게 결합하는 창조적 상상력과 인간의 내면까지를 그려내는 수필 쓰기가 더욱 요청된다. 프로이트는 상상력을 전의식(pre-consciousness)이라고 하며, 이것을 제작과 관찰의 전 과정을 통해서 체험적인 여러 능력들이 조직화되는 독특한 양식으로 보았다. 그는 마음의 지형학적 모형을 의식, 전의식, 무의식으로 분류했다. 의식이란 현재 느끼거나 알 수 있는 모든 경험과 감각을 의미한다. 전의식이란 현재 의식되지는 않지만 전에 의식했던 것이 저장된 것으로 주의집중을 통해 쉽게 의식될 수 있는 경험을 말한다. 무의식은 정신 내용의 대부분을 형성하며 인간 행동을 결정하는 주된 원인으로, 소망, 공포, 충동, 억압된 기억 등이 저장되어 있는 무의식이 인간의 행동을 결정한다고 보았다.

시나 소설은 인간의 의식의 세계뿐만 아니라 전의식과 무의식까지도 적극적으로 그려낸다. 다만 수필만이 의식의 세계, 경험의 세계에 사로잡혀 있다면 수필이란 장르를 통해서는 결코 인간 전체를 온전하게 형상화해 낼 수 없을 것이다. 인간의 상상력과 심층심리까지 깊이 있게 천착해 내는 수필이 나와야 한다.

(2015. 1.)

# 기억하기와 글쓰기

## 1. 기억과 망각, 그리고 자전적 글쓰기

인간은 기억하는 기능을 가지고 있는 동시에 망각하는 기능도 가지고 있다. 어떤 기억은 너무나 고통스러워 잊게 되는가 하면 또 어떤 기억은 너무 고통스러워서 잊고 싶어도 잊지 못하는 경우도 있다.

인간은 자신에게 불리한 기억이나 충격적인 과거의 일로부터 자신을 방어하기 위해 뇌의 깊은 곳으로 기억을 이동시키는 무의식적 망각이 일어나기도 한다. 그래서 인간을 망각의 동물이라 부르기도 하는 것이다. 따라서 기억과 망각은 서로 짝이 되는 개념이다.

더구나 인간의 삶에서 자신과 관련된 자서전적 기억은 삶과 깊은 관련을 맺고 있다. 인간은 자신이 경험한 사건을 겪은 그대로 나열하는 것이 아니라 특정 경험을 취사선택하면서 거기에다 어떤 의미를 부여하고 자신에 관한 이야기를 만들어가는 존재라고 할 수 있다.

박완서는 그녀의 자전적 소설인 ≪그 많던 싱아는 누가 다 먹었을까≫의 서문에서 작품의 창작과정에서 기억의 취사선택이 불가피했거니와 단편적인 기억과 기억들 사이를 자연스럽게 이어주기 위해서는 상상력의 연결고리가 필요했다고 고백하고 있다. 그뿐만 아니라 기억의 불확실성에 대해서도 언급하면서, 기억이란 것도 결국 각자의 상상력일 따름이라고 말한다. 즉 아무리 자전적 글쓰기라고 하더라도 온전한 기억의 재현은 불가능하며, 상상적이고 허구적인 글쓰기를 하지 않을 수 없다는 뜻이다.

≪자서전의 규약≫을 쓴 필립 르죈(Philippe Lejeune)도 자서전이 기억의 문제, 인격 형성의 문제, 자기분석의 문제 등 광범위한 여러 문제와 연관되어 있다는 점에서 심리학적 연구가 가능할 것이라는 견해를 피력한 바 있다. 그는 자서전을 읽는 독자가 정신분석학에서 귀중한 도움을 얻을 수 있는 이유가, 그 이론이 한 개인을 그 역사와 유년기의 체험을 통해 설명해 주기 때문만은 아니다. 그보다는 정신분석학이 개인의 역사를 그의 담론(discours) 속에서 파악하며, 그때 언술행위가 바로 그의 탐구(또한 그 치료의) 자리가 되기 때문이라고 했다.

수필은 근본적으로 작가의 체험과 기억이 토대가 된 자전적 글쓰기의 양식이다. 그리고 글쓰기란 감정의 표출을 통한 카타르시스가 이루어지는 과정이며, 과거의 상처와 억압된 기억을 떠올려 의식화함으로써 상처를 치유하게 만드는 과정이라고 말할 수 있다. 작가의 자전적 글쓰기는 작가 자신의 과거의 상처와 억압된 기억의 재현이며, 의식화와 치유의 과정인 것이다.

## 2. 가부장적 성차별의 기억, 그리고 화해

김광영의 〈섬〉이라는 수필은 아버지의 가부장적 성차별주의로 인해 자신이 받았던 트라우마(trauma)를 다시 불러내는 회상의 글쓰기가 이루어지고 있다. 즉 능동적인 기억하기를 통해 작가는 상처가 되었던 과거의 기억을 지우며 새로운 자아로 거듭나기를 시도하고 있다.

> 그녀의 유년을 돌이켜보면 노인으로부터 자상한 말 한 마디, 따뜻한 손 한번 잡혀 본 기억이 나지 않는다. 하지 마라, 안 된다, 나쁜 짓이다, 등등의 훈계만이 다 자랄 때까지 못이 박이도록 이어졌다. 철조망 같은 울타리에 갇혀 언제나 자유를 찾아 훨훨 날고 싶었고, 매몬 노인의 굴레를 벗어나고 싶은 게 꿈이기도 했다. 바르게 키우려는 의도였겠지만 제재가 심하면 정이 떨어진다는 걸 노인은 몰랐다. 하물며 핏줄도 그러한데 타인이야 오죽했으랴.
>
> — 〈섬〉에서

어릴 때 어머니가 돌아가셔서 육친의 따뜻한 정이 그리웠던 딸에게 오로지 규제로 일관했던 아버지의 엄격한 훈육은 그녀에게 깊은 마음의 상처로 남아 있다. 그뿐만 아니라 성장한 다음에도 이복 남동생들에게만 전답을 죄다 물려주고 그녀에게 아무런 상속을 하지 않은 아버지가 그녀는 그저 야속하기만 해 외면하고 싶었던 적이 한두 번이 아니었다.

> (전략) 더더구나 어릴 때 어머니가 돌아가신 딸은 아버지에 대한 애틋한 정이 별로 없었다. 이복남동생 네 명에게 전답을 죄다 물려주고 그녀에겐 따비밭 한 자락도 물려주지 않는 게 몹시 서운해서다. 스물아홉에 세상을 뜬 아내의 한 점 혈육에게 그렇게 냉정할 수 있을까 해서 친정걸음을 그만두려고 작심도 여러 번 했었다.
>
> 언젠가 그녀가 아버지와 단둘이 있는 시간에 딸에게도 상속을 좀 달라고 했더니 일언지하에 "나는, 출가외인에게 상속 주는 법은 인정 못한다." 쐐기를 박으셨다.
>
> 그럼 아들이 허방에 날린 전답은 아깝지 않느냐고 물었더니 "애비가 번 돈을 자식이 좀 쓰면 어떻노." 그런 대답이 돌아왔었다. 그런저런 차별대우로 노인께 굳이 보청기를 해드릴 마음이 딸에겐 내키지 않았다. 그녀의 작은동생들 역시 상속을 큰형의 지분만큼 물려받지 못했다고 번갈아가며 투덜댔다.
>
> — 〈섬〉에서

가부장적 성차별주의로 인해 딸 대신 아들, 아들 중에서도 장자 우선주의로 일관했던 아버지는 생전에 그로 인해 아들과 딸로부터 결국 외면을 당하게 된다. 귀가 들리지 않는 아버지에게 아들과 딸은 상속을 많이 받은 장남에게 보청기 사드리는 일을 미루고 사주지 않으며, 겨울철 한파가 기승을 부려도 아버지를 위해 털 점퍼를 사드리지 않는다. 그래서 찾아오는 자식도, 벗도 없이 노년을 섬처럼 외롭게 사셨던 아버지가 안타까워 딸은 결국 방한화와 깃털 점퍼를 사드린다. 작품 속의 부자관계에서 제삼자가 객관적으로 보게 되는 또 다른 측면은 혈연관계마저 철저한 기브앤테이크(give & take)에 지배되어 받은 만큼만 주겠다는 요즘의 계산적인 세태이다. 아마 이 점에 대해 작가는 가슴이 많이 아팠을 것이다.

> 노인이 섬이 된 건 청각을 잃은 탓도 있지만 고루한 성품 탓이 더 크다. 서양문물은 모두 싫고 흘러간 조선시대의 관습만 고집하셨다. 그래서 늘 고독했다. 선대로부터 물려받은 풍습과 관행은 아버지의 유산이기도 했다. 재물유산은 천수답 서 마지기를 받았지만 정신적인 유산은 노적가리만큼 받은 분이었다.
>
> 자식들에게 재산을 차별 없이 나누어주고, 변해가는 시대풍조를 받아들였더라면 저렇게 소외되진 않았을 텐데……. 그녀가 자랄 때도 조선시대 말기의 생활을 고집하다 보니 별나다고 호가 났었다. 보이지 않는 전피기 번개같이 날아다니는 소동만능 시대에 낭신만의 틀에서 벗어나지 못하는 노인이 가엾고 딱하기 이를 데 없었다.
>
> — 〈섬〉에서

김광영의 수필 〈섬〉에서 '섬'이란 일종의 상징이다. 섬은 혈육이라는 네트워크로부터도 소외된 존재인 아버지를 상징한다. 그 소외는 아버지의 고루하기만 한 가부장적 성차별주의와 장자 우선주의가 자초했다. 게다가 지나치게 엄격했던 개인적 성품으로 주위 사람들에게 곁을 주지 않았기 때문이다. 그러니 자식들로부터 소외된 것은 물론이거니와 집안 친척들에게 여러 도움을 주었으면서도 정작 그 자신은 절해고도의 외로운 섬처럼 털복숭이 개 한 마리에 의지하여 고독하고 소외된 노년을 살다 세상을 떠났다.

김광영은 아버지의 외로운 삶이 개인적 성품도 성품이려니와 새로운 시대풍조를 받아들이지 못하고 선대의 풍습과 관행에 사로잡혀 자신만의 틀에서 벗어나지 못했던 데서 기인한 것으로 이해한다. 호미 바바(H. Bhabha)는 기억하기는 결코 자기반성이나 회고와 같은 정태적 행위가 아니다. 그것은 현재의 외상을 이해하기 위해 조각난 과거를 짜 맞추어 보는 것, 고통스러운 다시 떠올림이라고 했다. 김광영의 기억하기는 바로 현재 그녀를 지배하고 있는 트라우마를 이해하기 위한 고통스러운 떠올림이라고 할 수 있다.

어쨌든 김광영은 자전적 글쓰기의 주관성을 벗어나기 위해 실제 작가인 그녀 자신을 '딸'이라는 객관적 호명으로, 그녀의 아버지는 '노인'으로 호명함으로써 보다 객관적인 공감대를 불러일으킨다. 그로 인해 가부장적 성차별주의로부터 상처를 받았던 세상의 모든 딸들에게 상처의 흔적을 지우는 능동적 망각을 통해 화해를 하라고 말을 걸고 있는 듯하다. 원망스러우면서도 육친이기에 미워할 수만은 없었던 애증의 복합감정과 이제는 미워할 대상마저 세상을 뜨고 말았으므로 다만 가엾고 딱하게 여기는 연민의 감정에 사로잡혀 있는 작가의 애틋한 마음이 독자에게 진솔하게 전해진다.

## 3. 후각과 기억

인간은 다섯 가지의 감각, 즉 시각, 청각, 미각, 촉각, 후각 등 오감을 통해 세상을 감각적으로 인지하고 경험하며 살아간다. 우리는 쉴 새 없는 오감의 자극 속에서 살아가고 있다고 말할 수 있다. 우리는 눈으로, 귀로, 혀로, 손으로, 코로 정보를 받아들이고 느끼고 즐긴다.

냄새는 경험하는 사람의 의지에 상관없이 무조건적으로 흡입되는 경우가 대부분이다. 후각신경에서 뇌로 정보가 전달되는 방식은 다른 감각과 달리 독특하다고 한다. 다른 감각들은 모두 시상이라는 중간과정을 거쳐 대뇌의 전문 영역으로 전달되어 인지되는 반면, 후각은 그러한 중간단계 없이 정보가 뇌로 곧바로 전달된다는 것이다. 그뿐만 아니라 후각은 감정과 기억을 담당하는 뇌에 바로 연결된다고 한다. 그래서 냄새는 감정과 기억에 직접 영향을 미치고, 무의식적으로 작용한다.

'프루스트 현상'이라는 말이 있다. 이 말은 과거에 맡았던 특정한 냄새를 통해 과거를 기억해내는 현상을 뜻한다. 이 말은 프랑스의 작가 마르셀 프루스트가 쓴 ≪잃어버린 시간을 찾아서≫에서 주인공 마르셀이 홍차에 적신 마들렌 과자의 냄새를 맡고 어린 시절에 대한 기억을 회상한 데서 비롯되었다.

이처럼 특정한 냄새는 시각이나 청각 등의 다른 감각보다 더 빠르고 확실하게 과거의 기억을 환기한다. 냄새는 의식적인 사고 과정을 거치지 않기 때문에 다른 감각으로는 불가능한 경험을 하게 만든다. 그래서 냄새는 보통 침범당하듯 일방적으로 우리에게 찾아온다.

김상환은 수필 〈발효〉에서 아내가 끓이는 청국장 냄새에서 까맣게 망각하고 있었던 농촌의 퇴비의 냄새로, 다시 어릴 적 어머니의 땀 냄새로 후각적 연상과 기억이 순식간에 이동한다. 그런데 이 과정은 모두 무의식적으로 일어난다.

김상환에 의하면 청국장, 퇴비, 어머니의 땀 냄새에는 발효라는 공통분모가 존재한다. 작가는 발효와 부패를 구별한다. "몸에 이로운 성분을 생성하면 발효라 하고 효소에 의해 변해가는 것을 숙성이라고 한다. 우리 인생도 발효되는 삶을 살아가면 향기가 나고 부패된 삶을 살아가면 썩는 냄새가 날 것이다. 부패는 나를 지키지 못하는 것이고, 발효는 고초균처럼 본성을 유지하면서 제2, 제3의 물질을 탄생시키는 것이다."라고 발효의 철학마저 내세운다.

아마도 농촌에서 자랐을 것이 분명한 작가에게 고향은 청국장 냄새나 퇴비 냄새, 그리고 어머니의 땀 냄새로 기억되는 후각적 감각을 환기하는 공간이다. 작가는 청국장 냄새가 '뜬금없이' 고향의 기억을 환기했다고 적고 있다. 이-푸 투안(Yi-Fu Tuan)은 고향에 대한 인간의 "깊지만 잠재의식적인 애착은 단순히 친숙함과 편안함, 양육과 안전의 보장, 소리와 냄새에 대한 기억, 오랜 시간 동안 축적되어 온 공동의 활동과 편안한 즐거움에 대한 기억과 함께

온다."고 했다. 이-푸 투안이 ≪토포필리아≫에서 적었듯이 "냄새에는 생생하면서 정서적으로 충만한 과거의 사건과 장면들을 환기시키는 힘이 있다.

> 누구네 집 담장을 넘어 왔을까. 오랜 도시생활에서 까맣게 잊고 있었던 냄새가 나를 깨웠다. 그 냄새를 따라가 보니 우리 집 부엌에서 아내가 청국장을 끓이고 있었다.
>
> 상쾌한 아침 구수한 청국장 냄새를 맡으면서 뜬금없이 왜 퇴비 냄새를 떠올렸는지 모르겠다. 이는 아마도 추억의 향기가 더해져 그랬으리라.
>
> — 〈발효〉에서

하지만 김상환의 수필은 청국장 냄새에서 환기된 고향에 대한 향수나 어머니에 대한 충만한 회상에서 머무르지 않는다. 그가 말하고 싶은 것은 과거의 기억이 아니라 현재의 삶에 대해서이다. 즉 발효되고 숙성되는 시간을 기다리지 못하는 현대인의 인스턴트화 된 삶을 비판하며, 삶에도 발효되고 숙성되는 시간이 필요하다고 말하고 싶은 것이다. 어거스틴(Augustine)은 과거와 미래는 없다. 오직 현재만 있다. 과거는 현재의 기억 속에 있고, 미래는 현재의 기다림 속에 있다고 했던 말을 상기하게 되는 대목이다.

> 그런데 현대인들에게는 발효되고 숙성될 시간이 부족하다. 고향이 없고 이웃이 없고 평생직장이 없어지고 오래 묵은 친구조차 드물어졌다. 살고 있는 집도 직장에서도 언제나 떠날 준비가 되어 있

으니 정과 사랑이 오래 묵히고 숙성될 공간도 시간도 없다. 그러다 보니 애경사에도 마음에 없는 인사치레로 현금 봉투만 오고간다. 그뿐만 아니라 젊은이들은 인스턴트식 사랑에 익숙해지고 매스컴에서는 날마다 부패한 사람들의 이야기로 세상이 시끄럽다.

발효식품에는 과학과 철학이 담겨 있다. 알고 보면 발효란 크고 웅장한 것이 아니라 눈에 보이지도 않는 미생물의 증식에 의해 일어난다. 우리들의 삶 또한 아름답고 행복하게 하는 것들은 미생물처럼 눈에 보이지 않은 작고 하찮은 것들이 모여서 이뤄지지 않던가.

내가 나이를 먹어가는 일도 늙어가는 것이 아니라 숙성 발효되어 가도록 힘쓸 것이다. 그러면 미움도 원망도 가슴 아팠던 일까지도 곰삭아서 사랑이 되고 기쁨이 되어 아름다운 추억으로 승화하리라.

— 〈발효〉에서

곰삭아 원숙해진 삶의 경지, 미움도 원망도 발효시켜 사랑으로, 기쁨으로, 아름다운 추억으로 승화시키는 늙음이야말로 삶을 발효시켜 아름답고 행복하게 만드는 지혜인 것이다. 늙음을 단지 육체적 노화나 젊음의 반대개념으로만 받아들이는 현대인들이 경청할 만한 메시지라고 할 수 있다.

## 4. 장소에 대한 기억

조옥성의 〈고향 가는 길〉은 장소에 대한 기억을 불러일으킨다. 대부분의 사람들에게 고향은 낯선 공간이 아니라 친숙한 공간, 그의 주관적이고 구체적인 경험들과 가치들의 안식처이며, 안전과 애정을 느낄 수 있는 고요의 중심이다. 이-푸 투안(Yi-Fu Tuan)은 낯선 추상적 공간(abstract space)과 의미로 가득 찬 구체적 장소(concrete place)를 구분했는데, 고향은 대부분의 사람들에게 친밀한 장소이다.

조옥성은 여수에서 약 40킬로 떨어진 초도를 고향으로 둔 사람이다. 고향 행사에 참석하러 가는 날 아침 일찍 일어나 일기예보를 들어본다든가, 배를 타서는 설레는 마음으로 배 안 여기저기를 둘러보는 심경에서 고향을 찾아가는 사람의 흥분된 마음이 잘 드러나고 있다. 그에게 고향에 도착했다는 것을 확실하게 일깨워 주는 것은 "짭짤한 갯냄새"이다. 즉 고향은 갯냄새의 후각적 자극을 통해서 그에게 구체적으로 경험된다. 하지만 고향의 변화된 풍경들은 그로 하여금 고향을 찾은 반가움이 아니라 낯선 감정과 허전함을 느끼게 만든다.

> 내가 철없이 뛰어놀던 운동장이며 학교 뒤뜰의 자갈길 그리고 공부하던 교실 등 내 어린 시절에 정들었던 것들이 이젠 모두 오래되어 생소한 모습으로 다가와 내 마음을 허전하게 만들었다.
>
> 행사를 시작하기 전 잠깐의 틈을 타서 나는 옛날 살던 집을 찾아가 보았다. 그 넓은 남새밭은 조그마한 텃밭으로 줄어들어 있었고, 내가 살던 집은 빈 집터만 남아 있었는데, 동네 사람들이 식수로 사용하던 깊은 샘은 그대로 남아 있었다. 무더운 여름에 지게 짐을 지고 집으로 돌아올 때 가장 먼저 찾아가는 곳이 바로 이 샘이다. 우리는 이 샘가에서 등물을 하며 더위를 식히곤 했는데, 샘 속을 들

여다보니 이끼가 파랗게 끼어 있었다.

— 〈고향 가는 길〉에서

사람들은 자신의 기억 속의 고향이 현실에서도 그대로 보존되어 있기를 소망한다. 따라서 사람들이 그리워하고 사랑하는 것은 현실의 고향이 아니라 기억 속에 저장된 장소, 과거 고향에 대한 기억이다. 따라서 수필가 조옥성이 세월이 흐름에 따라 변화된 고향의 낯선 풍경에 실망감과 허전함과 아쉬움을 느끼는 것은 어쩌면 당연한 일이다. 유일하게 변화되지 않고 남아 있는 고향 마을의 샘 속의 '파랗게 핀 이끼'는 세월의 이끼라고 할 수 있다. 고향 마을의 샘 속에서 작가가 깨닫는 것은 파란 이끼가 낄 정도로 세월이 많이 지났다는 자각일 것이다.

그런데 허전함과 실망감에 사로잡혀 있는 그에게 수십 년 전 위아래에서 살던 동네 형수님이 건네준 냉동전복과 미역 그리고 톳이 들어 있는 검정 비닐보퉁이는 그에게 고향의 감동을 물씬 안겨준다. "이래서 고향인가 싶었다. 나는 어릴 적 우리들의 손때가 묻은 정과 구수한 고향의 맛을 그리워하면서 잠시 눈을 감는다. 고향 가는 길은 언제나 포근한 정을 안겨주는 길이었으면 하는 생각을 한다."에서 드러나듯 그에게 고향은 단순한 풍경이 아니라 유년시절에 느꼈던 포근함, 따뜻한 인정, 구수한 해산물의 맛과 같은 것들이다.

고향은 단지 출신지라는 지리적 개념이 아니라 푸근함, 따뜻함, 안정됨, 평화로움과 같은 정신적이고 내면적인 개념을 지님으로써 과거에 떠나 왔지만 언제든 돌아가고 싶은 추억의 장소이다. 인간은 자신의 존재와 삶의 뿌리인 고향으로부터 떠나 도시를 떠돌지만 언제든 다시 고향으로 회귀하고 싶은 욕망을 안고 살아간다. 그래서 고향은 인생의 출발지이면서 종착지라고 할 수 있다.

(2013. 7.)

# 일상성에 빠져들기 그리고 거리 두기

## 1. 머리말

문학의 장르 가운데 일상성과 가장 가까운 것을 들라면 그것은 단연 수필일 것이다. 수필의 특성을 형식의 자유로움, 소재의 다양성, 개성적 · 고백적 성격, 심미적 · 철학적 요소, 유머 · 위트 · 비판의식의 요구, 간결한 산문의 양식 등으로 규정짓지만 그 무엇보다도 가장 중요한 특성의 하나가 일상성이 아닌가 생각한다. 특히 수필을 경수필(informal essay, miscellany)과 중수필(formal essay, essay)로 분류할 때에 감성적 · 주관적 성격의 경수필은 그야말로 일상성을 그 대상으로 삼는다고 할 수 있다. 경우에 따라 이 일상성에 빠져들어 헤어 나오지 못하게 되면 그 수필은 문학작품이 아니라 지극히 개인적인 신변잡기로 전락할 위험성까지 있을 만큼 많은 사람들은 자신의 수필에서 일상성을 가장 많이 그리고 친숙하게 다룬다.

20C 후반 민족, 정치, 전쟁과 같은 거대담론이 무너진 자리에 '일상성'은 새롭게 주목받는 학문적 비평적 담론으로 떠올랐다. 하이데거가 ≪존재와 시간≫에서 인간의 일상성을 다양한 층위에서 설명한 이래 철학, 사회학, 인류학, 역사학, 문학, 예술 등 여러 분야에서 일상성에 대한 학문적 관심이 크게 제고되기 시작했다. 특히 포스트모더니즘의 전세계적 흐름 속에서 일상성은 20C 말의 문학과 예술 현상을 설명하고 분석하는 주요한 개념으로 자리 잡았다.

하이데거(Martin Heidegger)는 일상적 삶의 존재양식을 잡담(Das Gerede), 호기심(Die Neugier), 그리고 애매함(Die Zweideutigkeit)으로 표현했다. 인간은 일상적 삶에 내던져짐과 빠져듦으로 인해 편안하고 안정적인 삶을 살아갈 수 있다. 그러나 다른 한편으로 일상적 현존재인 인간은 다양한 삶의 한계상황에 직면했을 때 일어나는 불안과 양심의 소리 그리고 죽음에로 앞서 달려가 보는 실존적 결단을 통해 본래적 삶의 세계, 즉 일상성을 벗어난 본래성을 획득하게 된다. 하이데거의 ≪존재와 시간≫은 일상적 현존재가 어떻게 이 본래성을 획득하는가를 생생히 묘사하고 있다.

사회학적으로 '일상성(quotodiennete)'이 개념화된 것은 프랑스 사회학자 앙리 르페브르(Henri Lef bvre, 1901~1991)에 의해서였다. 그는 ≪현대세계의 일상성≫이란 책에서 자본주의 사회 속에서 살아가는 현대인들의 일상성을 냉철하게 묘파하고 있다. 그가 말한 일상성이란 일상의 사사로운 것뿐만 아니라 그것이 일어나는 공간, 특히 도시 거리 풍경을 포함하는 개념이다. 그가 주목한 일상성 비판은 단순한 비판적 담론이 아니라 자본주의 부르주아지 이데올로기가 투영되는 일상성의 공간을 근본적으로 변화시키려는 기획 아래 이루어졌다.

르페브르는 그의 마지막 저서인 ≪리듬분석－공간, 시간, 그리고 도시의 일상생활≫에서 일상성과 함께 공간뿐만 아니라 시간에 대해서 사유한다. 그는 시간과 공간을 일상성을 표현하는 것으로 이해했고, 공간, 시간, 도시의 일상생활을 '리듬분석'이라는 새로운 방법으로 분석하고자 했다. 그는 리듬을 공간, 시간, 에너지를 하나로 연결하는 것으로 파악했다. 그리고 리듬 분석이란 시간으로 돌아가되 공간의 시간성을, 또한 공간에 머물되 공간의 시간성을 변증법적으로 통일되어 드러나는 온전한 현전을 리듬의 심연에서부터 드러내 보이고자 하는 것이라고 했다.

그는 리듬을 반복 속의 움직임과 차이로 파악하며, 리듬의 몇 가지 기본개념을 제시한다. 즉 순환적 리듬과 선형적 리듬, 동일리듬성과 다多리듬성, 조화리듬성과 부정리듬성과 같은 것이 그것이다. 이것들은 서로 연관되어 있으면서도 구별되는 개념이다.

순환적 리듬은 우주적이고 자연적인 리듬으로, 가령 낮과 밤의 변화, 파도와 조수의 변화, 달 모양의 변화 같은 것들에서 찾아볼 수 있다. 선형적 리듬은 주어진 틀에 따라 행위와 동작이 단조롭게 반복되는 것으로 사회적 실천, 즉 인간의 활동에 해당된다. 이리듬은 인간이 만든 시계의 기계적 리듬이며, 싫증과 피로와 지겨움을 불러일으키는 거친 반복의 리듬이다. 하지만 순환적 리듬과 선형적 리듬은 상호적으로 작용한다. 즉 선형적인 반복에 의해 모든 것은 순환적 반복이 된다.

그는 다른 리듬들의 결합을 전제로 하는 조화리듬성은 리듬들이 건강한 상태, 정상적인, 즉 규범화된 일상성 속에서 결합한 것으로, 복수의 것이 대화하고 상호작용하면서 전체 리듬의 안정성을 유지하는 상태라고 했다. 반면 리듬들이 서로 분리되고, 변형되고 탈동기화된 비정상적이고 병적인 상태를 부정리듬성으로 규정했다. 리듬들의 조화가 깨어질 때 고통이 찾아오며 병적인 상태에 진입하게 되는데, 이 부정리듬성은 증상이자 동시에 결과이며 원인이다. 인간의 몸이든 사회든 국가든 다양한 리듬이 하모니 상태를 이룰 때, 즉 조화리듬성 상태일 때 건강할 수 있고, 그것을 잃어버리고 부정리듬성에 빠져 있을 때 건강을 잃어버리게 된다.

하이데거나 앙리 르페브르의 경우에 일상성은 비본래적인 것으로, 또는 자본주의가 작동하는 소외된 공간으로 비판된다. 하지만 미페솔리는 이들과는 관점을 달리하여 오히려 민중의 일상적 삶은 어떤 선험적 이론으로 포섭될 수 없는 자체의 동력을 가지고 있을 뿐만 아니라 각종 지혜로 삶의 위기를 헤쳐나간다고 강조한다.

학자들이 일상성을 부정적인 것으로 또는 긍정적인 것으로 규정짓는 것과 별도로 보통사람들에게 일상성은 그저 고상하거나 저속한 것이 아닌, 인간이면 모두가 그 속에 살고 있는 무엇이다.

그러기에 사람들은 일상성 속에서 자연스럽게 살아왔고 그 의미를 물어볼 엄두조차 내지 못한 채 삶을 영위하고 있다. 일상성이란, 사람들의 개별적인 삶을 매일 매일의 생활 속에서 조직하는 것이며, 개인적 삶의 진행을 지배하는 시간의 조직이며 리듬이다. 일상성 속에서의 활동과 생활양식은 본능적이며 잠재의식적이고, 무의식적이며, 무반성적인 행위와 생활의 메커니즘으로 전화된다. 일상을 구성하는 존재와 사물들은 근원성과 진실성으로부터 검토되거나 발견되는 것이 아니라, 단순히 거기에 있을 뿐이다. 이러한 이유로 일상성은 신뢰, 친숙성을 지닌다.

하이데거에 의하면 인간은 일상에 빠져들기와 거리 두기를 반복함으로써 타인들과의 공동세계와 자기 세계의 긴장 혹은 화해를 경험하며 끊임없이 새로운 질적인 삶의 비약을 꿈꾸는 근본특성을 가진다. 일상성에의 지나친 매몰, 즉 빠져들기도 경계해야 할 것이지만 일상성에 늘 일정한 거리를 두며 하루하루를 투명한 본래성 속에서 살아갈 수도 없는 것이 인간적 삶의 진면목이다. 일상성에 빠져들기와 거리 두기를 반복하는 리듬을 형성하며 살아가는 것이야말로 인간적 삶의 진정한 모습이 아닐까.

수필은 바로 그러한 일상성을 들여다보며 일정한 거리를 두고 그것을 자기반영적 시선으로 그려냄으로써 삶의 진정성과 본래성을 획득하고자 하는 글쓰기가 아닌가 생각된다. 그것은 몽테뉴가 "사람들은 자기의 밖을 보지만 나는 나를 고찰하고 검사하고 나를 사고한다. 다른 사람들은 항상 외계를 걷는다. 아무도 자기 속을 성찰하려 하지 않지만 나는 항상 자기의 내계를 본다."라고 했듯이 수필은 일상성에 매몰된 자기 자신에 대한 자기반영적 태도를 통해 삶의 본래성을 회복하고, 본래적 자기로 되돌아가고자 끊임없이 노력하는 것을 목표로 해야 한다고 생각한다.

## 2. 경쟁 시스템에서 빠져 나와 너의 길을 주체적으로 가라

'경쟁'을 테마로 한 오순자의 〈양지와 그늘 비켜서기〉에서 경쟁의 일상성을 피할 수 없는 환경 속에서 살아가야 하는 식물들에 대한 관찰로부터 인간들의 경쟁에 이르기까지 다양하게 관찰과 사유가 미치고 있다.

> 아파트 창이 뿌옇다. 밑에서 빛을 분사하며 올라오는 둥근 덩어리의 위 곡선이 붉다. 창가에 놓인 식물들이 기지개를 켜며 고개를 쳐들어 빛 바라기 경쟁으로 하루를 시작한다. 예닐곱 개의 화분을 방 안쪽에서 보기에 좋도록 낮은 것은 앞에, 높은 것은 뒤쪽에 놓았다. 키 작은 것이 햇빛을 보려고 잎을 창 쪽으로 돋움한 모습이 좀 미안하다. 적응하지 못하면 도태될 수밖에 없다는 것을 아는 듯 아침마다 깨어나 잎을 조금씩 더 새운다. 불공정한 배치임을 알지만 사람들이 보기에 좋아야 하니까 어쩔 수 없는 선택이었다. 이처럼 생물체의 생존은 겨루기이며, 불공평한 여건이 태반이다.
>
> – 〈양지와 그늘 비켜서기〉에서

오순자는 "생물체의 생존은 겨루기이며, 불공평한 여건이 태반이다."라고 파악한다. 인간이 집안에 놓은 화분의 배치조차도 식물에겐 불공정한 게임의 시작이다. 창을 향해서가 아니라 인간이 바라보는 것을 기준으로 하여 "낮은 것은 앞에, 높은 것은 뒤쪽에" 놓는 것은 식물을 위한 배려가 아니라 어디까지나 인간중심적인 배치이다. 즉 식물에겐 불공정한 게임이다. 식물들은 이 불공정한 여건에 적응하지 못하면 도태될 수밖에 없다는 것을 아는 듯 빛 바라기의 경쟁을 시작한다.

작가가 식물들의 생태환경에 관한 관찰에서 얻어낸 통찰력은 여기에 그치지 않는다. "겨루기는 앞서간다고 원하는 목표에 먼저 도달한다는 보장이 없다."라는 것이 그가 내린 경쟁원리에 대한 깨달음이다. 즉 늦봄에 과꽃 씨를 아파트 앞 화단에 뿌렸는데, 먼저 싹이 터 미리 자란 것들이 소나기에 쓰러져버린 반면 오히려 늦게 싹이 터 아직 자라지 못한 것들이 끝까지 생존해 자라는 것을 발견하면서 얻어낸 통찰이다.

또한 산책길에 겨우내 말랐던 연못에 살아남아 자란 '요정'이라는 노란 꽃이 반나절 동안 피었다가 스러진 것을 보고는 "긴 인내에 짧은 영화"를 애처로워한다. 그러다가 "시대를 앞섰기 때문에 그 시대의 사람들과 소통하지 못하고 고통 속에서 외롭게 살다간 천재 예술가들을 생각"하며 안타까움에 사로잡힌다.

그의 경쟁에 관한 사유는 실내에서 키우는 식물에서부터 시작하여 화단에 뿌린 과꽃 씨앗으로 옮아가고, 연못의 요정이란 꽃에서 자연스럽게 인간사회로 확대된다.

인간도 사회 안에서 크고 작은 집단의 일원으로 살아간다. 자연스럽게 생존은 다양한 능력 겨루기가 된다. 그것을 위해서 수많은 문서화된 규약이 있고, 불문율도 있지만 늘 공정한 것은 아니다. 눈에 보이지 않는 비선秘線들이 더욱 힘이 있을 때가 있다. 역사에서 표면화된 사건 뒤에서 그것을 움직인 야사野史들이 쏟아져 나오지 않았는가. 인간의 정신구조가 다단계이고, 사회구조가 얽혀 있으니 표면과 속내는 다를 수밖에 없지 않겠는가.

이러한 구조 안에 살면서 불합리한 기준에 흔들리지 않으려면 스스로를 지킬 수 있는 자율성이 필요하다. 경쟁의 속성은 힘과 속도이지만 스스로 목표를 세우고 자기에게 집중하면서 자신의 속도에 따라 살아가는 것. 자신의 정신세계를 만들어 가면서 좌절할 때에 숨을 고르고 기다리면 깨달음의 순간이 온다. 그러면 자신 안에서 잠자고 있는 자기만 사랑할 수 있는 것을 찾아낼 수 있을 것이다.

– 〈양지와 그늘 비켜서기〉에서

자연계나 인간계나 생명체의 생존환경은 불합리한 여건들 속에 놓여 있다는 전제하에서 작가는 경쟁을 말하고 있다. 따라서 인간이 불합리한 기준에 흔들리지 않으려면 자율성을 갖는 것이 필요하다고 본다. 즉 스스로 목표를 세우고 자기에게 집중하면서 자신의 속도에 따라 살아가라는 것이다. 다시 말해 주위의 불공정하다고 여겨지는 경쟁적 여건에 좌우되지 말고 주체적으로 살아가는 태도가 필요하다는 것이다.

그는 주체적으로 살아감으로써 오히려 경쟁에서 승리를 거두는 것을 여행길에서 본 가우디의 건축물에서 다시 한 번 확인한다. 바르셀로나 시내를 관광하면서 그가 보았던 가우디의 대표작 〈성

가족 성당〉에서 느꼈던 경외심, 그 놀라운 건축물의 창조적 신화는 가우디가 남들을 따라하지 않고 자신의 이상을 주체적으로 실천함으로써 가능했다는 것을 확인시켜 주었다. 따라서 "생존에서 피할 수 없는 경쟁을 이기는 것은 경쟁의 서열에서 빠져나와 자신을 대면하고 가치와 신념에 따라 자기 길을 가는 것"이라고 말한다. 즉 다른 사람들과 경쟁하지 말고 주체성을 갖고 자기의 가치와 신념에 따라 자기 길을 열심히 가게 되면 결국 경쟁에서도 이기게 된다는 것이다.

옳은 말이다. 타인들과의 경쟁의 일상성에 빠져들기보다는 일정한 거리를 두며 주체성을 갖고 살아감으로써 오히려 성공을 거둔 사례는 건축가 가우디처럼 창조적 예술가의 경우에는 잘 부합되는 케이스라고 할 수 있다. 하지만 오늘날의 치열한 적자생존의 신자유주의적 자본주의 사회를 살아가는 대다수의 사람들, 경쟁이 죽기보다 싫지만 그 시스템을 도저히 빠져 나올 수 없는 수많은 대중들은 도태되지 않고 살아남기 위해서 좌고우면하며 경쟁의 미로에 갇혀 불안한 나날을 살아가고 있는 것도 사실이다.

### 3. 부정리듬성을 조화리듬성으로 바꾸는 지혜

대구에서 살고 있는 수필가 권오훈은 예상치 않게 지방(포항) 발령을 받는다. 처음 그의 반응은 '당황스럽고 화도 난다.' 그러다가 본부장의 전화를 받고 "직장인이 조직의 명령에 따라야지 어쩔 것인가?" 하는 현실의 수용과 체념으로 변화한다. 하지만 그는 발령지에 도착해서도 여전히 동료의 환영 인사에 불만부터 털어놓는다. 이내 그는 더 먼 서울에서 발령받아 내려온 동료들에 생각이 미치면서 불만의 꼬리를 내리고, "어차피 수용해야 할 일이다. 좋은 쪽으로도 생각을 바꾸어" 결국 현실을 수용하게 된다.

그리고 그야말로 세 가지의 다행에 대해서 생각하며 자신을 위로한다. 그것은 첫째, 일주일 중 네 밤만 자면 세 밤은 집으로 돌아가 잘 수 있다는 것, 둘째, 대구-포항간 고속도로가 개통되어 집과 사무실 사이가 1시간 10분이면 오고갈 수 있다는 것, 셋째, 사택(아파트) 바로 뒷 동에 여동생이 살고 있어 밥과 세탁의 도움을 받을 수 있다는 것이 그것이다.

더욱 더 다행스러운 것은 그 세 가지에 국한되지 않는 다양한 즐거움을 발견한 사실이다.

> 막상 근무하니 또 다른 즐거움이 기다리고 있었다. 주말에 큰맘 먹고 나서야 볼 수 있었던 바다를 눈만 뜨면 베란다에서 내려다 볼 수 있었다. 혼자만의 시간이 생기자 나 자신을 되돌아볼 수 있는 여유도 생겼다. 독서나 운동 등 내게 맞는 스케줄을 짜서 누구의 구애도 받지 않고 마음껏 즐길 수 있었다. 중년의 일시적 별거는 하늘이 준 선물이라 했던가. 일주일 반에 반나니 부부의 정도 훨씬 도타워졌다. 아내가 가끔 내려오면 동생 부부와의 맛 기행도 빼놓을 수 없는 재미였다. 해가 길어진 여름철에는 동료들과 밤바다를 거닐었다. 밀려오는 파도소리에 정신 팔려 밤이 깊어가는 줄도 몰랐다. 인근의 명소와 볼거리를 찾아 나서기도 했다. 졸업 후 만난 적 없던 동창들과의 해후도 생각 못한 덤이었다. 발령이 없었다면

누리지 못했을 즐거움들이 선물처럼 내게 주어졌던 것이다.

— 〈세 가지 다행〉에서

오히려 작가는 인용문에서 본 것처럼 다양한 즐거움을 지방 근무에서 얻게 된다. 매일처럼 아파트의 베란다에서 바다를 볼 수 있다는 것, 자신을 돌아볼 혼자만의 여유가 생겨 독서나 운동을 마음껏 즐길 수 있다는 것, 주말부부가 되어 부부간의 금슬이 더욱 좋아진 것, 동생부부와의 맛 기행, 동료들과 밤바다를 즐기는 낭만, 주변의 명소와 볼거리를 찾아나서는 일상의 여유가 생긴 것, 헤어져 있던 동창들과의 해후 등 헤아릴 수 없이 많은 일상의 즐거움이 선물처럼 그에게 주어졌던 것이다.

이처럼 지방 발령이라는 악조건을 선조건으로 바꾸는 지혜를 작가는 일상 속에서 터득함으로써 르페브르가 ≪리듬분석≫에서 말한 부정리듬성을 건강한 일상의 조화리듬성으로 변화시킨다. 즉 자신이 지방으로 발령난 것에 불평을 터트리고 매일 매일을 불만 속에서 보내게 되었다면 그의 몸은 병적인 부정리듬성에 지배되어 스트레스가 쌓이고, 병이 유발되었을지도 모를 일이다. 하지만 그는 '수수방원지기水隨方圓之器'나 '일체유심조一切唯心造'라는 지혜를 터득함으로써 웃는 얼굴로, 긍정적인 마음의 조화리듬성을 되찾고 일상을 즐거움이 충만한 상태로 만끽할 수 있게 되었던 것이다. 일상을 조화롭고 긍정적으로 살아갈 것인가, 아니면 불평불만에 가득 차 부정리듬성에 지배되어 부정적으로 살아갈 것인가. 그것은 외부의 환경이 아니라 그 자신의 내부, 즉 마음먹기에 달려 있다. 즉 어느 정도는 현실을 수용하고 체념하는 거리 두기로부터 그러한 전환이 가능해진 것이다.

### 4. 부정리듬성에 지배된 우리 사회에 대한 비판

르페브르는 ≪리듬분석≫에서 복수의 것이 대화하고 상호작용하면서 전체 리듬의 안정성을 유지하는 상태를 조화리듬성으로, 반면 리듬들이 서로 분리되고, 변형되고 탈동기화된 비정상적이고 병적인 상태를 부정리듬성으로 그 개념을 구분하였다.

〈시원한 바다를 찾아 왔건만〉을 쓴 수필가 하재준에 의하면, 현재 우리 사회는 치명적인 부정리듬성에 지배된 사회로 파악된다. 예를 들면 세월호 참사가 그것을 증명한다.

> 끝없이 출렁이는 저 바다 푸른 물결은 어느새 성난 파도를 일으킨다. 그러다가도 언제 그랬느냐는 듯이 또다시 고요한 안식을 마련하려는 듯 잔잔해지고 있다. 이러한 바다의 기복을 바라보는 동안 우리 의식에서 사라질 수 없는 잔인한 세월호 대참사의 슬픔이 마음으로 이어진다. 국가의 재난 방지시스템이 허술하여 최소한으로 막을 수 있는 것을 대형사고로 이이지게 했기에 전 국민의 복받치는 슬픔은 마침내 분노를 일으켜 우리의 가슴을 응어리지게 했다. 이 충격으로 온 나라가 몸살을 앓게 되었고 이에 정부는 반성과 사과를 끝없이 했다.
>
> 그런데도 세월호 침몰 이후 사고와 재난은 계속되고 있었다. 그 이유가 무얼까? 그것만으로는 해결할 수 없다는 증거를 우리에게

> 제시해 주고 있는 것이다. 국민 모두의 의식이 새롭게 달라져야 한다고 우리에게 깨우쳐 주고 있는 것이다. 지금의 낡은 의식으로는 어떠한 경우일지라도 국가의 미래도 개인의 장래도 없고 오직 한 치의 앞을 내다볼 수 없는 칠흑 같은 암흑이 있을 뿐이라고 우리에게 경고해 주고 있다.
>
> — 〈시원한 바다를 찾아 왔건만〉에서

그가 바라본 바다는 성난 파도와 고요한 안식을 마련하려는 듯한 잔잔함이 교차되고 반복되는 우주적인 순환리듬성을 갖고 있다. 하지만 세월호 참사를 겪은 우리 국민들의 마음은 슬픔과 분노에 빠져 있고, 온 나라가 몸살을 앓는 불건강한 상태, 즉 단일의 선형적인 부정리듬성에 지배되어 있다. 침몰한 세월호에서 자식을 잃은 가족은 물론이며, 모든 국민이 정부에서 하는 반성이나 사과 따위로는 결코 치유될 수 없는 집단적인 외상후 스트레스장애를 겪고 있는 것이다. 외상후 스트레스장애는 심각한 외상을 보거나 직접 겪은 후에 나타나는 불안장애이다. 이때의 외상이란 전쟁, 사고, 자연재해, 강간, 폭력 등 생명을 위협하는 경험을 의미한다. 온 국민은 일주일이 넘게 정규방송을 중단하고 세월호가 침몰한 팽목항을 연결한 생생한 중계방송을 통해서 집단적으로 트라우마를 겪은 것이나 마찬가지이다.

국민들이 집단적으로 느끼는 슬픔과 분노라는 감정은 그 원인이 외부에 있다는 점에서는 동일하지만 분노는 나를 슬프게 한 대상에 대한 항의의 감정이란 점에서 슬픔과는 차이가 있다. 같은 상황에서도 원인을 타인에게 돌리면 분노가 되고, 자신에게 돌리면 슬픔이 된다. 따라서 세월호 참사에 대해서 우리 국민은 슬픔이 아니라 분노를 느껴야 한다. 그러면 누구를 향해서 분노를 느껴야 할 것인가? 참사를 일으킨 주체인 회사, 승객을 구하지 못한 승무원들, 일어난 사고에서 국민을 구하지 못한 채 방치한 정부 모두가 분노의 대상이 되어야 한다. 그리고 그러한 재난이 재발하지 않도록 세월호 특별법 제정과 이를 위한 원 구성에 불협화음을 내고 있는 국회에 대해서도 분노를 느껴야 한다.

재난과 사고는 일어나지 말아야 하지만 일어난 재난과 사고에 대하여 신속하게 국민을 구해내야 할 임무는 당연히 정부의 몫이다. 정규방송도 폐지하고 온 국민을 집단적 외상후 스트레스장애에 몰아넣은 방송매체는 구조 활동을 제때 하지 못한 정부에 대해 감시와 질타를 제대로 하지 못한 채 무엇 때문에 그 긴 시간 동안 생방송을 했는지에 대해서도 분노하지 않을 수 없다.

왜 우리 사회가 이처럼 병적인 부정리듬성에 지배된 사회가 되었는가에 대한 철저한 반성과 사후대책이 마련되어야 한다. "국가의 미래도 개인의 장래도 없고 오직 한 치의 앞을 내다볼 수 없는 칠흑 같은 암흑이 있을 뿐"인 암담한 사회가 되었는지에 대한 철저한 비판과 분석이 요구되는 것이다.

권오훈의 〈세 가지 다행〉에서 보듯이 한 개인이 겪은 불합리한 일들은 개인적으로 마음을 바꾸어 부정리듬성을 조화리듬성으로 변화시킬 수 있다. 하지만 우리 사회는 자연재해도 아닌 인재에 해당되는 세월호 참사와 같은 대형사고가 선형적으로 반복되고 망각되고 반복되고 망각되어 왔다는 것을 상기한다면 이번 기회에 책임 없는 일시적 사과가 아니라 철저한 재난관리시스템과 사회적 안전망 구축을 확실히 함으로써 반복-망각의 단조로운 선형적 반복이 되풀이되지 않도록 대변혁이 필요하다.

작가는 파도의 순환적인 리듬의 반복과 인간세계에서 일어나는 단조로운 선형적 리듬의 반복과 충돌 속에서 언제 어디서 또 비슷한 사건이 터질지 모르는 불안한 일상을 영위하는 데 대한 분노를 되새기며 "긍정도 부정도 할 수 없는 상태에서 나는 영혼의 문제를 생각해 본다. 그리고는 눈을 지그시 감았다. 여전히 파도소리가 귓가에 들리고 그날의 모습이 생생히 되살아나는 지금 이 시간이다."처럼 여전히 외상후 스트레스장애에서 빠져 나오지 못하고 있다. 그만이 아니라 수많은 국민들도 마찬가지일 것이다. 지난 4월 피해자 가족들과 국민들이 겪은 외상후 스트레스장애가 치유되고, 즉 부정리듬성이 극복되고 조화리듬성을 회복하는 건강한 사회가 되기 위해서는 개개인의 의식변혁이 아니라 무엇보다도 정부의 재난관리시스템에 대한 개혁, 세월호 특별법의 제정 등 전제조건들이 선결되어야 할 것이다.

(2014. 9.)

# 자기만의
# 개성과 스타일

# 자기만의 스타일 그리고 공감의 보편성

월드가수 싸이의 뮤직비디오 〈강남스타일〉이 가장 많은 조회 수를 기록하며, '올해의 가장 주목받은 영상'에 선정됐다. 〈강남스타일〉은 유튜브에 게시된 지 불과 6개월 만에 10억 건에 육박하는 조회 수를 기록했다. 이 조회 수는 유튜브에 올려진 기존 동영상을 통틀어 최다의 기록이라 한다. 〈강남스타일〉은 24개 언어로 번역됨으로써 그야말로 한류의 세계화를 세계인의 뇌리에 확실하게 각인시켰다. 〈강남스타일〉의 성공에 문화평론가들은 다양한 해석을 내놓기에 바쁘다. 특히 십대가 판을 치는 한국 가요판에서 어떻게 외모조차 너무 평범하게 생긴 삼십대 후반의 남자가 다른 K팝 가수들을 제치고 세계적인 스타의 반열에 올랐는지에 대해 해석이 구구하다.

한국사회의 자본주의, 물질주의를 풍자하는 '강남스타일'이란 단어는 삽시간에 유행어 사전에 등재되기도 했다. 싸이는 기존 뮤직비디오의 전형적인 문법을 파괴하는 그만의 스타일, 그 특유의 흥겨운 말춤으로 세계인의 넋을 빼놓았다. 그의 성공은 철저히 그만의 개성을 발휘한 결과이다. 〈강남스타일〉의 세계적인 성공을 보면서 문학을 비롯한 모든 예술은 항상 기존의 스타일을 과감하게 전복하는 그만의 스타일, 새로움, 독창성에 의해서만 새로운 장을 열 수 있다는 생각을 하지 않을 수 없다.

≪수필과비평≫ 134호에서 다시 읽어볼 만한 작품으로 박정옥의 〈그날 나는〉, 우종률의 〈툭툭툭 쿵쿵쿵〉, 김원의 〈헌 책은 쌓이고〉를 꼽고 싶다. 3편의 작품은 각각의 뚜렷한 개성적 스타일을 보여주는 동시에 독자들이 공감할 수 있는 보편성까지 갖추고 있다.

## 자기반영적 성찰

박정옥의 〈그날 나는〉은 화가이기도 한 작가의 화실 환풍구에 몰래 둥지를 튼 비둘기에 관한 이야기이다. 작품은 "분명 새끼 새소리였다. 짧았지만 높고 가녀린 것으로 보아 새끼 새가 틀림없었다."로 시작한다. 이 작품은 작가가 자신의 화실이 있는 건물에 비둘기가 둥지를 틀지 못하도록 어떻게 비인간적인 행동을 해왔는지를 반성하는 주제를 담고 있다. 이 작품에서 작가의 자신에 대한 자기반영적이고 성찰적인 의식은 손거울에 의해서 이루어진다.

나는 긴장한 나머지 붓을 든 채 살금살금 걸어갔다. 가까이 가서 보니 놀랍게도 소리가 난 곳은 내가 시도 때도 없이 네모 판자를 두들겨 기어이 비둘기를 쫓아내고야 말았던, 바로 그 환풍구였다. 그런데 어떻게 여기서 또 새소리가?

믿기지 않던 나는 작은 손거울을 찾아들고 조심스레 의자에 올라섰다. 괜히 다리가 후들거렸다. 벌어진 틈새로 가만히, 아주 가만히 거울을 비춰보았다. 틈이 너무 좁아 내부가 쉽게 드러나지 않았다. 낑낑거리며 각도를 조금씩 바꿔 보던 나는 거울 속에서 쥐눈이콩 같은 새끼 새의 까만 눈과 그만 탁, 마주치고 말았다. 거울에 비친 나를 먼저 보고 있었던 모양이다. 흠칫 놀란 나는 거울을 슬그머니 거둬들였다. 그리고 소리 없이 내려와 의자를 조용히 치우고 복도 문은 닫지도 못한 채 까치발로 걸어 내려왔다.

– 〈그날 나는〉에서

이 작품의 하이라이트이기도 한 대목을 살펴보자. 작가는 손거울을 들고 그의 머릿속을 날카롭게 건드린 소리의 정체를 찾아 환풍구 속을 이리저리 비춰보는데 "거울 속에서 쥐눈이콩 같은 새끼 새의 까만 눈과 그만 탁, 마주치고" 만다. 그의 눈에 들어온 것은 "깃털도 성글고 몸도 야윈, 아주 작은 새끼 새 두 마리가 서로 꼭 붙어" 있는 비둘기 새끼의 가녀린 모습이었다. 그 순간 작가는 흠칫 놀라 슬그머니 거울을 거둬들이고 "소리 없이 내려와 의자를 조용히 치우고 복도 문을 닫지도 못한 채 까치발로 걸어" 나온다. 그리고 소리 없이 짐을 싸 집으로 돌아와 한동안 화실에 나가지 않는다.

무엇이 작가로 하여금 그렇게 하도록 만들었을까? 그것은 어린 생명에 대해 그가 할 수 있는 최소한의 배려이자 그동안 그가 가냘픈 생명을 향해 어떤 만행을 저질러 왔는가에 대한 반성이자 부끄러움으로부터 나온 행동이었다. 그의 눈이 손거울 속에서 마주친 것은 가녀린 비둘기 새끼의 쥐눈이콩 같은 까만 눈이었지만 그 순간 그의 내면이 마주친 것은 그 자신을 돌이켜보는 콩알만 한 양심, 그리고 부끄러움이었을 것이다.

그때 작가가 손에 든 거울은 어두운 환풍구 속을 향하고 있었지만 정작 그 은유적 거울은 자신의 내면을 향한 반사경이었다. 거울은 태고부터 인식, 특히 자기인식의 수단이었다. 인간은 거울을 통해 자신을 반성하고 성찰해왔다.

시인 윤동주가 〈참회록〉에서 "파란 녹이 낀 구리 거울 속에/ 내 얼굴이 남아 있는 것은/ 어느 왕조의 유물이기에/ 이다지도 욕될까."라고 녹이 낀 청동거울 속에 비친 자신의 부끄러운 모습을 참회하는 것, 또한 〈자화상〉에서 '우물'이란 거울에 비친 자신의 모습에 대해 느끼는 미움과 연민과 그리움이란 복합감정 역시 자기 성찰에서 나온 것임을 부인할 수 없다.

> 산모퉁이를 돌아 논가 외딴 우물을
> 홀로 찾아가선
> 가만히 들여다봅니다.
>
> 우물 속에서 달이 밝고 구름이 흐르고
> 하늘이 펼치고 파아란 바람이 불고

가을이 있습니다.

그리고 한 사나이가 있습니다.
어쩐지 그 사나이가 미워져 돌아갑니다.

– 윤동주의 〈자화상〉 일부

그동안 작가는 "환풍구 속에 들어가 있는 비둘기를 내쫓기 위해 환풍기부터 틀었고, 하루에도 몇 차례씩 옥상에 올라가 손사래를 쳐댔다. 환풍기를 켜도 달아나지 않을 땐 창문 밖으로 긴 막대기를 내밀어 쫓아내"는 행동을 하여 비둘기를 쫓아냈고, 비둘기들이 반대편으로 달아나자 하루에도 몇 차례씩 환풍구가 있는 네모 판을 막대기로 두드려 댔던 것이다. 시도 때도 없이 자행된 인간의 무차별 공격에 불안과 공포에 떨었을 비둘기 새끼들은 생존을 위해 어미를 찾는 소리 한 번 내지 않았다는 것을 작가는 뒤늦게 깨닫는다.

이웃집 건물주가 자신의 집 주변을 더럽히고 있으니 화실 건물의 비둘기를 쫓아내 달라는 요청에 자신도 "비둘기 떼들이 이곳에 집을 지어 알을 낳게 되면 옥상과 외벽을 순식간에 점령해 버릴 수도 있겠다는 생각"에 더럭 겁이 나서 비둘기를 내쫓는 일을 시작한 것이었다.

그런데 비둘기들을 다 쫓아냈다고 생각하며 안도와 만족이 뒤섞인 숨을 쉬면서도 어쩐지 마음 한편이 불편했던 것은 30년 전 주인이 갑자기 집을 팔아버려 전세 살던 집에서 거의 강제로 쫓겨나 어린아이들과 함께 오갈 데가 없었던 기억이 떠올랐기 때문이다. 하지만 불편한 마음도 잠시, 그는 전시회에 출품할 작품을 수정하느라 정신이 없었다. 작품 수정에 몰두하고 있던 그의 귀에 새끼 새의 소리임에 분명한 소리가 들려온 것이다. 그의 머릿속을 날카롭게 건드렸던 소리의 정체를 찾아 나선 그가 발견한 것은 그동안 생존을 위해 울음소리조차 삼키며 부들부들 떨었을 어린 생명이었던 것이다.

수필은 1인칭의 경험적 화자가 등장하여 서술하고, 작가 자신을 글 속에 솔직하게 드러내는 경험적이며 고백적인 문학양식이다. 미셸 푸코의 말대로 고백이란 진실을 산출하는 데 가장 가치가 있는 기법들 중의 하나이다. 몽테뉴 이래로 수필은 그 장르적 성격에서 자신을 꾸밈없이 솔직하게 드러내는 고백적 요소가 본질의 하나가 되어 왔다. 〈그날 나는〉에서 솔직하게 드러낸 자기반영적 자아성찰은 독자들의 동일시와 공감을 이끌어내게 한다. 즉 인간이 자연과 서로 상생할 수 있는 길을 모색하는 대신 자연에 대해 어떠한 만용과 횡포를 자행해 왔는가에 대한 부끄러움과 자기성찰로 독자들을 유도한다. 그리고 서술어가 생략된 제목 역시 강하게 독자를 작품 속으로 끌어들이는데, 이것이 바로 생략의 힘이다.

## 묘사적 문체의 힘

우종률의 〈툭툭툭 쿵쿵쿵〉은 제목에서 두 개의 의성어를 대비시킴으로써 작가가 의도한 주제를 상징적으로 함축하고 있다. '툭툭툭'은 가을에 도토리가 익어 저절로 떨어지는 소리이다. 그 소리는 "닫힌 영혼에 용기와 꿈을 실어주는" 경쾌하고 아름다운 소리이다. 반면 '쿵쿵쿵' 하는 탁음은 "나무는 참으려고 하지만 흘러내리는 피눈물을 주체할 수가 없"어 내지르는 비명소리이다. 사내 둘이 억지로 도토리를 따기 위해 돌과 망치로 참나무를 내려치자 나무는 쿵쿵쿵 신음소리를 낸다. 이 신음소리는 나무에게서만 들려오는 것이 아니다. 산비둘기는 '구-구'대다 숨을 죽이고, 산까치는 '안 돼, 안 돼'를 외치며 계속 퍼덕이고 있다. 인간들의 횡포에 자연의 아름다운 교향악은 정지하고 숲의 조화는 깨어지며 바람마저 숨을 멎는다.

> 사내 둘이 돌과 망치로 참나무를 내리치고 있다. 흔들리는 건 나무만이 아니다. 산비둘기는 안타까워 '구-구'대다 숨을 죽이고 산까치는 '안 돼, 안 돼'를 외치며 계속 퍼덕이고 있다. 그들은 발아래 떨어지는 채 익지도 않은 열매들을 보고 신이라도 난 듯 더욱 세게 나무를 때린다. 온 산이 흔들린다. 자연의 교향악은 일시에 정지한다. 힘초롬하게 아침이슬 머금은 이파리들 사이로 일렁이는 바람, 중간중간 울리는 도토리의 낙하는 트라이앵글처럼 얼마나 적절한 삽입음인가. 그들을 찬양한 숲의 조화가 깨진다면 무슨 소용이란 말인가. 바람마저 숨을 멎고 있다. "쿵쿵쿵" 탁음이다.
>
> — 〈툭툭툭 쿵쿵쿵〉에서

이 수필에서 돋보이는 것은 작가의 예리하고도 뛰어난 관찰력이다. "토실토실하고 반질반질한 것이 움칠움칠하더니 살랑살랑 부는 바람에 떼구르르 굴러간다. 잠시 낙엽 위에 앉더니 다시 달아난다. 낙엽과 동색이다. 설핏 봐선 구분이 가지 않지만 도토리는 조금 더 빛난다."에서 보듯 작가의 뛰어난 관찰은 감각적이고 묘사적인 문체로 재현되며 이 글의 개성적 인상과 분위기를 창조한다.

묘사란 대상을 모양, 색깔, 향기, 감촉, 소리, 맛 등 오감을 동원하여 그려내는 기술방법이다. 묘사는 대상에 대한 인상을 실감 있고 생생하게 전달하기 위해서 시각, 청각, 촉각, 후각, 미각 등의 감각을 환기한다. 한마디로 묘사는 독자의 감각에 호소하는 서술방식이다. 그것은 독자의 정서적 반응을 일으키게 하며, 그 글을 사실적이고 믿을 만한 것으로 만든다. 〈툭툭툭 쿵쿵쿵〉을 읽을 때에 독자들이 작가와 같이 가을 숲 속에 들어선 것과 같은 생생한 착각과 상상에 사로잡히게 되는 것은 작가의 묘사적 문체가 생생하고 구체적인 실감을 불러일으켰기에 가능했다.

'툭툭툭'과 '쿵쿵쿵'은 단지 소리의 경쾌함과 둔탁함이라는 점에서만 대비되지 않는다. 전자는 인간과 자연이 조화를 이룬 상태에서 나오는 아름다운 소리이며, 후자는 인간이 자연을 지배하고 파괴하는 데서 나오는 부조화의 둔탁한 신음소리이다. 그것은 단순한 소리의 대비가 아니라 세계관의 대비이다.

우종률은 구태여 관념적이고 추상적인 언어를 사용하지 않고도 생태주의자들이 말하고자 하는 주제를 '툭툭툭'과 '쿵쿵쿵'의 대비를 통해 충분히 다 전달하고 있다. 그의 글에는 관념어가 아예 배제되어 있다. 그는 "이 계절이 다 갈 때까지 숲에선 '쿵쿵쿵', 참나무의 신음소리만 소소하게 들릴 뿐이다."라는 말로 인간의 무한정한 욕심 때문에 자연 상태의 숲의 조화가 어떻게 깨지고 있는지를 고발한다. 즉 인간 중심의 자연 지배적 세계관을 비판한다. 생명적 관점에서는 인간이나 자연 모두가 평등하다는 생명 중심적 평등(biocentric equality), 즉 심층생태주의적 주제를 강하게 환기하는 것이다.

## 경험의 보편성과 개성

김원의 〈헌책은 쌓이고〉는 누구나 경험하고 있는, 자꾸만 쌓여가는 책을 처리하면서 느낀 안타까움에 대해 쓰고 있다. 대학에서 정년할 때에 만여 권의 도서를 어떻게 처리해야 할지 고민하다 운 좋게도 대학도서관에 기증했던 기억을 떠올리며, 현재 한정된 서가에 무한정 쌓이는 책들을 어떻게 처리해야 할지 고민하다가 딸을 시집보내는 심정으로 밖에다 내놓을 결심을 그는 하게 된다.

쌓이는 책의 처리에 대한 고민은 그뿐만이 아니라 수많은 작가들과 교수들이 경험하고 있는 보편적 고민의 하나라고 할 수 있다. 경험의 보편성이란 측면에서 이 수필은 일단 성공한 것으로 보인다. 하지만 여기에 머문다면 개성을 드러내야 하는 수필의 본질에서 어긋나지 않을 수 없다. 이 글에서 필자가 주목한 것은 헌책에 대한 그 특유의 의식과 사랑이다.

헌책은 많이 읽힌 책이고 새 책은 한 번도 읽히지 않았다는 게 아닌가. 책은 읽힘으로써 그 소임을 더해가는 게 아닐까. 누군가에게 읽혔다는 것은 그 사람의 따뜻한 눈동자가 머물렀을 것이고, 그래서 사람의 온기가 스며들었을 것이다. 사람으로부터 사랑을 받았던 만큼 행복한 책이 어디 있을까.

— 〈헌책은 쌓이고〉에서

그는 헌책을 많이 읽히고 누군가로부터 듬뿍 사랑을 받았던 행복한 책으로 규정한다. 헌 책은 단지 낡은 책이 아니라는 그의 독창적인 의식이 매우 신선하게 다가온다. 책을 사랑하는 사람이 아니라면 도저히 가질 수 없는 독특한 발상이다. 자신으로부터 사랑을 듬뿍 받았던 책을 어쩔 수 없이 서가에서 퇴출하려고 노끈으로 단단히 묶으면서 "비우는 것이 채우는 것보다 더 어렵고 가슴 아프다. 내 손때 묻고 온기가 배어 있는 책을 누구에게 준다는 말인가. 마치 힘들여 키운 딸을 시집보내는 아비의 심정이 이러할까." 라고 안타까움과 아쉬움을 토로한다.

책을 밖으로 내놓을 때의 심정을 "힘들여 키운 딸을 시집보내는 아비의 심정"에 비유한 것도 아주 유니크하다. 과년한 딸을 평생 끼고 같이 살 수도 없어 시집을 보내지 않을 수 없지만 소중한 보물을 내놓아야 하듯 억울한 것이 딸을 시집보내는 아비의 심정일 것이다. 마찬가지로 그의 손때가 묻고 사랑이 배어 있는 책을 더 이상 가지고 있을 수가 없어 누군가 새로운 주인을 만나 사랑받기를 바라면서 내놓을 때 느끼는 양가감정이 적절한 비유를 얻음으로써 공감을 이끌어내고 있다. 그의 퇴출하는 책에 대한 안타까운 심정은 다음과 같은 염원에서 잘 나타난다.

그는 자신이 내놓은 책이 엄동설한에 바깥에서 비바람에 떨거나 재활용 공장으로 가지 말고, 찢겨서 연초를 말아 피우는 데, 아궁이의 불쏘시개, 재래화장실의 밑씻개로 사용되어서는 안 된다고 염려한다. 자신이 내놓은 책이 누군가에게 가서 새 보금자리를 얻어 더 큰 서재에서 후한 대접을 받으며 시력이 좋은 주인으로부터 따뜻하고 애정 어린 눈으로 읽히고 또 읽히며 오래오래 사랑받기를 바라는 것이다.

말하자면 이 글은 헌책을 떠나보내면서 쓴 일종의 별사別辭이다. 떠나보내는 헌책에 대한 아쉬움과 애정을 듬뿍 담아 쓴 이별의 헌사인 것이다. 그는 책과의 별리別離의 감정을 "비우는 것이 채우는 것보다 더 어렵고 가슴 아프다."라고 표현하는데, 비우는 것이 채우는 것보다 훨씬 어렵다는 것이 어찌 책에 대해서만 해당될까? 인간은 욕망의 수레바퀴를 끊임없이 굴려나간다. 목숨이 붙어 있는 한 이 수레바퀴를 멈출 수가 없다. 그래서 욕망을 비우고, 줄이고, 내려놓는 것이야말로 정말 어려운 일이다. 그럼에도 그는 "채우는 것도 좋지만 비우는 것이 더 아름답다는 걸 알아차렸다."와 같은 예사롭지 않은 깨달음에 이른다. 작가의 연령과 경륜에서 우러나는 깊이를 담고 있는 통찰이라 하지 않을 수 없다.

〈그날 나는〉과 〈툭툭툭 쿵쿵쿵〉은 우연하게도 생태주의적인 주제에서 유사성을 나타냈다. 두 작품 다 인간중심주의를 비판하고, 인간과 자연의 상생과 조화에 대해 말하고 있다. 〈헌책은 쌓이고〉도 비움의 아름다움이라는 주제를 담았다는 점에서 크게 볼 때에 위의 두 작품의 생태주의적인 주제와 서로 상통한다고 할 수 있다. 하지만 3편의 작품들은 각각 자기만의 개성적인 스타일을 통해 독자의 공감을 이끌어냈다는 점에서 개성과 보편성이라는 모순적 가치를 잘 조화시키는 데 성공했다고 할 수 있다.

(2013. 1.)

# 타자의 삶을 이야기하는 관찰자

## 1. 머리말

수필은 작가 자신의 생활과 체험, 생각이나 느낌을 특정한 기법이나 형식을 통하지 않고 붓 가는 대로 꾸밈없이 서술하는 문학 장르이다. 대체로 수필은 1인칭으로 서술하고, 작가 자신을 글 속에 솔직하게 드러내 놓는 경험적이고 고백적인 문학양식이다. 그런데 모든 수필이 그려내고 있는 삶의 주체가 항상 작가(화자) 자신과 일치하는 것은 아니다.

서사수필의 경우에도 이야기의 내용은 꾸며낸 허구가 아니라 작가 자신이 직접 체험한 것이지만 여기서 말하는 직접 체험은 그가 주인공으로 참여하는 경우와 보조적인 관찰자로서 다른 주체의 삶을 서술하는 경우가 모두 포함된다. 즉 작가는 그 자신이 주인공이 되어 자신의 삶에 대해서 서술하거나 아니면 관찰자로서 다른 중심인물의 삶에 대해서 서술한다. 마치 전자는 소설에서 1인칭 주인공시점에 해당되고, 후자는 1인칭 관찰자시점에 해당된다고 할 수 있다.

≪수필과비평≫ 152호에는 작가가 1인칭의 보조적인 화자로서 다른 중심인물을 관찰하여 그려내는 서사수필 3편이 실려 있다. 김이경의 〈나의 숙모님〉, 이종전의 〈어떤 여행〉, 윤묘희의 〈억식이〉가 그것이다.

## 2. 여리기만 했던 숙모의 놀라운 변신

김이경의 〈나의 숙모님〉은 작가인 1인칭의 화자가 자신의 첫째 숙모님의 삶에 대한 관찰을 보여주고 있다. 소설로 치자면 이 작품은 1인칭의 보조적 인물을 관찰적 화자로 삼고 있는 경우이다. 1인칭 관찰자시점의 소설처럼 작가는 관찰자로서의 화자에 불과하고, 성격의 초점은 다른 중심인물, 즉 숙모에게 맞추어진다. 〈나의 숙모님〉에서 주인공은 첫째숙모이고, 화자는 큰집 조카이다. 화자인 조카에게 기억되는 젊은 날의 숙모는 "체구는 작았지만 아담해 보였고 말소리는 느렸지만 나긋나긋했다. 늘 웃고 있는 눈과 입, 얼굴 한가운데 오똑한 코, 볼을 타고 흘러내리는 고운 선이 달력에 나오는 미녀들 같았다. 당시 최고의 미녀 배우 김지미를 많이 닮았다고 했다."에서 보듯이 체구가 아담하고 선이 고운

미인형의 여린 여성이었다.

그런데 이 숙모에게 시집온 지 몇 년이 지나도 아이가 생기지 않자 할머니는 숙모가 서울로 미용기술을 배우러 간 틈에 첩장가를 들이려고 합방 날까지 잡아놓는다. 하지만 숙부가 연락하여 합방 전날 숙모가 집에 돌아옴으로써 첩장가는 물 건너가고 만다. 숙모와 숙부의 금실이 남달랐는데도 두 사람의 사랑의 결실인 아이는 쉽게 생기지 않았다. 아이가 없는 숙모는 조카들을 유독 살갑게 대해 주셔서 어린 시절 숙모님 댁 나들이는 소풍보다도 더 즐거운 추억으로 화자에게 기억되고 있다.

신문기자였던 숙부는 기자생활을 그만두고 가내공업으로 교구사를 시작하여 다소 성공을 거두었는데, 그만 폐결핵에 걸리고 만다. 집안 식구들은 그저 여리기만 한 숙모가 그 어려운 병구완을 어찌 감당할 수 있을지 모두 걱정했다.

> 예쁜 얼굴로 늘 곱게 웃는 여자. 힘든 일도 못하고 살림조차 서툴기만 한 여자. 야무지고 억척스러운 데라고는 약에 쓰려고 찾아도 없는 여자. 숙모같이 여린 사람은 그 병을 도무지 감당할 수 없을 것이라고 모두가 걱정했다. 그렇지만 한숨과 걱정, 우울한 눈빛 외에는 달리 도와줄 방법도 없었다.
>
> — 〈나의 숙모님〉에서

하지만 숙모는 가족들의 우려와 예상을 깨고 강인하고 용기 있는 여성으로 180도 변화한다. 즉 뱀을 먹으면 결핵이 낫는다는 속설을 믿으며 남편을 위해서 커다란 뱀을 떡 주무르듯 잡아 약탕기에 넣는가 하면 흑질백장 같은 값비싼 뱀을 구하느라 돈이 아까운 줄도 모르는 여인으로 변모했던 것이다.

> 어느 날, 작은 집에 갔을 때였다. 뒷마당 툇마루에 뚜껑을 꼭꼭 덮어 놓은 항아리들이 있었다.
>
> "작은엄마, 이거 머언 항아리라요?"
>
> 부엌에 계시던 숙모는 깜짝 놀라 뛰어나왔다.
>
> "손대지 마야. 큰일 난다."
>
> 거기에 구렁이와 뱀이 들어있다는 것을 알고 나는 발도 제대로 떨어지지 않았다. 그러나 숙모는 태연스럽게 말했다.
>
> "뱀이 머시 무섭다냐. 뱀이든 구렝이든 느그 작은아부지 낫기만 한다믄 내가 담박 잡아다 다 고아 드릴 꺼다."
>
> — 〈나의 숙모님〉에서

〈나의 숙모님〉은 대화를 통해서 생동감을 불러일으키며 구체적으로 인물의 개성을 전달한다. 서사문에서 대화는 작중인물의 성격을 가장 직접적이며 단적으로 나타내는 매개물이기에 매우 중요하다. 독자는 대화를 통해서 작중인물의 교육수준, 신분, 출신지를 알 수 있다. 위의 인용문의 대화에서 그저 여리기만 했던 숙모는 온 데 간 데 없어지고 오로지 숙부를 살리기 위해 뱀과 구렁이도 무서워하지 않는 강인한 여성 캐릭터가 극적으로 드러난다. 굳이 화자의 설명 따위가 필요하지 않다. 이처럼 대화는 인물의 성격을 간접적이지만 가장 구체적으로 생생하게 표현해준다.

숙부가 폐결핵에 걸렸다는 것은 숙모에게 닥친 가장 큰 불행이겠지만 이 상황 속에서 숙모는 결혼 15년 만에 기다리던 아이가 생기고, 이어 두 살 터울의 아들을 잇달아 낳는다. 첫 임신 때 동네에서는 숙모가 폐병에 걸린 숙부를 놔두고 외도로 임신을 하였다는 말도 안 되는 소문이 돌았다. 하지만 숙부를 꼭 빼닮은 아이가 나오자 그런 소문도 수그러들었다. 숙부는 두 아들이 무럭무럭 자라는 것을 보며 숙모의 정성어린 병수발을 받고 돌아가셨지만 병구완에 진 빚을 갚고 나니 숙모에겐 살던 집 한 채만 남았다.

숙모는 여러 가지 일을 하며 두 아들을 키웠는데, 화자에게 특히 기억에 남는 일은 숙모가 새를 기르던 일이었다. "콩알보다 작은 새알을 보살피고, 카나리아의 울음소리에 실눈을 뜨던 나의 숙모님, 그것은 정말 당신다운 일이었다. 당신처럼 작고 여린 것들과 함께하며 카나리아의 울음소리에 함께 속울음을 울었을지도 모르는 작고 여린 여자"였던 숙모는 이제 아흔을 바라보는 나이가 되었다. 나이가 들었어도 여전히 곱고 여려 보이기만 하는 숙모에게 남편을 살리기 위해서라면 뱀도 무섭지 않다던 강인함과 용기가 감추어져 있었다는 것이 화자에게는 늘 놀라움으로 남아 있다. 어린 시절의 숙모님 댁에서 화자가 놀랐던 것은 항아리 속의 뱀이 아니라 숙부를 살리기 위해 치열하기만 했던 숙모의 놀라운 변신이 아니었을까?

이 작품은 보여주기(showing)와 말하기(telling)을 적절히 혼합함으로써 글에 리듬을 형성하며 변화의 탄력을 주었다. 한 편의 콩트처럼 극적인 반전을 보여준 숙모에 대한 추억을 김이경은 서사수필의 양식 속에 흥미롭게 그려냈다.

## 3. 그리움도 전이된다

이종전의 〈어떤 여행〉은 충북 영동의 황간에 위치한 어머니의 고향을 찾아온, 일본에서 온 지인과 통역을 겸해서 동행하며 이미 고인이 되신 어머니에 대한 지인의 그리움이 얼마나 깊은지에 대해서 서술하고 있다.

> 그는 한 세기 가까운 시간을 지나 과거로의 여행을 하고 있었다. 그의 기억에는 없는 그때로 돌아가 거기서 어머니를 만나고, 어머니에 대한 그리움을 느끼고 있었다. 어머니가 1921년생이라고 하니 90년이 넘은 것 아닌가. 그럼에도 그곳에 남겨졌을 어머니의 유년의 모습을 그리고 있는 그의 모습은 칠순이 넘은 그이지만 어린아이였다. 정작 그에게는 그곳에 대한 아무런 기억이 없는데 말이다.
>
> – 〈어떤 여행〉에서

지인이 찾아간 황간이란 장소는 지인의 어머니가 살아생전에 찾아와 보고싶어 했던 곳, 즉 지인의 어머니가 유년시절을 보낸 고향이다. 지인에겐 그곳과 얽힌 기억이라곤 전혀 부재한다. 그럼에도 그는 그곳이 어머니의 고향이 아니라 마치 자신의 고향이기라도 한 듯 그리움을 가득 안고 찾아간다. 따라서 그가 찾아간 그곳은 단순한 지도상의 한 점이 아니다. 그곳은 그 옛날 어머니의 추억이 서린, 특별한 의미를 지닌 그리움의 장소이다. 그가 그곳에서 만난 것은 결코 "방치된 채 먼지와 쓰레기가 뒤범벅이 된 폐가"가 아니다. 그는 어머니의 고향에서 타임머신을 타고 과거로 시간여행을 하며 어머니의 유년을 상상 속에서 만나고 있는 것이다. 즉 그리운 존재인 어머니와 상상적 해후를 하고 있는 것이다. 사실 그곳은 그의 기억 속 어디에도 존재하지 않는 장소이다. 단지 어머니의 DNA를 물려받은 자식으로서 어머니의 고향에 대한 그리움조차 유전되어 이제 그에게도 그곳은 그리움의 장소가 되었다. 어머니의 고향에 대한 그리움이 이제 그의 그리움으로 전이된 것이다.

베네딕트 앤더슨은 민족을 '상상의 공동체'라고 했다. 그는 민족이 흔히 우리가 생각하듯 원초적인 혈연공동체가 아니라 특정한 시기에 사람들의 경험을 통해서 구성되고 의미가 부여된 역사적 공동체라고 생각했다. 하지만 일본에서 온 지인에게 어머니의 고향은 결코 경험을 통해서 구성된 그리움의 장소가 아니다. 개인의 경험을 뛰어넘어 아들의 무의식에 각인된 그리움은 모자간의 혈연공동체가 아니면 결코 느낄 수 없는 불가해한 그리움이다.

그런데 〈어떤 여행〉은 작중에 등장하는 그 지인이 재일교포인지 일본인인지의 여부나, 그의 어머니가 한국인인지, 아니면 일제강점기에 한국에 나와 살던 일본인이었는지에 대해 좀 더 친절하게 정보를 제공해 주었더라면 하는 궁금증을 자아낸다.

이 작품은 서사수필이지만 대화는 전혀 사용되고 있지 않고, 시간적 전개도 순차적으로 구성되어 있어 편안하게 읽을 수는 있지만 긴장감을 주지는 않는다. 한 편의 수필작품으로서는 그 서술이 긴장감이 없고 구성도 평이하다. 따라서 시간 구성을 순차적인 배열을 벗어나 입체적으로 변화를 주었더라면 하는 아쉬움, 그리고 대화나 묘사가 적절히 배합된 문장이라면 독자에게 좀 더 큰 재미를 선사할 수 있었을 것이라는 아쉬움이 남는다. 한 편의 수필이 문학적으로 보다 승화된 양식이 되기 위해서는 경험을 뛰어넘어 미적 형상화에 좀 더 관심을 기울여야 할 것이다.

## 4. 억식이의 충격적인 죽음

〈억식이〉는 "그가 웅크리고 죽어 있는 방공호 속에는 불에 그을린 뚝배기와 앙상한 뱀의 잔해만이 나뒹굴고 있었다. 억식이는 자신이 강제부역으로 파놓은 토굴 속에서 그런 모습으로 우리 곁에 왔다가 그렇게 갔다."로 시작한다.

이 작품은 가장 늦게 일어난 일을 가장 먼저 서술하는 시간적인 역행구조를 통하여 '낯설게 하기'를 시도하고 있다. 즉 플롯의 시간구조를 비순차적으로 구성하여 낯설게 만듦으로써 독서의 긴장감을 불러일으킨다. 그리고 억식이의 외로운 죽음은 설명이 아니라 "불에 그을린 뚝배기와 앙상한 뱀의 잔해만이 나뒹굴고 있었다."와 같은 충격적인 장면 묘사를 통해서 강하게 독자의 정서를 환기한다.

묘사는 어떤 대상에 관한 정보나 지식의 전달에 목표가 있는 것이 아니고, 그 대상에서 받은 인상을 전달하고자 하는 데 그 목표가 있다는 점에서 설명과는 구별된다. 위의 인용문은 억식이가 토굴 속에서 죽었다는 정보를 전달하기 위해서가 아니라 그가 얼마나 외롭게 혼자서 죽어갔으며, 그것도 생에 대한 미련을 놓지 못하고 뱀을 잡아 먹으며 마지막까지 생존에의 욕망을 떨치지 못했었나를 인상적으로 보여주고 있다. 묘사는 독자의 감각에 호소하며 독자들의 정서적 반응을 일으키기 위해서 실감 있고 생생하게 오감을 동원하여 대상을 재현한다. 만약 자신의 글에서 보다 강렬한 정서적 환기를 원한다면 묘사를 적절히 활용해야 할 것이다.

억식이는 한국전쟁이 나던 해의 이른봄에 해변에서 가사상태로 한의사인 화자의 아버지에게 발견된 인물이다. 아버지는 그를 지극정성으로 치료하여 살려냈다. 이후 오갈 데가 없는 그는 한 식구가 되어 가족처럼 살고 있었다. 한국전쟁이 터지자 아버지는 갓 결혼한 둘째 삼촌이 아내를 두고 떠날 수 없다고 하자 셋째 삼촌만 데리고 피난을 떠나셨다. 공포의 전쟁 와중에서 둘째 삼촌 부부와 나머지 가족을 지켜낸 사람이 바로 억식이였다. 북에서 내려온 공산군과 동향의 적색분자들의 살기등등한 위협과 고문을 견뎌내며 그는 둘째 삼촌과 가족들을 목숨을 걸고 지켜냈던 것이다.

하지만 공산군이 퇴각한 후 정작 억식이는 불치병인 폐결핵에 걸려 하루가 다르게 기력을 잃어갔다. 아버지는 온갖 치료를 다 하셨지만 그는 자신이 회생될 수 없다는 것을 직감하고 자신의 생명을 구해준 은인에게 폐가 되고 싶지 않아 아무도 모르게 집을 나가 방공호 속에서 뱀을 잡아먹다 홀로 죽어갔던 것이다. 그의 처참한 죽음은 가족 모두에게 두고두고 지워지지 않는 문신 같은 상처가 되었다.

그는 자신의 몸 상태가 회생될 수 없다는 걸 직감하고 생명을 구해준 은인에게 마지막까지 폐가 되고 싶지 않아서 그런 길을 택한 것 같았다. 보은의 길은 이길 뿐이라 여겼던 것 같다. 이미 우리에게 더할 수 없는 큰 보답을 했는데도……. 그의 처참한 죽음은 우리 가족 모두에게 두고두고 지워지지 않는 문신 같은 상처가 되었다.

– 〈억식이〉에서

〈억식이〉는 화자의 가족과 맺은 특별한 인연으로 한국전쟁의 공포 속에서 화자의 가족을 지켜낸 억식이에 대한 이야기를 적은 서사수필이다. 이 수필에서 작가는 단지 관찰자인 화자로 등장할 뿐 철저하게 서술의 초점은 '억식이'에게 맞추어져 있다. 화자는 "마흔도 안 된 젊은 혈기에 생의 끈을 놓기 아쉬워 뱀탕에라도 의지해보려 했던 그의 마지막 길이 얼마나 슬프고 외로웠을까! 절절하게 혈육이 그리웠을까!"라고 수십 년 전 그의 가족에게 구세주와도 같았던 억식이라는 중심인물을 관찰자의 위치에서 그려냈다.

## 4. 나가는 말

서사수필은 작가가 자신의 이야기를 할 수도 있고, 단지 보조적인 관찰자로서 다른 중심인물에 대해서도 말할 수 있다. 후자인 경우에 작가가 보조적 작중인물이자 1인칭의 관찰자인 화자로 등장한다. 그 화자는 대체로 주인공의 친척, 친구, 동료 등으로서 주인공에 대하여 동정적 또는 비동정적일 수 있다. 앞서 언급한 3편의 수필에서도 조카, 지인, 가족처럼 가까운 인물 등이 보조적 화자로 등장하여 주인공인 숙모, 일본에서 온 지인, 억식이에 대해 가까운 거리에서 그리고 동정적인 입장에서 이야기를 전달한다.

이때의 보조적인 화자의 서술은 주인공 서술보다 이야기의 신뢰성이 증가하는 효과를 자아낸다. 독자들은 주인공과 어느 정도 거리를 가진 객관적 입장에서 이야기를 전달하면 믿기 어려운 이야기도 더 쉽게 받아들이는 경향이 있다. 주인공이 직접 말하면 믿기 어려운 이야기도 객관적인 위치의 남이 말하면 신뢰하게 되는 속성이 사람에겐 있는 것이다. 관찰적인 화자의 서술에서 화자와 작중인물과의 거리나 화자와 독자와의 거리는 주인공 서술의 경우보다 멀지만 그것은 결과적으로 독자와 작중인물과의 거리를 더 가깝게 만드는 효과를 준다. 그래서 공감의 효과가 더 극대화된다.

수필도 1인칭 주인공 서술의 천편일률적인 서술방식을 벗어나 서술의 형태를 보다 다양화할 때에 한 편의 문학작품으로서 미적 형상화와 그 효과가 증대된다는 것을 염두에 두고 작품을 다양한 방식으로 서술할 필요가 있다.

(2014. 7.)

# 무더위 속에서 만나게 된 청량함

## 1. 들어가기

우리나라의 수필론은 경수필(miscellany)과 중수필(essay)을 나누게 된다. 전자는 우리가 일반적으로 접하게 되는 정서적인 경향을 띠는 수필로서, 개성적이고 체험적이며 예술성을 내포한 글이다. 경수필은 감성적 주관적 성격을 지니되, 일정한 주제보다 사색이 주가 되는 서정적 수필이다. 반면 후자는 지적이고 논리적이며 사회적인 경향을 띠는 수필을 칭한다. 중수필은 지성적 객관적 성격을 지니되, 직감적 통찰력이 주가 되는 비평적인 글이다.

우리나라의 수필은 후자의 경향이나 전자와 후자의 성격을 공유한 수필보다는 대체로 개인적이고 자기 고백적이며 신변적인 전자의 수필을 선호하는 경향이 매우 강한 것이 특징이다.

개인적 경험을 집단적 경험으로 연결시킴으로써 더 많은 공감이 야기될 수 있다는 것을 염두에 둔 글쓰기, 타인의 삶을 피상적으로만 말하지 않고 좀 더 깊이 있는 성찰적 시선으로 들여다볼 수 있는 깊이를 지닌 수필, 주관적인 신변의 이야기를 다룬다고 하더라도 철학적 성찰과 사회학적 상상력이 문학적 감성과 조화를 이룬 수필들을 만나보고 싶다는 생각이 드는 유난히 더운 여름날이다.

## 2. 자유와 부자유

유병근의 〈물그릇을 든 채〉는 ≪수필과비평≫에서 오랜만에 만나보는 단아한 수필이다. 이 수필을 읽으면 법정의 〈무소유〉가 생각난다. 난분 하나도 집착의 원인이 된다며 남에게 주어 버리고 집착에서 벗어나 무한대의 자유를 누리고자 하는 법정의 수필과는 다른 의미에서 인간의 욕망과 자유의 문제에 대한 깊이 있는 성찰을 유병근의 수필은 보여준다.

아파트의 23층에 거주했던 화자에게는 화분을 제대로 키우지 못하고 시들시들 죽여 버린 실패의 경험이 있다. 그래서 2층의 아파트로 이사하면서 몇 개 되지도 않는 화분들을 마치 법정처럼 이웃에게 모두 주어버렸다. 그 결과 "거실에는 오래된 소파 하나, 텔레비전 하나, 그리고 바깥세상과 연결되는 전화기가 한 대" 덜렁

남아 있을 뿐이다. 화자는 “다분히 실용적이며 기계적인 것만 오도카니 거실 공간을 차지한” 자신의 무미건조하고 삭막하기 그지없는 거실 풍경에 대해서 “이건 아무래도 좀 딱딱하고 밋밋하다.”라는 후회의 감정에 사로잡힌다. 아마도 화분 같은 것을 다시는 키우지 않겠다고 큰 결심을 하고 모두 남에게 주어버렸으나 “기계적인 거실은 뭔지 냉정하고 단순한 맛이 인정머리라고는 없어 보인다.”라는 의외의 상황에 직면하게 된 것이다. 여기에서 불가의 승려인 법정과 문학을 하는 문인인 유병근의 차이가 발생한다.

난분 하나 놓이지 않은 자신의 실용적이고 기계적인 거실, 아니 냉정하고 단순한 거실 속에서 그의 심경은 다소 복잡해진다. “분을 들여놓으면 그날부터 성가신 일이 하나 더 불어날 것은 뻔하다. 분 속의 식물을 돌보느라 때를 맞추어 물을 주어야 한다. 햇볕이 어떠니 바람받이가 어떠니 하고 분의 비위를 맞추어 주는 등 어쭙잖은 관심으로 가끔은 살살거려야 한다.”라고 화분을 키우는 데 따른 성가신 부자유와 화분 하나도 없는 무미건조한 자유를 저울질하고 있는 화자에게 뜻밖에도 난분이 선물로 들어왔다. 이제 어느 쪽을 선택할지 갈등할 여지가 없어진 것이다.

> 난분 혼자 두기는 허전한 느낌이 들어 그 곁에 수석 한 점을 앉혔다. 난과 수석은 제법 잘 어울리는 친구다. 난은 수석을 보면서 혼자이던 외로움을 달래는 듯하고 수석은 푸른 기운을 받아 딱딱한 돌의 성징을 부드럽게 닦는 듯했다. 그건 난과 수석의 아기자기함이라는 등 입방아를 찧으면서 난이 목마르다 싶으면 쪼르르 달려가 물을 주었다.

난을 차지한 거실 또한 여느 때와는 다른 분위기를 즐기는 듯하다. 무뚝뚝하던 거실이 갑자기 생기를 띠고 티브이 소리도 한결 나긋나긋한 맑은 목소리로 뉴스를 알려준다. 그것은 난분 효과나 다름없는 새로운 분위기라며 눈으로 가만히 난을 쓰다듬는다.(중략)

이상한 허욕이 또 마음을 뒤집는다. 난분 곁에 소나무 분재나 뭐 또 그런 종류 한두 개쯤 들여놓아도 좋을 것 같다며 소갈머리 없는 처지는 다 까먹고 느릿느릿 분재 가게를 기웃거리는 환상에 빠진다. 그때마다 그동안 까맣게 잊고 있었던 마음을 비우라는 말을 다잡아 되새긴다. 난분 하나도 제대로 간수하지 못하는 주제에 허욕을 부리다니. 아무리 좋게 보아도 헛된 물욕주의가 목구멍을 차지한 낯간지러운 짓임에 틀림없다.

— 〈물그릇을 든 채〉에서

그는 내심 기다렸다는 듯 난분 하나로는 허전한 느낌이 든다며 수석 한 점까지 난분 옆에 앉혔다. 난분과 수석을 보면서 일어난 화자의 행동의 변화는 "난과 수석의 아기자기함이라는 등 입방아를 찧으면서 난이 목마르다 싶으면 쪼르르 달려가 물을 주었다."와 같은 객관적 묘사를 통해 드러나듯 성가신 부자유를 즐겁게 실천하고 있음을 볼 수 있다. 어디 그뿐인가? 무뚝뚝하던 거실이 갑자기 생기를 띠고 티브이도 나긋나긋한 목소리로 뉴스를 알려주는 거실 분위기의 놀라운 변화를 실감한다. 게다가 인간의 헛된 물욕주의(?)는 이제 소나무 분재까지 한두 개쯤 들여놓으면 더 좋을 것 같다고 그에게 속삭인다. 이 단계에서 화자는 "마음을 비우라는 말을 다잡아 되새"기는 철저한 자기검열에 들어가게 된다.

화자가 난을 보살피는 형국은 그야말로 이미 염려했듯이 "성가신 일이 하나 더 불어"난 "영락없는 종"과 같은 모습이지만 정작 화자 자신은 "내가 종이 될수록 난분은 기운이 팔팔하여 거실을 환하고 푸르게 쓰다듬는다. 아니나 다를까 난은 편작이다. 물그릇을 든 채 나는 편작의 진맥을 기다리고 있다."에서 보듯 난으로부터 정서적 치유를 받고 있다. 그가 난을 보살핀 것이 아니라 난이 그의 마음을 활기차고 건강하게 고쳐주는 편작과 같은 의사 역할을 하고 있다는 솔직한 고백한다.

법정의 〈무소유〉가 종교인의 관점에서 집착을 벗어던짐으로써 자유를 얻을 수 있다는 메시지를 전달하였다면, 유병근의 〈물그릇을 든 채〉는 문학인의 입장에서 난초라는 소박한 물욕주의(?)가 주는 기쁨에 대해서 말하고 있다. 그리고 물욕주의는 겉으로는 부자유를 초래하는 듯하지만 인간의 내면을 치유하여 오히려 생생한 생기를 불러일으켰음을 진솔한 언어를 통해서 고백하고 있다. 35도를 오르내리는 무더위 속에서 자유와 부자유에 대해서 모처럼 생각하게 만든, 가을바람 같은 청신한 수필이었다.

## 3. 인간 내면의 감추어진 동기들

이명진의 〈오래된 풍경〉은 일종의 복합구성의 구성법으로 쓴 수필이다. 복합구성은 한 수필 속에 둘 이상의 플롯이 중첩된 구성으로 인생의 단면보다는 복잡한 측면을 보여주기에 적합한 구성이다. 대체로 이런 수필은 장편수필에 적합한 구성법이다. 〈오래된 풍경〉은 인도의 콜까타에서 만난 릭샤꾼의 부성애를 핵심적 이야기로 하고, 자신의 어린 시절의 아버지 이야기가 보조적인 이야기로 삽입되어 있다. 하지만 제목이 '오래된 풍경'인 것을 보면 메인플롯(main plot)인 릭샤꾼의 이야기는 도입에 불과하고, 오히려 화자의 어린 시절의 아버지와 어머니에 대한 이야기를 하고 싶었던 것이 아닌가 하는 생각이 든다. 이처럼 복합구성은 주제마저 하나로 명확하게 통일되지 않고 복합적으로 생각하게 만드는 구성법이다.

> 말을 걸어도 고개를 돌리며 외면하던 아이였다. 아이의 얼굴은 서너 살의 천진스러움 대신, 불안한 눈빛과 상처받은 마음의 고통으로 일그러져 있었다. 때가 꼬질꼬질 절어 버린 낡은 스웨터가 작은 아이의 가냘픈 몸을 감싸고 있다. 올 풀린 스웨터의 구멍 사이로 초겨울의 바람이 휘릭휘릭 아이의 가슴속에서 찬 기운을 뿜어냈다. 그 표정은 아무도 상대하지 않고 믿지 않는 '불신'의 씨앗으로 옹이처럼 굳어져 있었다. 그는 아내가 자신의 친구와 바람이 나 집을 나가 버렸다고 했다. 가장으로서 무능함을 숨기지 못한 채, 자신의 분신인 아이만은 보살펴야 했다.
>
> — 〈오래된 풍경〉에서

수필의 화자는 인도 여행길에서 그녀의 발이 되어준 젊은 릭샤꾼 남자의 부성애에 감탄을 보낸다. 그는 "떨어져 나간 단추 대신 옷핀을 꽂은 남자. 빠진 앞니 때문에 웃을 때면 칠순 노인네처럼 보이던 남자. 자전거 페달을 밟을 때면 맨발인 뒤꿈치가 반들거리던 남자. 자전거에 속도가 붙으면 베트맨의 망토처럼 휘날리던 그 남자의 구멍 난 솔. 내 기억 속 남자는 네댓 살짜리 아들을 자전거 앞자리에 태우고 손님을 실어 나르던 깡마른 체구의 젊은 아버지"로서 남루한 차림새와 형편없는 외모의 남자이다. 하지만 한 명의 아버지로서 그는 "자전거 페달을 밟으며 달리는 중간 중간 아이에게 다정하게 귀엣말을 건네는 모양새가 정겨워 보"이는, 즉 아내가 버리고 떠난 아이를 일을 하면서도 열심히 보살피는 부성애가 극진한 인물이다. 그리고 "바람이 나 가출한 아내의 잘못까지 자신의 무능함으로 치부해버린" 멋진 남자이기도 하다. 더욱이 그의 지극한 부성애는 화자로 하여금 자신의 어린 시절의 아버지를 떠올리게 만든다. 대체 어린 시절의 아버지는 어떤 모습을 하고 계셨던 것일까?

> 아버지는 가끔 외박을 하곤 했다. 외박을 하고 들어오는 날이면 아버지의 양손에는 과자 봉투가 들려 있곤 했다. 그런 날 밤이면 안방에서 들려오는 어머니의 고함소리가 듣기 싫어 이불을 뒤집어 써야만 했다. 부모님의 상황을 이해 못했던 어린 마음은 무작정 어머니를 미워하고 있었다. 아무 대꾸도, 소리도 없는 아버지가 불쌍해 보이기까지 했다. 왜 어머니가 역정을 내며 분통을 터뜨리는지 생각할 겨를도 없이 어린 마음은 과자를 사들고 온 아버지 편이 되어 잠이 들곤 했다. 어릴 적 기억은 내 잠재의식 속에서 어른이 될 때까지 자리 잡고 있었다. 세월에 흘러 결혼을 하고, 아이 둘의 엄마가 된 후, 어머니의 고함에 대한 의문을 깨닫게 되었다. 싸움의 원인 제공은 언제나 아버지였고, 언성을 높이고 고함을 지를 수밖

에 없었던 어머니의 행동은 아버지에 대한 사랑의 절규였다는 사실이다.

— 〈오래된 풍경〉에서

외박을 하고 과자 봉투를 들고 들어온 아버지, 어머니의 고함소리, 아무 대꾸노 하지 못하는 아버지를 지켜보던 삽화……. 어린 시절의 화자로서는 결코 그 상황을 제대로 이해할 수 없었던 삽화이다. 그런데 화자의 잠재의식 속에 오래토록 각인되어 남아 있었던 그 삽화의 진정한 의미를 결혼하여 아이 둘을 낳고서야 비로소 깨닫게 된다. 그리고 "어린 시절 잘못된 판단으로 어머니를 헤아려드리지 못한" 데 대한 죄의식에 사로잡히게 된다. 이 죄의식은 화자의 잠재의식에 오래토록 가라앉아 있었다. 그러다가 릭샤꾼의 감동적인 부성애가 망각되었던 어린 시절의 기억을 의식의 차원으로 불러왔던 것이다. 가난한 릭샤꾼 부자를 위해 추운 겨울을 견딜 수 있도록 털장갑과 털 스웨터를 선물하게 된 동기는 겉으로는 화자의 교통수단이 되어 준 데 대한 고마움과 감동적인 부성애에 대한 격려 때문일 것이다. 하지만 그 너머에서 외박으로 어머니와 갈등을 빚었던, 릭샤꾼과는 대조적인 작가의 아버지에 대한 기억. 어린 시절에는 너무 어려서 미처 어머니의 마음을 헤아려드리지 못했던 데 대한 죄책감 등이 심층에서 복합적으로 작용하고 있음을 볼 수 있다. 〈오래된 풍경〉은 인간 내면의 복잡한 심층의 동기들을 헤아려 보게 하는 흔치 않은 수필이다.

## 4. 개인의 추억을 집단적 경험으로 확대하기

김양자의 〈큰언니와 호박〉은 텃밭에서 잡초를 뽑다가 누렁누렁 익은 호박 한 덩어리를 발견하고 그와 같은 호박을 닮은 큰언니에 대한 추억의 글쓰기가 이루어지고 있다.

> 영판 무던한 큰언니를 닮은 듯하다. 동트자마자 중리 텃밭에 왔다. 잡초를 뽑아내다가 밭 구석 덤불 속에서 누렁누렁 익은 호박 한 덩이를 찾아내 반가워서 어쩔 줄을 모른다. 잡초들 등쌀에 애호박 한 개도 못 건질 줄 알았다. 굵은 배꼽 줄을 단 채 펑퍼짐한 엉덩이를 풀더미 위에 얹어놓고 빙그레 웃고 있는 양이 푸근한 큰언니 그대로다.
>
> — 〈큰언니와 호박〉에서

한국전쟁으로 병든 아버지를 대신해서 어머니가 생계를 떠맡게 되자 어머니를 대신하여 학교도 그만두고 집안 살림을 도맡은 큰언니에 대한 추억은 3개의 에피소드를 통해서 회상된다. 초등학교 시절 동대신동에서 영도로 전학을 가야 함에도 가지 않고 영도다리를 건너 통학을 하는 어린 동생을 위해 전차를 타고 가라며 차비와 용돈을 주었음에도 추운 겨울날 아침, 고집스레 걸어가는 동생을 뒤쫓아와 업어서 학교까지 데려다 준 고마운 큰언니. 잊고 온 도시락을 교실까지 가져다주었던 큰언니. 친구랑 호박서리를 해서 집에 가져갔으나 "갖다 버려라. 그건 못 묵는 기다."라고 꾸중을 하던 큰언니……. 추억의 갈피갈피마다 큰언니와의 오래 된

삽화들이 모락모락 피어오른다. 어린 시절 큰언니는 언니가 아니라 어머니를 대신하여 요모조모 작가를 보살펴주었고, 때로는 행동에 대한 규범까지 가르쳐준 고마운 존재였다.

〈큰언니와 호박〉은 큰언니에 대한 개인적 추억과 그에 대한 고마움, 그리고 이제는 혼자 외롭게 남은 큰언니에 대한 연민의 감정에 기초해서 작성됐다. 작품은 결말에서 다시 호박 이야기를 함으로써 수미상관의 안정적인 구성법을 취하고 있다.

> 저녁에, 푹 삶은 호박에 강낭콩과 찹쌀 새알도 넣고 맛있게 죽을 끓여 큰언니에게 갖다 줘야지. "뭘라고 이 고생을 하노. 덥은데." 무심한 듯 말하겠지만 얼마나 반가워하랴. 큰언니를 안듯 호박을 끌어안고, 끙끙거리며 집으로 돌아오는 전철을 탄다.
>
> — 〈큰언니와 호박〉에서

하지만 〈큰언니와 호박〉은 약간의 아쉬움이 남는 수필이다. 한국전쟁 직후 어려웠던 우리 민족의 집단적 경험, 민족 전체가 절대빈곤에 처해 있던 그 시절 맏이와 큰딸들이 겪어야 했던 가족을 위한 희생……. 화자는 "큰언니는 어려운 시절에 우리 집의 보물이었다."라고 회상하고 있는데, 큰언니의 희생의 덕을 본 가족들에게는 그 희생이 '보물'이었을지 몰라도 정작 그 희생을 치러야 하는 큰언니의 입장에서도 과연 그러했을까?

이미 자신도 노년이 되었을 화자이다. 큰언니로부터 받은 사랑을 회상만 하지 말고 가족을 위해서 개인적 꿈을 접고 집안 살림을 도맡아야 했던 큰언니의 마음, 즉 그녀의 꿈, 아픔, 상처 등을 적극적으로 헤아려보는 감정이입의 글쓰기가 이루어졌더라면 하는 생각이 든다.

감정이입이란 남의 입장이 되어보고, 남이 느끼는 것을 느끼는 인간의 심리적 능력이다. 즉 타인이나 자연물 또는 예술작품 등에 자신의 감정이나 정신을 이입시켜 자신과 그 대상물과의 융화를 꾀하는 정신작용이 감정이입이다. 큰언니의 입장에 적극적으로 감정이입을 하는 글쓰기가 이루어졌다면, 그녀의 희생으로 나머지 가족들이 어려운 시대를 잘 극복해온 데 대한 진정한 감사의 마음과 그 옛날 가족을 위해서 그토록 자신을 희생했음에도 지금은 "홀로 동그마니 섬처럼 살고" 있는 큰언니의 외로운 삶에 대한 깊은 연민의 감정이 좀 더 잘 드러날 수 있었을 것이다. 개인적 경험을 집단적 경험으로 확대시킨 공감의 글쓰기, 감정이입을 통해 보다 성숙한 자아를 표현하는 수필이 되었을 것이다.

(2013. 9.)

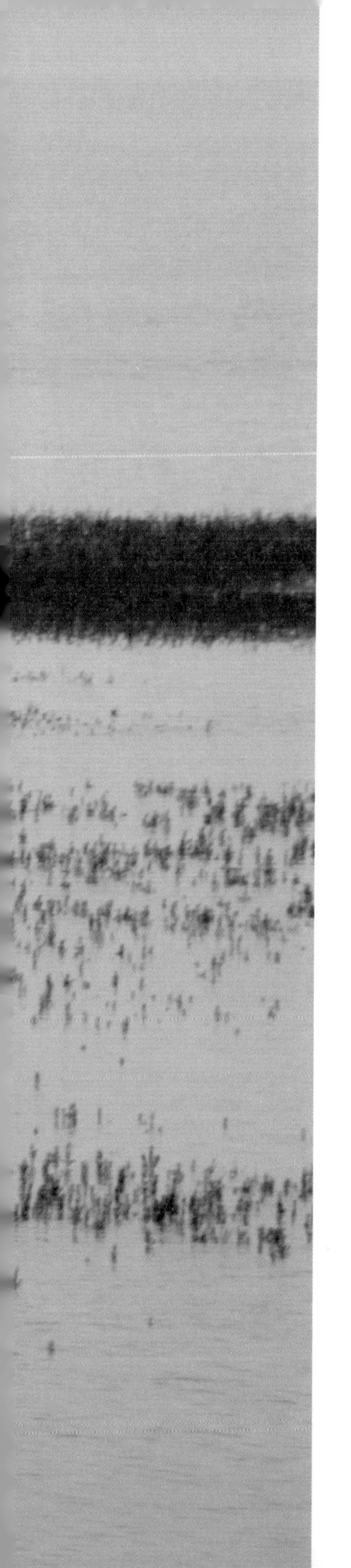

# 생태주의와 에세이

# 심층생태주의적 사유 세 편

## 1. 흙을 밟으며 살아온 세대의 장소 애착

부산의 대표적인 공간인 해운대의 마린시티에는 80층의 고층 주상복합 건물이 밀집해 있다. 빼곡히 들어선 그곳의 비인간적인 건물들은 과연 그곳이 사람 사는 동네인가 하는 회의를 불러일으킨다. 하지만 그곳은 부산의 대표적인 부자 동네의 상징으로 자리매김되었다. 밤이 되면 그곳 주상복합의 꼭대기에는 색색의 네온사인이 시시각각으로 변화하며 그들의 건물명을 과시하기라도 하듯 경쟁적으로 반짝거린다. 나는 그곳을 지나칠 때마다 통째로 유리로 건축된 그 건물들을 바라보는 것만으로도 아찔한 느낌에 잠시 어지럼증이 인다.

이런 나의 반응과는 달리 그곳을 분양할 때 유명 여자 탤런트는 구름 위에 편안히 앉아 '80층 그 위의 자존심'이라는 카피를 날리며 광고를 했다. 건물의 고도가 높아질수록 사회적 경제적 위세가 더 높아진다는 메타포를 가진 그 광고에 현혹된 사람들은 너도 나도 그 주상복합을 구입했을 것이다. 부자들은 그들의 거주지에서 즐길 수 있는 해변의 매력이나 창밖의 광활한 바다의 뷰(view), 그리고 광안대교의 야간조망을 즐기기 위한 낭만적인 목적에서만 그 부동산을 구입한 것이 아닐 것이다. 어쩌면 그보다는 창밖 300m 발 아래의 세상을 내려다볼 때 느끼는 자부심, 즉 그들이 앉아 있는 높이만큼의 그들의 우월한 사회경제적 위세를 확인하는 자부심이 더 크게 작용한 나머지 최고의 분양가에도 불구하고 구입에 주저하지 않았을 것이다.

산업사회가 되고 도시화가 진행되면서 우리의 주거형태는 단독주택에서 아파트로 바뀌었다. 아파트로 주거형태가 바뀌게 되자 우리는 집안에 크든 작든 가지고 있던 마당을 잃어버린 지 오래다. 즉 땅을 밟지 않고도 살아가게 된 것이다. 안유환의 〈마지막 남은 '마당'〉은 바로 우리가 아파트로 떠나오면서 잃어버린 마당에 대한 추억과 아쉬움에 대해서 적고 있다.

> 옛날의 집들은 모두 넓은 마당을 갖고 있었다. 축담에 신발을 벗어놓고 툇마루에 앉아 햇볕을 쬐다 심심하면 마당으로 내려가 이리저리 집안을 거닌다. 마당 한쪽엔 절편 모양의 조그만 꽃밭이 있고, 그 주변으로 몇 개의 화분도 놓여 있다. 생각날 때마다 화분에 한

바가지씩 물을 퍼부어주면 물은 흘러 마당으로 번져 제멋대로 지도를 그린다. 장마철에는 여기저기 잡초가 돋아날 때도 있지만 아이들이 뛰노는 발자국을 견뎌내지는 못한다. 때로 낙엽이나 지푸라기 같은 것이 흩어져 있어도 지저분하다는 생각을 해본 적은 없다.

(중략) 여름 저녁이면 멍석을 깔아놓고 온 식구들이 둘러앉아 칼국수를 먹던 마당. 감나무 한 그루나 대추나무가 서 있는 것도 볼 수 있다. 가을이면 탐스럽게 익은 석류는 가슴에 석류 알 같은 꿈이 차오르게 한다. 추수한 곡식 가마니를 수매할 때까지 마당 구석에 쌓아두기도 했다. 마당은 우리에게 여러모로 편리하게 쓰였다.

– 〈마지막 남은 '마당'〉에서

인용문처럼 마당은 실용성 면에서도 현관의 기능, 화단이나 정원의 기능, 놀이터의 기능, 작업장의 기능, 창고의 기능 등 다양한 기능을 가지고 있었다. 그뿐만 아니라 마당은 계절마다 삶의 갈피마다 수많은 추억이 아로새겨진 공간이기도 했다. 그런데 이 다양한 기능을 가진 공간이 아파트로 주거형태가 바뀌면서부터 사라지고 만 것이다. 그나마 이전의 판상형 아파트에서는 베란다가 마당의 기능을 부족한 대로 대신할 수 있었다. 그러나 다시 아파트가 타워형 설계로 바뀌면서 베란다는 없어졌고, 판상형의 경우에도 거실 등의 실내공간을 넓게 사용하기 위해 베란다를 확장함으로써, 또는 처음부터 확장형 설계로 인해 결과적으로 베란다까지 없어져버린 삭막한 주거상황에 직면하게 되었다.

수필가 안유환은 마당의 대용품인 베란다를 집요하게 고집한다. 그에 의하면 베란다에 대한 그의 집착은 개인적이고 주관적인 것이라기보다 "흙은 밟으며 살아온 세대"의 집단심리 같은 것이다. 흙에 대한 경험과 추억이 없는 "아파트에서 자라난 젊은" 세대들은 베란다 없는 주거환경에도 잘 적응할 뿐만 아니라 그것을 오히려 선호하기 때문이다. 그는 자신의 베란다에 대한 고집 또는 집착이 결코 현실성이 결여된 단순한 고집만은 아니라고 주장한다. 왜냐하면 요즘 사람들은 베란다가 없는 집을 선호하며, 확장을 해놓으면 거실공간이 넓어 살기 편하고 집을 팔 때도 유리하다는 선입견과는 달리 그의 경험에 의하면 부동산 경기침체로 부동산 거래가 실종되고 미분양 아파트가 늘고 있는 상황에서도 베란다가 있어서 오히려 집도 잘 팔렸고, 베란다 있는 집을 이웃들이 부러워한다는 것이다.

그에게 베란다는 어떤 기능을 하고 있을까?

> 베란다는 내게 있어 마음의 심호흡을 하는 마당이다. 옆에 붙은 다용도실에는 텃밭용 삽을 비롯한 농기구와 비닐 뭉치나 청소도구, 채반 같은 집기들이 들어 있다. 잡동사니 도구들을 한데 모아둘 곳이 있다는 것은 마음을 편하게 한다.
>
> 공터, 자투리땅, 뒤란, 헛간, 광 등은 현대인들에게는 잊힌 공간들이다. 별로 쓸모없어 보이는 이런 것들은 우리에게 편안함을 더해주던 장소였다. 사람들은 한 집에 화장실은 두 개, 세 개씩 만들면서 이런 요긴한 공간들은 모두 없애버리고 말았다. 현대인들의 마음이 갈수록 각박해져가는 것은 이런 허드레 공간들을 정리해버린 것 때문이 아닐까, 하는 생각을 해본다.
>
> — 〈마지막 남은 '마당'〉에서

"도시인들에게 마지막 남은 마당, 나는 나의 영토를 지키듯 베란다를 지켜갈 것이다."에서 보듯이 그에게 베란다는 결코 더 이상은 양보할 수 없는 마지막 남은 마당이며, 인간으로서의 자존심을 지키며 살아가게 만드는 최후의 영토이다. 베란다는 결코 허드레 공간이 아니라 마음의 심호흡을 가능하게 하고 도시의 각박하고 팍팍한 삶을 여유롭게 만들어주는 공간, 마음을 편안하게 만들어주는 휴식의 공간이다. 베란다, 아니 그 이전의 마당에 대한 그의 강렬한 애착은 이-푸 투안이 말했듯이 "친숙함과 편안함, 양육과 안전의 보장, 소리와 냄새에 대한 기억, 오랜 시간 동안 축적되어 온 공동의 활동과 편안한 즐거움에 대한 기억"들을 불러오는 내밀한 장소의 의미를 갖고 있다.

안유환은 바로 그러한 장소에 대한 정서적 애착, 즉 토포필리아(topophilia)를 베란다를 통해서 느끼고 있는 것이다. 그것은 도시에서 땅이 있는 집을 잃어버리고 어쩔 수 없이 아파트에서 살아갈 수밖에 없는 자의 안타까운 몸부림이며, 외로운 절규처럼 들린다. 그러나 그의 고독한 외침은 그와 동시대적 경험을 공유한 사람들에게 폭넓은 공감을 불러일으킨다. 한마디로 시멘트로 만들어진 아파트라는 장소상실의 공간에 갇혀 살아가지만 마음속에는 자연과 소통하며 자연의 일부로 살아가고 싶은 현대인의 잃어버린 욕망을 대변해준다.

## 2. 자연과 상생하는 삶과 죽음

이원찬의 〈죽기 전에 죽은 개미〉는 자연과 상생하는 삶과 죽음에 대한 자세에 대해 적고 있다.

> 두 끼 먹은 밥에서 아침밥 삼분의 일을 덜어 새들을 주게 되니, 같이 살아가는 갖가지 종류의 새들과 친해졌고, 돌 축대 속에 사는 붉은다리게도 나를 알아보고 별로 경계하지 않는다. 가끔 방이나 마루에 지네가 들어올 때 야단을 치면 아주 겸연쩍어하며 가만히 처분만 기다리며 엎드려 있으며, 수건으로 싸서 돌 더미 속에 놓아주곤 했다. 방안에 세 종류의 거미와 돈벌레는 늘 상주했다. 풀밭에는 여러 종류의 모기와 많은 곤충이 있고 뱀들도 몇 종류가 눈에 띄지만 별로 신경 쓰지 않는다. 그들은 건드리지 않으면 서로 지나치므로 크게 문제는 없다. 독사 종류의 뱀은 다른 사람들의 눈에 띄면 죽음을 면하기 어렵지만, 잘 타일러 사랑하면 크게 해를 끼칠 일이 없다. 바닷가로 내려가는 길목에는 여러 종류의 벌레들과 더러 뱀을 만나도 그들에게 피해가 되지 않도록 조심하는 것은 아주 중요하다. 잘못하여 밟기라도 하여 죽은 모습을 보게 되면 두고두고 가슴을 아리게 하기 때문이다.
>
> – 〈죽기 전에 죽은 개미〉에서

1970년대 초에 노르웨이 철학자 안 네스(Arne Naess)는 자연이란 인간을 위해 존재하는 것이 아니라 자연 그 나름대로 훼손당하지 않을 권리를 갖고 있다고 설파했다. 즉 인간(human)과 비인간(non-human)의 영역을 구분 짓고 차별하는 인간중심주의를 비판했다. 그는 테크놀로지에 의존해서 환경을 개선할 수 있다는 환경주의에 반대하며 인간뿐만이 아니라 생태계를 이루는 모든 요소가 다 동등하게 살아갈 권리가 있다고 했다.

심층생태론은 서양 전통의 세계관에 내재된 인간우월주의와 인간과 자연의 이원론적 이분법에 반대하며 생명적 관점에서 인간이나 자연 모두 평등하다는 생명중심적 평등(biocentric equality)과 자기실현(self realization)의 두 가지 규범을 내세운다. 자기실현이란 인간인 내가 살 권리를 가지고 있으면 지구상에 존재하는 생물과 미생물에 이르기까지 모두 동일하게 살 권리를 갖는다는 것이다. 심층생태론의 관점에 따르자면, 인간도 자연의 틀에서 결코 분리될 수 없는 자연의 일종일 뿐이다. 따라서 모든 자연을 통일된 하나의 전체라는 개념으로 보고, 자연을 인간에게 얼마나 유용한가라는 관점에서 파악하지 않는다.

이원찬의 〈죽기 전에 죽은 개미〉의 도입 부분은 마치 심층생태론자들의 사유에 대한 실천으로 보인다. 그는 남들이 세 끼 먹는 식사를 두 끼로 줄였을 뿐만 아니라 그마저도 삼분의 일을 덜어 새들과 나눈다. 그러니 온갖 종류의 새들과 친해졌고, 인간에게 해롭다고 여겨져 온 동물들에게도 자비심을 갖고 대하니 붉은다리게(사실은 붉은다리거미), 지네, 독거미, 돈벌레, 뱀들도 그를 경계하지 않는다. 그는 지네나 독사마저도 건드리지 않고, 잘 타일러 사랑하면 크게 해를 끼칠 일이 없다고 말한다. 오히려 중요한 것은 그들에게 피해가 되지 않도록 인간이 조심하는 일이다.

그야말로 인간과 지구상에 존재하는 모든 생명체의 번성은 본래의 가치를 지니며, 인간에게는 생명을 유지하는 데 반드시 필요한 것을 제외하고는 생명의 풍요로움과 다양성을 축소시킬 권리가 없다는 것을 그대로 실천한다. 인간에게 유용한가 아닌가의 여부에 따라 자연을 파악하는 태도야말로 이기적인 인간중심주의이다. 이원찬은 인간중심주의를 벗어난 생명중심의 평등과 자기실현의 관점에서 그들과 평화로운 공존을 도모한 것이다.

그의 이러한 생태주의적 실천은 서양의 심층생태론으로부터 나온 것이 아니라 동양의 불교에 근거를 둔 것이다. 불교에서는 여름철 3개월 동안 하안거夏安居에 들어가는데, 이때 바깥출입을 삼가고 열심히 수행 정진한다. 원래 불교가 발생한 인도지역의 기후는 우기와 건기로 나뉘는데, 우기 약 3개월 동안에는 많은 비가 오고, 그래서 초목이 무성하고 벌레들도 활발히 돌아다니는 계절이다. 어느 날 부처님의 제자들이 길을 가다가 실수로 벌레를 밟아죽이게 되었다. 이를 본 사람들이 "저 사문들은 자비심이 없어서 우기에 돌아다니면서 벌레를 밟아 죽인다."라고 비난했다. 이것을 계기로 우기 동안 제자들을 숲 속의 동굴이나 절에서 머무르도록 규칙을 정했다. 이로부터 불교의 안거가 시작되었다. 그런데 불교가 북방으로 전해지면서, 겨울은 살아있는 생명을 죽이는 문제는 없지만, 반면에 스님들이 이리저리 다니기에는 여건이 좋지 않았다. 따라서 겨울철에도 3개월 동안 바깥출입을 삼가하고 공부하라는 뜻에서 동안거冬安居를 시행하게 되었다.

안거의 목적은 살아있는 생명의 보호, 독충이나 뱀 등으로부터 수행자들의 보호, 대중이 모여 수행 정진에 매진하라는 의미가 있다. 이원찬이 말하는 "잘못하여 밟기라도 하여 죽은 모습을 보게 되면 두고두고 가슴을 아리게 하기 때문"이라는 말은 바로 불교의 안거 수행의 정신으로부터, 다시 말해 모든 생명체를 사랑하고 불쌍하게 여기는 대자대비의 불교정신에서 비롯된 것이다. 그의 이러한 정신은 심층생태론자들의 첫 번째 강령인 "지구상의 인간과 인간 이외의 생명의 안녕과 번영은 그 자체로서 가치를 가진다. 이 가치들은 자연계가 인간의 목적을 위해 얼마나 유용한가 하는 문제와는 별도로 독립해 있다."라고 했던 것과 서로 상통한다. 즉 자연은 인간을 위해 존재하는 대상이 아니라 자연 그 자체로서 이미 가치를 획득하고 있다. 따라서 심층생태론은 동양의 불교뿐만 아니라 노장사상과도 그 정신이 서로 통한다. 그뿐만 아니라 그들은 동양의 선불교와 노장사상, 그리고 기독교의 영성주의 등을 통해서 서양 전통의 인간중심적인 가치관의 전환이 이루어져야 한다고 주장한다.

고흥의 수락도에서 여름 안거 때의 경험을 계기로 적은 이원찬의 수필 〈죽기 전에 죽은 개미〉는 인간과 자연의 심층생태론적 상생에 그 궁극의 주제가 있는 글이 아니다. 그는 죽기 전에 죽은 개미의 죽음을 통하여 인간의 죽음에 대한 자세가 어떠해야 할 것인가를 말하고 있다. 그는 여름 안거 중 바닷가 포행에서 "스스로 생을 마칠 때가 되었음을 자각한 개미는 바다로 가 자신을 작은 물고기의 밥이 되도록 자연에 회향하는 것"을 발견하게 된다. 그는 스스로 죽는 날을 정해 죽기 전에 바다에 빠져 죽는 개미를 통해서 "스스로 목숨을 마칠 때가 되었음을 알고 죽기 전에 미리 죽는 그들을 볼 때에 생명의 신비는 어떤 미물의 생명도 고귀하지 않은 것이 없음을 알게 되니 나에게도 커다란 공명(共鳴)이 되었다."라고 적고 있다.

그는 수락도에서의 용맹정진이 끝나고 안거일이 며칠 남았지만 집에서 기르는 비글종의 강아지 새롬이 아프다는 연락을 받고 집으로 돌아온다. 힘없이 앉아 있던 새롬이는 그가 몸을 깨끗이 씻겨주자 앉았던 자리에 도로 가서 "옆으로 드러누워 일곱 번쯤 가쁜 숨을 내뿜더니 서서히 맥박이 느려지고 눈이 풀려 생을 마감하는 것이었다." 이는 그가 집에 도착하여 10분도 채 안 되는 짧은 시간에 일어난 일이었다. 말하자면 강아지마저도 "죽기 전에 죽은 개미처럼 자기가 돌아갈 때를 알고 있었다." 즉 자신이 죽어야 할 때를 알고 죽음에 순응하는 자세를 보여준 것이었다.

그렇다면 인간의 죽음을 맞는 자세는 어떠한가? 요즘 안티에이징의 의학기술에 기대여 늙음과 죽음을 연장하고자 안간힘을 쓰는 인간을 향하여 그는 생명에 대한 갈망과 집착을 버리라고 말한다.

> 죽음을 해결하는 법은 육체의 재생이나 부활에 있지 않다. 오직 존재와 비존재에 대한 갈망과 집착을 깨닫고 버렸을 때 죽음의 문제는 해결될 것이다. 죽기 전에 죽는다는 것은, 나를 알고 태어난 원인과 죽어서 갈 곳을 알게 된다면, 옷을 바꿔 입듯이 언제나 홀가분하게 가고 싶은 때 갈 수 있는 것이 죽기 전에 죽는 것일 것이다. 역대의 성인들이 그랬고 진리를 깨달은 수많은 선지식들이 모두 죽기 전에 죽은 분들이었다. 숭고한 그들의 죽음에는 어떤 제삼의 힘

이 작용하지 않는다. 모두가 스스로 신이었기 때문이다.

– 〈죽기 전에 죽은 개미〉에서

하물며 개미나 강아지조차도 자연에 순응하는 태도로 죽기 전에 미리 죽으며 자신의 죽음을 순순히 받아들이는데, 오로지 만물의 영장이라 자부하는 인간만이 삶에 집착하여 죽음을 끝없이 지연시키는 욕망에 사로잡혀 있는 것이다. 그는 존재와 비존재에 대한 갈망과 집착을 깨닫고 버릴 것을 촉구하며, 태어난 원인과 죽어서 갈 곳을 알게 되는 깨달음을 얻게 된다면, 옷을 바꿔 입듯이 언제나 홀가분하게 가고 싶을 때 갈 수 있고, 죽기 전에 죽을 수 있는 자유를 얻을 수 있을 것이라고 말한다. 깨달음을 얻은 역대의 성인이나 선지식들은 모두 삶의 집착으로부터 벗어나 죽기 전에 죽을 수 있는 지혜를 실천한 사람들이었다는 것이 그의 결론이다. 죽음에 대해서도 자연의 섭리를 거스르지 않고 순응하는 것이야말로 자연의 하나인 인간이 취할 가장 자연스런 태도라는 것이다.

〈죽기 전에 죽은 개미〉는 자연과 상생하는 생태주의적인 삶으로부터 자연의 섭리를 거스르지 않는 생태주의적인 죽음에 이르기까지의 깊은 사색을 보여주는 수필이다.

## 3. 인간우월주의에 대한 반성

김원의 〈길 잃은 도마뱀〉 역시 심층생태주의론의 가치관을 보여주는 수필이다.

우리 집에 도마뱀 한 마리가 들어왔다. 워낙 빠른 놈이라 손을 쓸 시간도 없이 나를 따라 들어온 것이다. 내가 뭐가 좋아서 따라왔단 말인가. (중략)

왜 하필 내가 여행을 떠나는 날 들어왔단 말인가. 우리는 부득이 도마뱀을 남겨두고 예정되었던 보름간의 하와이 크루즈를 떠났다. 하와이 다섯 개 섬을 도는 동안 잊고 지냈다. (중략) 그러다 2주 만에 돌아와서야 도마뱀이 궁금해졌다. 침대 속으로 들어가 숨어 있지는 않은지 은근히 걱정 반 공포 반에 신경이 곤두섰다. (중략)

그러던 어느 날 드디어 문제의 그 도마뱀이 나타났다. 기름기 빠진 도마뱀 한 마리가 느린 속도로 기어 다닌다. 집에 숨어들어 왔을 때만 해도 생생했던 것이 무척 수척해 보인다. 확실히 영양실조에 걸린 것 같다. 꼬리 부분이 날렵하게 움직이지 못하고 겨우 기어가는 모습이 도마뱀 같지 않다. 그간 굶은 게 분명하다. 공연히 잘못 들어와 이렇게 고생만 하고 있다는 생각을 하니 불쌍하다. 나는 보름 간 산해진미에 몸을 불려왔는데, 이 길 잃은 도마뱀은 주인 없는 집에 들어와 쫄쫄 굶고 나를 기다렸던 모양이다.

– 〈길 잃은 도마뱀〉에서

도마뱀은 하필 작가 김원이 여행을 떠나는 날 그의 집에 들어왔다. 김원은 보름 동안 집안에 갇혀 쫄쫄 굶고 있던 도마뱀을 여행지에서 돌아와 발견하고 밖에 놓아주며, 그에 대한 연민을 한 편의 수필로 적고 있다. 도마뱀을 불쌍하게 여기며 밖에 놓아주는 마음은 바로 생태주의적인 연민이며, 불교적 자비심, 기독교적 영성주의와도 상통하는 마음이다.

심층생태론자들은 환경 위기의 원인으로 인간중심의 자연 지배적 세계관을 문제 삼는다. 즉 생태 위기의 근본 원인이 모든 자연을 인간적 측면에서 평가하고, 인간의 욕망을 충족시키기 위한 자원 또는 물질로 파악하는 인간중심적 사고방식에 있다고 진단한다. 인간의 내면과 지구상의 모든 생명체의 본성은 인간중심에서 파악하는 효용가치가 아니라 본래적 가치를 지니고 있다. 때문에 인간은 자신들의 생명을 유지하기 위해 반드시 필요한 자연 요소들을 제외하고는 생명의 풍요로움과 다양함을 해칠 권리가 없다는 반인간중심주의, 즉 생태중심의 세계관을 그들은 대안으로 내세운다. 김원이 도마뱀에 대해 갖는 태도는 인간중심주의를 벗어난 인간과 자연의 생명중심적 평등의 실현이다.

> 그렇다면 누가 그 긴 세월 동안 먹이를 날라다 주었단 말인가. 피노키오 도마뱀은 수컷은 긴 코를 갖고 있고 암컷은 긴 코가 없다. 꼬리가 물려 있을 동안 또 다른 도마뱀이 먹이를 물어날랐다는 것이다. 도마뱀의 눈물 나는 사랑이야기다. 어미인지, 애비인지 아니면 부부산인시 알 노리가 없지만 이 숭고한 사랑 이야기에 가슴이 뭉클해 온다. 이 조그만 미물의 사랑이 어쩌면 인면수심의 인간보다 낫다는 생각이 든다.
>
> — 〈길 잃은 도마뱀〉에서

김원은 이범선도 수필로 썼고, 도종환도 〈그때 그 도마뱀은 무슨 표정을 지었을까〉라는 수필에서 썼던 1969년 동경올림픽 공사 때 있었던 에피소드를 통해서 도마뱀에게도 숭고한 영성이 있다는 것을 말하고 있다. 즉 3년 동안 꼬리에 못이 박힌 채 움직일 수 없었던 도마뱀이 긴 세월 동안 살아 있을 수 있었던 것은 먹이를 물어다준 동료(어미, 애비, 부부간인지 알 수 없지만) 도마뱀이 있었기 때문이다. 즉 도마뱀에게도 동료의 생명을 지키기 위해 3년 동안 먹이를 날아다 주는 숭고한 사랑이 존재한다는 것을 위의 에피소드는 증명하고 있다. 이처럼 영성을 갖고 있는 도마뱀이니 어찌 인간우월주의에 사로잡혀 그들의 생명을 함부로 대할 것인가?

심층생태론의 관점에 따르자면, 인간도 자연의 틀에서 결코 분리될 수 없는, 자연의 일종일 뿐이다. 그러니 "개체적 자아(self)를 실현하는 데 그치지 말고, 그러한 자아의 배후에 자연과 함께하는 더 큰 자아(Self)를 실현하라."는 심층생태론의 주장에 귀를 기울이지 않을 수 없는 것이다.

(2014. 1.)

# 새로운 형식의 모색과 생태주의

## – 오순자의 ≪천년을 준다면≫

### 1. 액자구조의 플롯

수필가이자 수필비평가인 오순자는 첫 수필집 ≪천년을 준다면≫의 머리말에서 자신이 글을 쓰는 이유를 다음과 같이 밝히고 있다.

> 내 마음속에도 스크린이 있다. 나는 어찌된 일인지 오감을 통해서 인식한 것들의 속내가 항상 궁금하다. 여행길에서 불시에 마주쳤던 인물이나 역사, 사회적인 현상의 원인에서부터 인간관계의 역학까지 스크린 속에서 살핀다. 내 마음속도 들여다보고 그곳에서 찾아낸 것들을 꼬투리로 다른 것들을 이해하는 단초로 삼는다. 내

가 알아낸 것들을 이웃과 나누고 싶은 마음이 글을 쓰는 이유이다.

– 〈책을 펴내면서〉에서

인용문은 그녀의 글쓰기가 그 자신의 세계와 자아에 대한 탐색이자 그것을 독자와 소통하고 싶은 욕망으로부터 비롯된 것임을 밝혀 준다. 그리고 본격적으로 의견을 개진하지는 않지만 "'허구', 현재 수필계에서 금기시하는 단어이다. 르네 웰렉은 허구가 아닌 것은 문학작품이 아니라고까지 했었지만, 수필계에서는 마치 다큐멘터리 작가들의 집합처럼 경험을 벗어나는 것을 금기시한다." (〈잠의 문턱에서〉)에서 드러나는 어조는 허구성을 용납하지 않는 한국 수필계의 분위기를 은연중 비판한다.

수필집 ≪천년을 준다면≫에서 허구성을 용납하지 않는 수필문단에 반발이라도 하듯이 허구적 요소를 양식적 차원에서 적극적으로 수용하고 있다. 수필집 가운데 압권은 〈태풍의 눈〉이라는 수필이다. 이 수필은 마치 액자구조의 소설처럼 쓰여졌다.

액자소설(frame-story)이란 소설의 이야기 속에 또 하나의 이야기가 들어 있는 구조를 갖고 있다. 즉 하나의 이야기 외에 또 다른 서술자의 시점을 배치함으로써, 전지적 소설방식에서 탈피하여 다각적으로 이야기를 전개해 가는 방식이다. 액자형 플롯에서 외부액자와 내부액자의 화자는 뚜렷이 구별된다. 〈태풍의 눈〉은 외부액자에서 내부액자로 옮겨졌다가 그대로 끝이 나는 열린 액자구조의 플롯을 갖고 있다.

〈태풍의 눈〉의 외부액자, 즉 바깥 이야기는 촉망받는 국립의과

대학의 교수였지만 방학 때 히말라야로 여행을 갔다가 연락도 없이 돌아오지 않아 직장에서 잘리고 현재 요양병원에서 근무하는 조카의 친구를 만나고 돌아가는 작가 오순자가 화자가 되어 이야기를 시작한다. 말하자면 바깥 이야기는 안 이야기의 주인공을 소개하는 도입액자인 셈이다. 이 외부액자 화자의 소개에 따르면 내부액자의 주인공이자 화자인 1인칭의 '나'는 히말라야로 가기 전까지는 정년퇴임을 앞둔 초등학교 교사인 아버지가 아주 자랑스러워하는 아들이었다. 하지만 그는 여행에서 제때 돌아오지 않음으로써 직장에서는 잘린 것은 물론이며, 가족들로부터도 불효자식으로 따돌림을 당하는 처지가 되고 만다. 바로 이 인물이 그렇게 행동한 동기에 대해서 작가는 궁금증을 가진다.

안 이야기는 자신의 속내를 밝히기를 꺼려하는 1인칭 주인공이 쓴 메모들, 즉 바깥 이야기의 화자(작가)의 간청에 마지못해 보내온 다섯 편의 메모들로 구성되어 있다. 안 이야기의 메모들에서 주인공의 내면의 동기—왜 누구나 선망하는 성공적인 삶을 포기해야 했었던가—를 유추할 수 있다.

> 나를 둘러싸고 있는 벽과 굳게 닫혀 있는 문. 가족들과 친구들의 선망으로 짜인 격자문格子門. 아버지가 매학기 말에, 우수한 성적표를 가지고 오는 나를 얼마나 자랑스러워했던지, 그로 인해 더욱 우쭐해졌던 자존감. 기대대로 나는 의과대학에 진학했고, 졸업 후에 의기양양하게 교수가 되었다.
>
> 그러나 이 자리에 다다를 때까지, 많은 것을 참아야 했음을 깨닫는다. (중략)

격자문 안은 내가 최선을 다해 확보해 놓은 안락한 공간이다. 하는 일도 가치 있고 사회적 위상도 높다. 그런데 매일 덫에 갇힌 산짐승처럼 꽉 짜인 스케줄에 옴짝달싹할 수가 없다는 압박감에서 탈출하고 싶은 욕구와 공허감이 있다. 나는 삶의 열정을 잃어가고 있다.

— 〈태풍의 눈〉에서

두 번째 메모에서 드러나는 '나'라는 인물은 가족과 친구들의 선망을 받는 모범생, 의과대학을 졸업하고 교수이자 의사가 된 그 자신을 격자문에 갇힌 존재로 표현한다. "하는 일도 가치 있고 사회적 위상도 높"은 의사라는 직업에 대한 타인들의 평가와는 달리 그 자신은 "매일 덫에 갇힌 산짐승처럼 꽉 짜인 스케줄에 옴짝달싹할 수가 없다는 압박감"에 시달리는가 하면 그로부터 탈출하고 싶은 욕구와 공허감에 시달린다. 아무런 삶의 열정을 느끼지 못하는 상태에서 도피하듯 그는 히말라야로 여행을 떠났던 것이다. 그는 히말라야의 산속에서 "무의식화된 명예욕과 그것을 부추겼던 가까운 사람들이 빚어 놓은 거품 속에 왜소하게 들어 있는 한 사내가 희미하게" 보이기 시작한다. 이어서 "산에 올라 한 시간이 지났을 때에 갑자기 눈물이 흘러내리면서 마음이 활짝 열리는" 듯한 체험을 하게 된다. 그리고 "돌처럼 뭉쳤던 마음이 이완된다." 그는 마을사람들에게 업혀서 마을로 돌아왔고, 여러 날을 앓았다. 그때까지 쌓아왔던 모든 것들은 날아갔지만, 주위의 비난과 비웃음에도 불구하고 그는 반생을 주고 얻은 평안과 고요함을 무엇과도 바꿀 수 없다고 생각한다. "이제 거품이 걷힌 자리에서 작은 물줄기가 솟아날 것이고, 그것에 목을 적시며 물 흐르듯 살아갈 것이다." 라는 다섯 번째 메모로 액자소설 형식의 수필 〈태풍의 눈〉은 끝나고 있다. 바깥 이야기로 돌아오지 않은 채 안 이야기에서 이 수필이 끝난 것은 안 이야기가 들려주는 삶에 대한 가치판단을 독자에게 유보하겠다는 의미일 것이다.

〈태풍의 눈〉은 소위 남들의 기대에 의해서 타인지향적으로 살아가는 삶은 결코 행복하지 않다는 것을 말해준다. 여행을 떠나기 전까지 그는 칼 융(C.G.Jung)이 말한 페르소나(persona)로서의 삶을 살아왔다. 주위의 선망을 받으며 모범생으로 학교를 다니고, 의과대학을 졸업하여 국립의과대학의 의사가 되었다. 하지만 그와 같은 타인지향적 삶은 진정한 자기와는 분리된 것으로서 그는 자신의 삶에서 진정한 행복을 느끼지 못했던 것이다. 압박감과 탈출하고 싶은 욕구, 공허감에 시달리며 삶의 열정을 잃어가고 있었던 것이다.

따라서 그는 히말라야의 절대고독 속에서 진정한 자아와 분리된 허위의 정체성을 직시하고, 이완체험을 통해서 새로운 자아, 진정한 자아로 거듭 태어난다. 비록 사회적 평가가 좋은 국립의과대학의 의사라는 직업을 잃어버리고, 가족으로부터도 불효자라는 낙인이 찍혔지만 그는 현재의 평안과 고요의 삶을 이전의 타인지향적 삶과 맞바꾸지 않을 것이라고 다짐한다. 작가인 오순자는 독자에게 어떤 삶이 진정 행복한 삶인가를 액자형식의 플롯이란 새로운 형식의 실험을 통하여 독자에게 질문한다.

## 2. 대화와 지문이 있는 서사형식의 실험적 수필

〈눈 내리는 숲에서〉라는 수필에서는 한 편의 소설처럼 대화와 지문의 활용을 통한 새로운 형식의 글쓰기를 시도한다. 이 수필의 등장인물은 작가인 오순자와 상대역인 소로이다. 이 수필은 미국의 사상가이자 문학가인 소로(Henry David Thoreau)가 기거하던 월든 호숫가의 통나무집을 찾은, 일종의 여행 에세이라고 할 수 있다. 소로는 문명사회에 반대하여 월든 호숫가 숲 속으로 들어가 그곳에서 손수 오두막을 짓고 1845년 여름부터 1847년 가을까지 2년 2개월 2일 동안 최소한의 비용으로 단순하고도 실험적인 삶을 살았다. 이때의 경험과 성찰을 소박하고 진지하게 묘사한 저서 ≪숲 속의 생활(Walden, or Life in the Woods)≫은 의식주에 집착하지 않고 자급자족으로 생활을 꾸려나가는 모습과 자연에 대한 경이, 영적 자아를 발견하는 과정을 유려한 문체로 그려낸 책이다.

수필가 오순자가 찾은 소로가 기거하던 통나무집에는 "대피소와 흡사한 집안에는 일인용 나무 침대와 책 두 권 넓이의 반원형 책상 겸 식탁이 있고, 벽난로 주변에 등산용 도구 비슷한 몇 개의 냄비와 밥그릇이 벽에 걸려 있다. 칸을 막은 작은 공간에는 땔감이 쌓여 있"을 뿐이다. 작가는 그 통나무집에서 최소한의 것을 소유하고 원시적으로 살아갔던 소로와의 영적인 만남을 시도한다. 즉 단편소설 속의 1인칭 주인공처럼 소로와의 상상적 대화를 이어 나간다.

창문을 두드리니 그가 반갑게 웃으며 나온다. 눈 오는 밤 벽난로 불빛은 햇빛을 마주보고 서 있는 해바라기꽃처럼 은은하고 아름답다. 벽난로 앞에 천장에서 내려온 쇠줄에 달린 냄비에서 뜨거운 물을 따라 야생차를 권한다. 얼었던 손발이 녹으며 볼이 달아오른다. 나는 그의 앞에 서면 항상 부끄러움을 느낀다. 그것은 내장이 투사되어 자신도 전혀 몰랐던 부분을 의사에게 보일 때의 느낌과 같다고 할까?

촘촘히 짜인 그물에 갇혀 허둥대는 물고기와 같은 내 모습이 순간적으로 떠올랐다가 사라진다.

"여전하시네요. 적적하지 않으셨어요?"

"숲 속이 소리로 가득한데…. 오늘 저녁에는 눈 오는 소리가 집을 에워싸고 있군. 나는 이곳에서 자연과 교감하는 방법을 배우고 있지."

"그것이 가능한가요?"

"본래 우주의 모든 생명체는 하나의 대영大靈으로, 본질적으로는 하나이기 때문에 가능하지."

"교감하는 특별한 방법이 있나요?"

"자연과 소통하기 위해서는 논리나 경험보다 통찰력, 즉 지식보다는 직관이 더 훌륭한 통로 역할을 하지. 인간이 우월하다는 틀을 벗어놓고 자연에 다가간다면 그들의 질서와 인간의 질서가 나르시 않음을 알 수 있지. 정신의 실재는 물질의 실재를 넘어설 수 있으니까."

"제게는 너무 어려운 관념의 세계로만 느껴지는데요?"

— 〈눈 내리는 숲에서〉에서

자연과 영적을 교감을 나누었던 소로에게 작가는 그곳에서의 삶이 적적하지 않았는지, 자연과의 교감이 가능한지, 교감을 가능하게 하는 특별한 방법이 무엇인지를 질문한다. 그는 자연과 교감하기 때문에 적적하지 않았으며, 본래 우주의 생명체는 하나의 대영大靈으로 본질적으로 하나이기 때문에 교감이 가능하며, 자연과 소통하기 위해서는 논리나 경험보다는 통찰력, 지식보다는 직관이 훌륭한 통로 역할을 한다고 말한다. 특히 인간이 자연보다 우월하다는 틀을 벗어놓고 자연에 다가간다면 그들의 질서와 인간의 질서가 다르지 않다는 것을 알 수 있다고 말한다.

수필가 오순자가 파악한 소로의 사상은 "집단 속에서 인정하는 성공보다는 개인의 성취감을 이루는 것이 더 중요하다."라는 것이다. 그래서 그는 월든 호숫가에 오두막을 짓고 욕구와 야망을 줄이기 위해서 자연이 제공하는 단순한 즐거움을 배우려고 노력했으며, 작은 동물들과 사귀고, 밭을 일구어 자족하는 생활을 하며 선험적인 통찰력을 회복하여 자연과 교감하는 통로를 찾아 나갔던 것이다. 소로가 말한 집단이 인정하는 성공이 아니라 개인의 성취감을 보다 중요시한다는 가치관은 수필 〈태풍의 눈〉에 등장하는 내부 액자 속의 주인공이 살고자 한 삶의 태도와 닮아 있다. 일반 수필의 평이한 서술을 탈피한 〈눈 내리는 숲에서〉는 명상적인 짧은 단편소설을 읽었을 때와 같은 즐거움을 독자에게 선사한다.

## 3. 심층생태주의자로서의 삶과 수필

오순자는 소로와의 사이에서 "그와 나 사이에 놓인 거리가 강물을 사이에 둔 듯 아득함을" 느낀다고 말했지만 어느새 자연주의자요, 초월주의자였던 소로처럼 살아가고 싶었던 것일까? 그녀 자신도 도시에서 멀리 떨어진 산속에 거처를 마련하고 10여 년을 넘게 전원주의자로 살다 나온다.

제4장의 '자연과 사귀며'라는 장에 수록된 수필들은 바로 숲속에서 자연과 교감을 이루어나가는 자연주의자요, 생태주의자로서의 삶의 단면을 보여준다. 〈자연의 낯가림〉, 〈봄기운이 내려앉은 산골〉, 〈바람 엿보기〉, 〈투명 유리창〉, 〈다가구전원주택〉, 〈봄 축제〉, 〈얼음 다리〉, 〈늘보, 자귀나무〉 등이 그것이다.

소로의 통나무집에서 소로에게 자연과의 교감이 가능한가, 그 방법이 무엇인가를 질문했던 그녀는 산속의 집에서 살아가면서 처음에는 이방인처럼 낯섦을 느꼈지만 점차 자연과의 교감이 가능해진다.

> 대문을 열고 들어서니 앞뜰에 햇빛이 한가득이다. 깨어나고 있는 나무들에게 손 인사를 하면서 천천히 집 앞에 와서 노란 꽃송이에 눈을 맞춘다. 복수초가 빛을 받아 환하게 웃는다. 자신의 몸에서 열을 내어 봄꽃 문을 가장 먼저 열고 겨울잠에 빠진 곤충을 깨우는 열성을 가진 꽃이다. 세상의 많은 생명체들이 각각 다른 개성으로 살아가는 것이 신기하다. 그래서 살아볼 만한 세상이 아닌가.
>
> — 〈봄기운이 내려앉은 산골〉에서

그도 모르는 사이 햇빛과 교감하고, 나무와 교감하고, 꽃송이와 교감하고, 산새나 동물들과 교감한다. 그뿐만 아니라 자연들끼리의 교감까지 읽어낼 수 있을 만큼 그의 자연과의 교감은 전면적으로 확대되어 있다. 소로가 말했듯이 논리나 이성이 아니라 통찰력과 직관의 힘에 의해서 무엇보다도 긴 시간 동안의 자연과의 자연스런 접촉에 의해서 저절로 터득된 교감이라 할 수 있다.

그래서 그는 자신이 살아가는 숲 속의 집을 인간의 집이 아니라 자연들과 같이 살아가는 '다가구 전원주택'이라 명명한다. 그 다가구 전원주택에는 수많은 꽃과 나무들, 토종 다람쥐, 산까치, 집까치, 돌이와 진희라는 이름을 가진 진돗개 부부까지 함께 살아가는 다가구주택이다.

> 이 집에 이사 와서 처음에는 모든 것이 낯설고 이상해서 내가 이방인처럼 느껴졌지만 지금은 내가 그들의 일원으로 받아들여져서 한 식구가 된 것 같다. 이곳에서 바라본 인간 이외의 자연물들도 자신들만의 질서와 가치를 가지고 살아간다는 것을 알게 되었다. 그것은 나 자신의 영토가 넓어진 것이며, 동시에 그들에게도 도우미가 생겨나서 어려움을 당할 때에 도움을 받을 수도 있을 것이다.
>
> — 〈다가구 주택〉에서

이 다가구 주택에서 인간은 주인이 아니다. 인간과 자연은 평등하고 호혜적인 관계를 형성하는 한 식구이다. 처음 숲 속의 집으로 왔을 때와는 180도로 변화된 태도이다. 처음에 그녀는 지나는 길손이 타관에서 일면식도 없는 사람의 대문을 두드리며 하룻밤의 기거를 청하는 손님처럼 자연에 대해서 낯설고 두려운 태도를 갖고 있었다. 하지만 이제 자연과 그녀는 자유자재로 교감하고 한 식구가 되어 서로 도움을 주고받을 수 있는 상생의 관계로 발전하게 되었다. 그녀 자신이 또 다른 한 명의 소로가 되어 간 것이다.

〈미생물 죽을라〉라는 수필에서 그녀의 자연에 대한 사랑은 눈에 보이지 않는 미생물의 세계에까지 확장되어 나간다.

> 철모르고 찾아오는 봄기운 때문에 겨울이 가기도 전에 봄나물이 시장에 나왔다. 그 싱그러운 것을 듬뿍 사다가 부엌에 펼쳐놓고 다듬는다. 저녁 밥상에 놓일 푸르른 보시기를 생각하니 미소가 절로 번진다. 끓는 물에 푸성귀를 넣어 차례로 데쳐내고 뜨거운 물을 개수대에 부으려다가 멈칫한다. 그러다가 뜨거워서 냄비를 뒤집는다. 물은 김을 내뿜으며 개수통으로 흘러들어 간다.
>
> — 〈미생물 죽을라〉에서

그녀가 개수대에 뜨거운 물을 부으려다 멈칫한 이유는 그녀의 기억 속에서 생생하게 들려오는 음성 때문이다. 한 대학원생이 "저희 어머니께서는 개수대에 뜨거운 물을 부으려고 하면 '미생물 죽을라!' 하시면서 물을 못 붓게 하세요."라는 말, 그 말에 머리를 한 대 얻어맞은 듯 놀랐던 충격이 그녀에겐 있다. 그 말은 어떻게 인간의 생각이 거기까지 미칠 수 있었는지 경이로웠을 뿐만 아니라 그 학생의 어머니가 시골에서 농사짓는 평범한 사람이라는 데 그녀의 놀라움은 더욱 커진다. 학문의 가르침이나 종교적인 명상을 통해서 터득한 것과는 차원이 다른, 즉 원죄를 갖지 않고 태어난 순결한 영혼, 정화된 영혼을 가진 한 사람의 작은 생명까지도 소중하게 여기라는 그 말이 메아리가 되어 자연에 대한 그녀의 태도를 바꾸어 놓았다.

> 어떻게 시골여인이 작은 생명까지도 소중히 여기게 되었을까 하는 생각은 내 마음속에서 메아리가 되어 울렸다. 생명을 귀하게 여기는 마음에 거기까지 미쳤다면 그 분이 다다른 정신적인 경지가 짐작이 되었다. 그러나 인간의 노력으로 다다른 경지라고 말하기가 어려웠다. 학문을 통해서도 아닐 것 같았고, 종교적인 명상을 통해서도 아닐 것 같았다. 원죄를 갖지 않고 태어난 순결한 영혼이거나 자연 속에서 살면서 정화된 영혼일 것 같았다.
>
> — 〈미생물 죽을라〉에서

〈미생물 죽을라〉에서 보여준 미생물에 대한 시골여인의 태도, 그리고 그녀가 산속의 집에서 기거하면서 갖게 된 자연과의 교감은 심층생태주의자의 태도에 다름 아니다. 심층생태주의는 인간의 내부와 지구에 존재하는 모든 생명체의 본성은 본래적 가치를 지니고 있기 때문에 인간은 생명을 유지하기 위해 반드시 필요한 자연 요소들을 제외하고는 생명의 풍요로움과 다양함을 해칠 권리가 없다고 주장한다. 그것은 소로의 삶의 태도와 통하고, 미생물이 죽을까봐 개수대에 뜨거운 물을 붓지 말라던 시골 여인의 태도와 통하고, 결국은 산속에서 자연과의 교감을 터득하여 그녀의 집을 자연과 더불어 살아가는 다가구 주택이라 표현한 오순자의 삶의 태도와도 통하는 정신이다. 오순자의 수필은 여러 작품들에서 심층생태주의의 메시지를 다양하게 변주하고 있다.

(2015. 1.)

# 장르를 넘어선
# 예술 간의 대화

# 현대는 상호텍스트성의 시대

## 1. 텍스트성과 상호텍스트성

현대의 예술 텍스트는 상호텍스트성을 피해갈 수 없는 시대가 되었다는 것을 ≪수필과비평≫ 138호(2013. 4.)를 읽고 실감하지 않을 수 없었다. 장 바티스트 카미유 코로(Jean-Baptiste-Camille Corot)의 풍경화 〈모르트퐁텐의 추억〉, 서포 김만중의 〈서푸만필〉과 〈구운몽〉, 그리고 〈만추〉와 〈망각〉과 같은 영화 텍스트가 수필 텍스트 속에 깊숙이 들어와 있다. 이밖에도 〈정선아리랑〉이나 사물놀이 같은 우리의 고전음악, 시, 다양한 〈댄스〉, 정약용의 인문학 저서에 이르기까지 수많은 예술과 인문학 텍스트들이 수필 텍스트 속에 혼성적인 양상을 보이고 있음을 보게 된다.

실제로 20세기 후반부터 예술작품들은 대단히 혼성적인 양상을 나타내고 있다. 문학 텍스트 속에 이미지들이 있으며, 이미지 텍스트 속에 문학적 서술이 교차되어 있다. 138호에는 훨씬 더 다양한 텍스트들-우리의 고전문학 작가, 영화, 음악, 시, 무용, 인문학 저서-이 수필 텍스트 속에 혼성적으로 교차되어 있음을 볼 수 있다. 그야말로 상호텍스트성의 시대이고, 탈장르의 시대, 장르 확산의 시대라는 것을 증거라도 하듯이 말이다.

상호텍스트성(intertextuality)이란 개념을 처음으로 사용한 프랑스의 기호학자이자 문학평론가이며 소설가이기도 한 줄리아 크리스테바(Julia Kristeva)는 모든 텍스트는 모자이크와 같아서 여러 인용문들로 구성되어 있으며, 모든 텍스트는 어디까지나 다른 텍스트들을 흡수하고 변형시킨 데 지나지 않는다고 했다. 상호텍스트성이란 한 텍스트가 다른 텍스트와 맺고 있는 상호관계를 의미한다. 여기서 텍스트는 둘이나 그 이상일 수도 있다. 하나의 텍스트는 그 자체로 존재하는 것이 아니라 과거의 텍스트나 현재 진행 중에 있는 텍스트와 불가분의 관계를 맺고 있다고 보는 것이 상호텍스트성 이론의 핵심적 요지이다.

이 용어의 가장 포괄적인 의미는, 문학 텍스트의 의미와 해석은 어떤 한 작가의 독창성이나 특수성에 귀속되는 것이 아니라, 기존의 개별적인 텍스트들 및 일반적인 문학적 규약(code)과 관습들에 의존해 있다는 것을 말한다. 가장 제한적인 의미에서의 상호텍스트성이란 주어진 텍스트 안에 다른 텍스트가 인용문이나 언급의 형태로 명시적으로 드러나 있는 경우이다. 그리고 가장 넓은 의미에서의 상호텍스트성은 텍스트와 텍스트, 혹은 주체와 주체 사이에서 일어나는 모든 지식의 총체를 말한다. 후자의 경우, 주어진 텍스트는 단순히 다른 문학 텍스트뿐만 아니라 다른 기호체계, 더 나아가서는 문화 일반까지 포함한다.

필자는 상호텍스트성의 의미를 확장성, 복합성, 다양성 등 보다 창의적인 의미로 파악하고 싶다. 즉 하나의 텍스트가 다른 텍스트를 인용하거나 차용하거나 간에 텍스트 간의 혼성성을 통해서 작품의 의미를 보다 풍부하게 만들고, 새롭게 만든다는 것이다. 즉 하나의 텍스트 속에 다른 텍스트의 인용(패러디, 암시, 아이러니)은 그 작품의 개성이나 참신성을 훼손하지 않고 오히려 다양하고 풍부하게 만든다고 본다.

그뿐만 아니라 바흐친이 시의 언어와 구별되는 소설 언어의 대화성과 다성성을 말했듯이 수필이란 장르의 언어 역시 소설 이상으로 대화성과 다성성을 지닌다고 할 수 있다. 미하일 바흐친((Mikhail Bakhtin)은 ≪서사시와 소설≫에서 소설은 시나 희곡 같은 여타의 문학 장르를 흡수하고 병합시키는가 하면 편지나 일기 같은 비문학적인 장르마저 흡수하고 병합시키는, 즉 소설화시키는 특성이 있다고 했다. 그는 소설의 언어를 시의 언어, 그중에서도 특히 서정시의 언어와 근본적으로 구별되는 것으로 생각했다. 그에 따르면 시인은 어떤 일관된 개성적 스타일을 지닌 그 자신의 목소리로 말하지만, 소설은 모든 다양한 형태의 담론 양식으로 구성되어 있으며, 그 가운데 어떤 것도 반드시 작가의 것으로 귀속되는 것은 아니다. 소설은 이러한 다양한 담론 양식들을 표현수단으로 사용할 뿐만 아니라 대상으로 다룬다는 의미에서의 상호텍스트적이라고 할 수 있다.

바흐친은 수필에 대해서는 언급하지 않았지만 수필이야말로 소설 이상으로 시, 소설, 희곡 등의 문학텍스트와 일기, 편지와 같은 비문학텍스트, 그리고 영화, 회화, 음악 등 다양한 예술텍스트들을 담론양식으로 사용할 뿐만 아니라 대상으로 다룬다는 의미에서 상호텍스트적인 문학 장르라고 할 수 있다. 필자는 수필을 다음과 같이 정의한 바 있다.

> 수필이란 자전적이고 자기고백적인 문학이며, 내용과 형식의 제한이 없이 다양한 장르를 흡수병합시키는 개방성과 잡종성을 지니고, 지성과 정서가 결합되어 있으며, (후략)
>
> – ≪디지털시대의 수필 쓰기와 읽기≫(푸른사상, 2006)에서

여기서 말한 다양한 장르를 흡수 · 병합시키는 개방성과 잡종성이 바로 상호텍스트성을 의미한다. 전통적으로 수필에 대해서 '무형식의 형식'이라는 정의가 있어 왔지만 이는 단순히 특정한 형식이 없다는 의미에서 형식의 자유로움만을 뜻하는 것이 아니라 수필의 내용뿐만 아니라 형식적인 면에서의 개방성, 잡종성, 혼성성, 바로 상호텍스트성을 의미한다고 하겠다.

## 2. 이미지 텍스트에서 인문학 저서에 이르기까지

임매자의 〈행복부터 가르쳐라〉는 프랑스의 카미유 코로(1796~1875)의 몽환적인 풍경화 〈모르트퐁덴의 추억〉의 그림 이미지를 묘사적 언어 이미지로 바꾸어 서술하는 것으로부터 시작된다.

> 카미유 코로의 〈모르트퐁덴의 추억〉은 진줏빛 물안개가 자욱한 봄날 아침의 숲 속 풍광을 그려낸다. 그림 오른편의 커다란 나무는 무성한 이파리들을 병풍처럼 펼쳐 허공을 감싸고 있고, 그림 왼편에는 이제 물오르는 어린 나무가 싱그러운 아침 공기를 가르면서 하늘로 가지를 뻗고 있다.
>
> 화사한 꽃송이가 동심을 유혹한 것일까, 한 아이가 두 팔을 벌려 언니에게 꽃을 따달라고 조르고 다른 아이는 철퍼덕 무릎을 꿇고 앉아 발치에 핀 꽃에 넋을 빼앗기고 있다. 까치발로 꽃을 따는 처녀, 꽃을 따고 싶어 조바심치는 아이, 꽃에 넋을 빼앗긴 아이, 그 천진한 모습은 내 어린 시절의 그리운 초상이다. 화가는 경이로운 자연의 아름다움에 매혹당한 동심을 강조하기 위해서인지 처녀와 아이들의 두건에 붉은색을 칠했다.
>
> – 〈행복부터 가르쳐라〉에서

수필가 임매자에게 포착된 〈모르트퐁덴의 추억〉(1864)은 호숫가의 몽환적인 아름다운 풍경보다도 세 사람의 인물에 초점이 모아지고 있다. 경이로운 자연에 매혹당하고 있는 처녀와 아이들의 천진난만한 동심과 행복을 향유하는 이미지는 수필가 자신의 몽유도원도처럼 행복했던 어린 시절의 추억을 호출한다.

이때 그녀의 행복한 추억여행을 방해하는 친구의 전화가 걸려오는데, 그 내용은 외국인학교 부정입학사건의 주인공이 바로 친구의 며느리라는 사실이다. 요즘 세간의 부유층에서 벌인 유학원 브로커에게 1억여 원의 돈을 주고 외국 체류 가짜 서류를 만들어서 외국인학교에 입학시켜온 사건이 바로 친구의 집안에서 일어난 것이다.

작가는 어린이들에게 진정한 행복이란 무엇인가를 질문한다. 가짜 서류를 만들어서라도 외국인학교에 입학시키는 것이나 방과후에 학원 순례를 시키는 것 따위가 아니라 어린 시절 부모에게서 받은 무조건적인 사랑과 인정이야말로 유년의 행복일 뿐만 아니라 평생을 살아가면서 위기를 극복하게 해주는 힘의 원천이며, 위기로부터 건강한 자아를 회복할 수 있는 탄력성을 갖게 한다.

또한 수필가 임매자는 독일 초등학교에서 '행복'이란 교과목을 창시한 교육학자 에언스트 프리츠-슈베어트의 책 ≪행복부터 가르쳐라≫를 인용한다. 이 책이 강조하는 것은 아이가 "제 힘으로 문제를 해결할 수 있음을 부모가 신뢰할 때, 아이는 자존감을 지닌 강한 아이가 된다."라는 것이다. 임매자의 수필 제목인 '행복부터 가르쳐라.'가 어디에서 나왔는지가 분명해지는 대목이다. 작가에 의하면 어린 자녀에게 부모가 꼭 해주어야 할 일은 가짜 서류로 외국인학교에 입학시키는 일 따위가 아니다. 자녀 스스로가 문제를 해결할 수 있다는 자기신뢰를 가지도록 자녀를 믿어주는 일이야말로 아이를 자존감을 지닌 강한 아이로 키울 수 있는 가장 훌륭한 방법이라고 작가는 적고 있다.

〈모르트퐁텐의 추억〉은 문자언어가 가질 수 없는 색채언어와 가시적인 회화 이미지를 통해서 행복한 유년의 모습이 어떤 것인지를 한눈에 보여주고 있다. 또한 작가는 ≪행복부터 가르쳐라≫라는 저서를 인용함으로써 그녀가 말하고자 한 주제를 뒷받침할 뿐만 아니라 훨씬 더 풍부하고 효과적으로 전달하고 있다. 수필 〈행복부터 가르쳐라〉는 제목부터 다른 사람의 책 제목을 차용해 왔지만 상호텍스트성의 긍정적인 활용을 통해서 작품의 다양한 인상뿐만 아니라 내용상의 풍요로움을 가져왔다고 할 수 있다.

## 3. 영화 텍스트와의 상호텍스트성

선산곡의 〈망각〉이란 수필은 아예 이만희(1931~ 1975) 감독의 영화 〈망각〉(1967)에 대해서 쓴 글이다. 한국영화사에서 이만희 감독은 현실고발과 인생의 페이소스라는 두 가지 주제를 추구하며 독자적인 인생 해석과 뛰어난 영상미학을 추구해온 뛰어난 영화감독으로 평가된다. 그는 자신이 만든 50여 편의 영화를 통해 현실고발과 인생의 페이소스라는 두 가지 주제를 추구해 온, 영화의 스펙트럼이 매우 넓은 감독이라고 할 수 있다. 〈다이알 112를 돌려라〉와 같은 미스터리영화, 〈돌아오지 않는 해병〉 같은 스펙터클한 전쟁영화, 〈시장〉과 같은 철저한 리얼리즘 영화, 〈만추〉와 같은 뛰어난 영상미학의 작품, 〈삼포 가는 길〉과 같은 삶에 심오한 존재의식을 투영한 작품 등….

수필가 선산곡은 그중에서도 신성일과 문정숙이 주연했던 심리

극적 미스터리 영화 〈망각〉을 이만희를 대표하는 불후의 명작으로 평가되는 〈만추〉 못지않게 잘 만든 영화로 평가한다. 그런데 영화의 주연배우가 아직 살아있음에도 정작 필름은 고사하고 포스터 한 장이나마 제대로 보존되지 못한 현실을 개탄한다.

> 영화의 주연배우가 아직도 멀쩡히 살아 있다. 필름은 고사하고 포스터 한 장이나마 보존해 두지 못한 주제에 예술문화 운운하기 창피한 노릇이다. 그것도 옛날 농촌에 농부들이 쓰던 밀짚모자 장식용으로 사라져버린 우리나라 영화필름들. 숱한 명작들의 허무한 소멸을 생각해 보면 아쉬움보다 먼저 치미는 게 분노다. 말이 옛날이지 불과 얼마 전 우리들의 무지가 빚어낸 일이었으니 할말이 없다. 영원한 가치를 망각하여 잃어버린 작품들, 그 가운데 〈만추〉도 〈망각〉도 포함되어 있다.
>
> — 〈망각〉에서

우리의 기억 속에 아직 생생하게 남아있지만 그 어디에서도 영화 필름을 찾을 수 없는 것이 어디 〈망각〉뿐이겠는가? 〈만추〉 역시 리메이크된 현빈과 탕웨이 주연의 김태용 감독의 영화 〈만추〉(2010)를 볼 수 있을 뿐 이만희 감독의 원본 필름이 보존되어 있지 않다는 사실은 놀라움을 금할 수 없다(필자는 연령상 이만희 감독의 〈만추〉는 못 보고, 김수용 감독의 〈만추〉(1981)를 보았다).

〈망각〉의 필름이 없어진 사례는 우리나라의 필름 보관의 현주소를 입증해 주는 한 예에 불과하다. 일본인은 기록과 보존에서 정말 지독할 만큼 철저한 민족이지만 우리 민족은 기록과 보존에 무관심한 국민성과 전쟁 등으로 인해 꼭 보존해야 할 사료들이 유실된 경우가 어디 영화 필름뿐이랴? 영화의 경우 불과 몇 십 년 전인 1960년대 영화마저 필름이 보존되어 있지 않다는 것은 문화민족으로서 참으로 수치스러운 일이라고 하지 않을 수 없다. 그나마 요즘에는 디지털기술의 발전으로 사라져가는 필름의 복원이 이루어지고 있다는 것은 다행스러운 일이지만 이 복원도 원본이 존재해야 가능한 일이다. 원본이 없다면 디지털 복원기술이 아무리 발달해도 우리는 지난시대의 뛰어난 명작들을 다시는 볼 수가 없는 것이다.

신상옥 감독의 영화 〈빨간 마후라〉(1964)와 박상호 감독의 영화 〈또순이〉(1963)란 영화가 지난해(2012) 부산국제영화제에서 상영되었다. 디지털기술이 복원해낸 개가라고 할 수 있다. 지난해 부산국제영화제에서는 〈디지털시대의 영화 복원과 보존의 정치학〉이란 주제하에 제2회 부산영화포럼(BCF)(2012. 10. 8.~10.)이 열렸다. 한국영상자료원 보전기술팀의 손기수 영상복원전문가와 CJ파워캐스트 시네마사업부의 옥임식 팀장이 최근에 복원된 영화 〈빨간마후라〉(1964)와 관련된 사례연구를 발표하는 현장을 필자도 관심 있게 지켜보았다. 선산곡의 수필을 읽으며 외국 어디에서라도 〈망각〉, 〈만추〉 같은 이만희 감독의 명작들의 필름 원본이 발견되어 디지털 복원을 통해서라도 관객들과 다시 만날 수 있기를 빌어본다.

선산곡의 수필 〈망각〉은 영화 〈망각〉에서 치매 또는 기억상실과 같은 심리적인 망각의 문제로 잠깐 화제의 일탈이 이루어지는데, 이런 경우 오히려 영화 〈망각〉에 집중하였더라면 하는 아쉬움이 있다. 수필은 불과 15매 내외의 짧은 길이의 문학 장르이다. 정해진 토픽에 보다 집중하는 것이 때로 바람직하다고 생각한다.

아무튼 수필 〈망각〉은 수필의 소재가 무궁무진하다는 것을 영화 〈망각〉과의 상호텍스트성을 통해 입증해 주었다.

## 4. 다른 문학텍스트와의 상호텍스트성

김양희의 〈배소配所의 고독〉은 유배의 섬인 남해의 '유배문학관'을 방문했던 경험을 적은 일종의 여행에세이다. 이 수필에는 남해로 유배 왔던 조선조의 문인과 그들이 지은 작품들이 텍스트로 들어와 있다. 즉 〈화전별곡花田別曲〉을 지은 자암自菴 김구(金絿, 1488~1534)와 한글소설 ≪구운몽≫과 ≪사씨남정기≫를 지은 서포西浦 김만중(金萬重, 1637~1692)은 인용되었다기보다는 그 자체로 수필 〈배소配所의 고독〉의 소재가 되고 있다.

김구의 〈화전별곡〉은 작가가 남해도南海島로 유배되어 갔을 때 그곳의 뛰어난 경치와 향촌鄕村의 인물들과 어울려 풍류를 즐기던 정서와 감회를 노래한 경기체가이다. 수필가 김양희는 김구의 시에 대해 "권력의 허망함을 너무 일찍 깨달은 자암은 귀양지의 절망을 오히려 초월적 문학정신의 경지로 승화시킨 것"으로 평가한다.

우리 고전문학사의 뛰어난 존재인 서포 김만중 역시 남해로 유배되었다가 그곳에서 일생을 마친 천재적인 작가이다. 그는 "자기 나라 말을 버려두고 남의 나라 말로 시문을 짓는다는 것은 앵무새가 사람의 말을 하는 것과 같다."라는 국어관을 토대로 과감하게 한문을 버리고 한글소설 ≪구운몽≫과 ≪사씨남정기≫를 지었다. 그 후 수백 년이 지나서야 한글 전용이 이루어졌지만 서포의 국어관이 얼마나 시대를 앞서는 선구적인 것이었는지를 알 수 있다. 그야말로 뛰어난 작가일 뿐만 아니라 고정관념에 사로잡히지 않는 인물, 시대를 뛰어넘은 혁명적인 인물이다. 소설에 대해 비판적이던 조선조 사회를 향해 그는 소설의 독자적 의의를 적극 옹호했다. 즉 북송시대 소동파의 ≪동파지림≫을 인용하여 연의, 즉 역사소설이 역사보다 훨씬 구체적이면서도 호소력 있게 독자들에게 수용된다고 주장했다. 그는 소설이 경서나 역사서보다도 많은 독자를 가지고 있으며, 재미있게 읽힐 수 있다고 했다. 특히 역사소설은 과거의 사실을 대상으로 삼으면서도 역사에 비해 훨씬 큰 호소력, 즉 감동과 쾌감을 준다고 했다. 서포, 그는 중화주의에 사로잡혀 우리의 말과 글을 배척해온 조선조의 한문숭상의 제도에 대해 특히 비판적이었다. 그는 국어문학의 독자성과 가치를 ≪서포만필≫을 통해서 비평적 언어로 설파했을 뿐만 아니라 한글소설 ≪구운몽≫과 ≪사씨남정기≫를 직접 창작함으로써 국어문학의 독자적 가치를 증명해 보인 혁신적인 작가였다.

수필가 김양희는 유배문학관에서 만난 김구와 김만중이 남해에서 보낸 유배생활의 절망과 아픔, 그리고 자신의 고통을 유배문학으로 승화시킨 그들의 예술혼에 대해 상상한다.

> 어두운 밤 깊어가는 적막 속에서 오래도록 책을 읽던 선비의 호롱불을 생각하며, 엄혹한 아픔을 몸으로 견뎠던 그 절망의 사념 속

으로 들어가 본다. 단비처럼 내리는 쓸쓸한 평화는 물론 없을지라도 서책과 문학이 있었기에 기다림을 간직한 숱한 번민의 밤을 새울 수 있지 않았을까. 그 아픔의 시간들이 오늘날 활짝 핀 유배문학의 꽃으로 피어났다.

— 〈배소의 고독〉에서

그리고 소재로서의 텍스트는 "인생은 유배다."라는 작품 전체의 주제로 그 의미가 확장된다.

인생은 유배다. 먼먼 나라에서 지구로 흘러 들어온 유랑민들. 근원적인 좌절과 고뇌를 벗어날 수 없는 우리네의 삶의 자리는 고독과 그리움의 가시로 위리안치圍籬安置된 유형의 섬이다. 결국 혼자일 수밖에 없는 인간의 한계는 적막한 배소에서의 어둔 밤에 비유할 수 있음이다. 여행에서 돌아와서야 그런 생각이 들었다. 남해 유배문학관을 돌아볼 때만 해도 시대를 역행해 아픈 시간들을 견뎌야 했던 유배객의 설움만을 마주했었다.

— 〈배소의 고독〉에서

작가가 〈배소의 고독〉에서 인생을 유배라고 정의 내리는 이유는 우리 인간이 근원적인 좌절과 고뇌를 지닌 존재이며, 고독과 그리움에 사로잡힌 존재이기 때문이다. 즉 평생을 좌절과 고뇌, 그리고 고독과 그리움을 벗어날 수 없는 것이 인생이라면 삶 자체가 유배와 다를 바가 없다는 뜻이다.

이처럼 다른 문학 텍스트는 한 작품의 소재가 되고, 나아가 주제를 결정하는 핵심적 요소로 중요한 의미기능을 획득하고 있음을 볼 수 있다. 〈배소의 고독〉은 주제가 작품의 서두에 놓이고 조선조의 문인인 김구와 김만중이 예시로 사용되었다는 의미에서 연역적 구성을 하고 있다. 수필에서는 좀처럼 연역적 구성을 하지 않지만 이 수필에서는 서두에서 두괄식으로 작가가 유배문학관을 통해서 얻은 사색과 통찰을 분명하게 정리하고 예시로 들어감으로써 단순한 시간과 공간의 추이에 따라 쓴 단순한 여행에세이로부터 철학적 사색을 담은 에세이로 성격이 변화하고 있다. 그러면서도 작품의 말미에서 "겨울비를 맞으며 유배문학관을 돌아 나오던 날, 풀리지 않는 생각의 실마리들이 마음속에 크게 회오리를 쳤다. 그것은 남해바다의 성난 파도소리였을까."라고 하여 독자의 마음속에게 여운을 남겨준다.

## 5. 나가는 말

≪수필과비평≫ 138호에서는 수필과 상호텍스트성이라는 관점에서 작품들을 선정해 보았다. 수필이 개인의 제한된 경험을 넘어서서 예술로서 그 세계를 확장하고자 한다면 상호텍스트성이라는 측면을 적극적으로 고려해야 할 것이다. 소재로서의 상호텍스트성은 물론이며, 담론양식의 다양화라는 측면에서의 상호텍스성 등 내용과 미학적 표현의 양 측면에서 상호텍스트성의 문제에 대한 수필가들의 관심이 촉구된다고 하겠다. 수필의 붓 가는 대로 쓰는 자유로움과 개방성, 혼성성과 같은 장르적 성격은 충분히 그것을 가능하게 만든다는 점에서 고무적이라고 할 수 있다. 수필이

시나 소설과 같은 여타 장르와 나란히 문학적으로 경쟁을 하기 위해서는 내용적 깊이와 더불어서 표현적 측면에서도 새로움에 대한 시도가 적극적으로 이루어져야 한다. 상호텍스트성의 적극적 수용도 그 방법의 하나가 될 것이다.

(2013. 5.)

송명희 평론집
# 에세이로 인문학을 읽다

**인쇄** 2016년 4월 15일
**발행** 2016년 4월 28일

**지은이** 송명희
**발행인** 서정환
**펴낸곳** 수필과비평사
**주소** 서울시 종로구 삼일대로 32길 36(익선동 30-6 운현신화타워 빌딩) 305호
**전화** (02) 3675-3885, (063) 275-4000 · 0484
**팩스** (063) 274-3131
**이메일** sina321@hanmail.net essay321@hanmail.net
**출판등록** 제300-2013-133호
**인쇄 · 제본** 신아출판사



**ISBN** 979-11-5933-020-9 03810
**값 20,000원**

이 도서의 국립중앙도서관 출판시도서목록(CIP)은 서지정보유통지원시스템 홈페이지(http://seoji.nl.go.kr)와 국가자료공동목록시스템(http://www.nl.go.kr/kolisnet)에서 이용하실 수 있습니다.(CIP제어번호: CIP2016009574)

Printed in KOREA